习近平主席谈家风

　　中华民族自古以来就重视家庭、重视亲情。家庭是社会的基本细胞，是人生的第一所学校。不论时代发生多大变化，不论生活格局发生多大变化，我们都要重视家庭建设，注重家庭、注重家教、注重家风，紧密结合培育和弘扬社会主义核心价值观，发扬光大中华民族传统家庭美德，促进家庭和睦，促进亲人相亲相爱，促进下一代健康成长，促进老年人老有所养，使千千万万个家庭成为国家发展、民族进步、社会和谐的重要基点。

《人民日报》2015年2月18日

我们的家风

韩星桥 ◎ 总策划

任飏 ◎ 主编

人民出版社

序

家风与家教

著名作家、文化部原部长

　　有时候与一个人接触，很快就感觉到他或她的文明程度、道德自律、举止进退、做人修养，乃至人格人性。这些东西多半与家庭的影响、家学的渊源、家风的承继、家教的成果有密切的关系。有时候从媒体上看到一些国人在境外的不雅表现，乃至在政法节目中看到一些罪犯的愚蠢无知与无耻，也令人叹息痛心于他们家教的极端缺乏。

　　近年，社会上兴起了"家风"话题，也有媒体就这个话题采访过我。其实，相比"家风"二字，我更熟悉，抑或感觉更贴近现实的一个说法是家教。我小时候自恃聪明，出言狂妄，母亲每听到一次就教育我一次，经常连夜教育。有时候，我困得不行，我就说再也不敢骄傲了，再也不敢胡吹牛，再也不敢瞧不起人了，向母亲保证了以后，这才得以允许睡觉。

　　当然，我们那一代人经历了贫穷、战乱、动荡与种种苦难和匮乏，很多事情是生于和平年代的人没法想象的。国家穷，国民教育也不普及，我们的父母对教育孩子谈不上系统的理念。不过长辈总是能看得出是非对错，看到你错了，就要苦口婆心地教诲你，直到你接受教育有所改正为止。

　　我想，家风的重要性在于它是家教的长短得失的体现，是家教的外

化，而家教是自然而然、生动活泼、春风化雨地进行的。人们越来越认识到，在形成一个人的基本素质方面，家庭的影响与作用往往大于学校，童年的熏陶往往重于长大之后，从生活中、从家庭中得到的体悟，往往深切过从课本上所读到的东西。童年家中得到的真切、质朴、诚恳、实在的教导，不知不觉之中，形成了一个人的价值认知与价值底线，形成了一个人从生活习惯到选择趋向，从举止容色到是非标准的基本思路。而这些东西集合起来，就成为世道人心，成为风气共识，成为村规民俗，成为一个地区一个群体的文化素质。

我们国家正在日益重视对于核心价值的宣传教育。价值教育的关键在于理念与生活的结合，理念与内心深处的爱憎取舍的对接，在于言与行的一致，心与口的统一。家风与家教，对于形成美好正确的价值观，其作用是非常大的。北京市西城区教育工会组织师生员工共同撰写了《家风》一书，勤劳、质朴、诚实、阳光、深情、善良、奉献，乃至"温良恭俭让""仁义礼智信"等我们传统文化中重视的一些价值得到讨论与例证说明，文章写到的细节让人或莞尔或触动，充满真情实感，富有可读性。这对于弘扬家风文化、培育核心价值是很有益的。

在经济迅速发展的同时，人们越来越重视世道人心的问题。而人心的形成，很大程度上就是出于家教，成于家风。其实，每个家庭，每个中国的老百姓都是有一个尺度的，提倡什么，容忍什么，禁止什么，严惩什么，都有自己明确的标准。这对逐渐树立起人们能自觉接受的道德规范是有积极意义的。因此，核心价值的教育一定要进千家万户，进入童年人生。

目　　录

律己篇

做人篇

做事篇

亲情篇

影响篇

家国篇

研 讨 篇

论 家 风

北京市西城区教育工会主席　任　飓

一

《说文解字》上对"家"有这样的解释：家，居也。从宀，豭省聲。这是一个造字时兼具了会意和象形的字。

再去现代汉语词典中查找"家"的含义，会发现有六种解释，其中的前五种都是名词词性，最后一个是量词：

①蓄养生猪的稳定居所。

②由配偶或血亲关系的成员构成的最小社会组织。

③群落，族群，民族。

④派系，流派。

⑤专业人员，身份突出的人。

⑥户。

汉字发展过程中，"家"字有过若干种不同的写法，这里仅列出典型的六种字形——

家　风

在"家"的甲骨文形式中，我们可以清晰地看到房子下面有一头倒卧的猪，由此推之，最初"家"的含义就是一个有猪有房屋的处所，猪是温顺、繁殖力旺盛的动物，对古人来说圈养的生猪能提供食物安全感，因此蓄养生猪便成了定居生活的标志。事实上，直到现在，还有一些地区会选择在居所内圈养猪。在历史演变的过程中，"家"的意思渐渐丰富起来，以致成了今天我们所普遍理解的意义。

包含"家"字的词语很多：家道、家运是指家庭所处的状态；家业、家当、家财、家徒四壁指的则是家庭所拥有的物质财富；家园、家乡则稍稍超越以血统凝结起的家族关系，而是把邻里在内的周边环境都包括在内，家书、家信则特指写给亲人的具有私密性的书信；冤家、亲家、家翁、奴家则是对有一定关系的人的称呼或自称；家贼、败家又是对那些只起负面作用成员的一种蔑视性说法；离家、出家、回家又是根据与家之间的向背关系和距离远近进行了区分；家学渊源、家喻户晓则是纯粹的褒义，相反地，小家子气、家破人亡、倾家荡产又是绝对的贬义。

在家的相关词语中，和"国"也经常连在一起说，家国情怀、国家栋梁、黼国黻家、国尔忘家、爱国如家、安国宁家、齐家治国，等等。

"家风"在几乎所有关于"家"的词语中，是一个无法看得到摸得着的相对抽象的概念。虽则抽象，大家细细一想还是能够在日积月累中找得到它存在的痕迹，甚至，即便一个家庭发生了变故，由于其具备的"路径"依赖特质，出自同一个家庭中的品行、行事处事方法却像一种挥之不去的永恒的气息，不管沧海桑田、世事变迁，还能总环绕在自己的周边。

家风是什么？世风又是什么？"国风"今天又该怎样重新诠释？更小一点的校风、班风、教风、学风又各自是什么？我们从"风"字的词语结合家一起解释。

风气、风尚、风采、风情、风俗，这是"风"打头的几个词语，而民风、古风、乡风、遗风、雄风，则是"风"字在后的几个词语，从中我们也可以对"家风"进行名词解释，就是一个家庭或家族内在的一种风气或风尚。

二

抽象的家风可以是一个家族提倡的品德、品性、品行，具象的家风则可以是一家人（尤其是长辈）的行为习惯、做法。

所以，当一个人看到"家风"二字的时候，或想到自己家庭让人感动的美好情怀，或想到长辈们与人为善、勤俭奋进的人品，而家风的传播渠道和途径既可以通过言传又可以通过身教，后者就是"桃李不言下自成蹊"的意味了。

家风既有私密性，又有公开性，它的养成更多在家庭内部，但是它又通过和其他家庭或社会发生广泛联系而保持了自己的存在性。

一个家庭或家族家风是不断反馈而逐渐形成的，有时候是正反馈，有时候是负反馈。

人性总是有自己独特的地方，比如每个人潜在中存在的"利己"取向就是符合人性基本特点的，反而那些大公无私的品性是"非人性的"，或者我们叫它"超越人性的"。这些潜在的"利己"的"人性"，在资源有限的情况下可能就会通过"损人"来实现，"家风"就要在这样的情况下起到积极的作用，而不是鼓励"损人"行为，甚至很多家庭要通过"损己利人"来树立一种家风，这样的家风是正反馈，能够引导各个家庭从而使未来的整个社会向文明更高处迈进。

而没有受到良好家风熏陶的人，对于这个社会将是一种负担，本性流露虽然并非罪不可恕，但是过分利己不能够减少这个开放社会的熵值。

每个人出生后首先接受母亲或父亲的训练，整个经意或不经意的训练就是家风的传递、传播、传扬过程，父母的角色就要通过言行引导孩子学会分享、知道秩序和礼让，并从中得到快乐和提升。

三

《大学》中有一段非常著名的话：古之欲明明德于天下者，先治其国；欲治其国者，先齐其家；欲齐其家者，先修其身；欲修其身者，先正其心；欲正其心者，先诚其意；欲诚其意者，先致其知，致知在格物。

而后人将这段太长的话又进行了整理，缩减为"修身齐家治国平天下"，而"格物致知""正心诚意"也单独成为成语，不依赖于上面那句长话而独立存在下来。

按照我们今天的理解，"格物"就是先要研究世间万物，"致知"就是要发现其中存在的客观规律，"诚意"直接将科学研究、客观理性的过程上升为主观范畴，我想应该是"端正态度"的意思，做到"知之为知之、不知为不知"，然后，还要把这些理性、科学、客观的态度及得到的知识正确地使用，刀就要用来切菜而不是杀人，武器更为保护自己而非攻击别人。在这样的基础上，再"修身"，提高个人修养，使得自己的行为言语都能对整个社会产生积极作用，遇到困难能够去解决，有所得就与人分享，具备这样的情怀才可以去管理一个家庭，家庭成员之间存在博弈关系，有利益冲突，但是还在可控的范围之内，随后，当面对更大的机构、组织、成员，相互之间的利益博弈就更为复杂，管理难度陡然增加，如果还能够管理好，则可以继续升级到管理国家或者更大范围的组织。

中国同样还有一句名言，出自老子《道德经》："治大国如烹小鲜"，将国家治理又返回到做菜上来，说明其间的道理其实有相通之处。品德可以以小见大，万物之理皆有源头，同样，受一种风气熏染的人也往往会在更换一个环境的时候保持其既有的作风，习惯成自然，此之谓也！

所以，封建社会的皇帝诸侯们用人，开始看的是下属们是否对自己表现了忠心，于是，烹子伺君的竖刁易牙之辈就成为国君的座上宾，而使用他们的齐桓公却在晚年遭遇到了可以想到的"待遇"。但后来的皇帝国君改变了识才用人的策略，说"忠臣常出自孝子之门""三岁看老"，这都说的是家风可以影响世风，在自己家庭中表现出来的品德会带到庙堂之上。

这一点，和"格物致知、正心诚意、修身齐家、治国平天下"的内在逻辑何其相似也。所以，家风一事，似小却大，看似只在一个家庭或家族中流传，但是却会对整个国家的风气造成极大的影响。

四

谁的？怎样的家风最好？

这是一个没法直接回答的问题。

所以，我们常见的答案就是曾家、钱家、何家、梁家的家风好。

好在哪里？他们的家风是什么？

很多人就会把这些著名家族的"家训"搬出来说事儿，因为家训毕竟是有文字流传的，但是，"家风"云云，就没法说了。"好在哪里"的问题往往会说后辈有杰出的人才、院士几名，著名学者多少，如此之类……

确实，"家风"本身是难以衡量的，无法以一种明确的符号表征，大家只好以看得见的结果来彰示看不见的风气，世俗意义上的"成功"成为家风好的一种必然逻辑结果。

当然，以上所列举的几个著名家族确实是人才辈出，他们的家训、家规、家风也值得大家受到启发和进行学习，但是，也应该看到的是，这些家族的集体成功有其一定的机缘和特殊性，在我国，能够家喻户晓的这类家族太少而不是太多就是一个例证，更多的是"五世而斩""富不过三代"的统计规律，所以，仅有的这几个例子被反复列举，充分说明能够延续祖宗余荫和袍泽的大家族是远远不够全国人民拿来敬仰的。

扬州何家的何祚庥院士曾经说过一句话，说他的家族所以能够兴旺和人才辈出，其实跟经济条件有着非常直接的关系，他接着说，杨振宁

的条件因为比自己还好，所以得到的教育机会也更好，这些机会紧紧抓住，就可以成为影响更大的人物。

是啊，在世事如白云苍狗的中国近代，颠沛流离几乎是每个家族都遇到过的事情，即便家学渊源、家风甚佳，又怎能抵得过生活压力对于生命存在性的拷问啊。在一个稳定的社会状态下才能够去考虑家风传扬广大的可能。

所以，我们也许不应该把目光更多地聚焦于大家族的几代传承上，而是要看一个小家庭的局部最优，比如傅雷夫妇之于傅聪傅敏，充其量也就一个四口之家罢了，但是，大儿子早就成为蜚声国际的钢琴家，小儿子则成为基础教育领域的知名人士，英语特级教师，在北京市西城区的中学荣休。

五

在填不饱肚子的时候，人的尊严很难建立，尽管很多人在贫寒中会坚持一些优秀的品德。而中国恰好在近百年的历史中不断有大量家庭吃不饱的经历。

这一点在莫言先生的《丰乳肥臀》里面刻画得格外清晰，在小说描写的那个时代，四类工作一度最为吃香，其中一个就是"炊事员"，小说叙述者的漂亮姐姐就在饥饿中被迫委身于一个猥琐的炊事员。

而度过了贫寒岁月的中国人，又经历了一次计划生育的过程，转眼也三十多年过去了，在这个过程中，中国的家庭由大变小。如果说以前还有大家族存在的可能性，那么，之后的家庭就会慢慢地变得简单而单薄，三口之家成为最寻常的家庭单元。

此时，当然出现了资源独占的现象，本书中收录的一篇文章也写到了一位家长看到别人家的孩子在饭店里独享美食而父母在旁坦然陪同的场景，下决心自己有了孩子绝不这样做，而当自己有了唯一一个孩子，也慢慢妥协下来，自己理想的家风塑造就此化为乌有。

只有小家庭而无家族，何谈家风?! 某事一旦成"风"，怎么也得有相当多呼应的力量才行，三口之家说家风建设或培育其实是难得合理的，"风"之成，需要同类的人或物之同向共同的接续作用，且要不断吹刮才行。

所以，"家风"慢慢地不淡自淡，也许只谈某种个人品德更合时宜一些。很多孩子只能从父母或祖父母谈及一个大家族如何如何的感慨之语中得知，而对于这样规模的家族，即便心愿为之，也是力不从心。

正如"包产到户"一时可以提高生产效率，但是长期看还是影响大规模生产一样，小家庭一个时期内会起到积极的作用，但是随着老龄化社会提上议事日程，民工荒在全国普遍蔓延开去，各领域学者、专家、实践部门的人士共同呼吁开放二胎政策，全面放开二胎的政策应运而生，一个稍大一点的家庭会在全国范围内蔚然成风，资源有限约束下的分享又成为一个家庭必须面临的问题，家风又可以成为我们眼中、耳中、口中不停刮过的词汇了。

事实上，国家应该期待一个个体的人在正常的家庭里经历尽可能多的事情，那么，他到了班级、学校、社会上才有可能按照家庭里养成的习惯行事做事，而不是重新开始学习适应，至于结果大家无从预期。

六

2015年春天，我们西城区教育工会举行了一系列大型活动，名为"黼国黻家 栉风沐雨"，前一句语出太平天国洪仁玕《英杰归真》："天朝万万年作人之治，所由黼国黻家，天道无不彰之美；金声玉振，天理靡不畅之机。"形容国家文教之治，美如锦绣。我们期待着国家的教育，尤其基础教育能够对形成一个人积极向上的人生观和价值观有帮助作用，后一句则语出《庄子天下》，"沐甚雨，栉疾风"，讲的是大禹治水疏通河道百千条，风梳头，雨洗发，不顾风雨辛苦奔波劳碌，安顿天下城邑万民苍生之事。在我国，家国总是会被联系到一起，并认为有着

内在的逻辑关联，同样，风雨也往往在一起，是大自然中共生的两个事物。

除了本次征文之外，我们还组织了"家风大家谈"的活动，包括西城区教育系统"劳模话家风"活动，以及"家风大家谈——北京四中站"的研讨会，包括学校管理者、教师、家长、校友、专家、学生等十二个人进行了讲演，经由《人民日报》两次报道，中央电视台新闻节目的传播，以及人民网、中工网、新浪网的专题制作，取得了良好的社会效果。

但是，谈话类节目总是有时效性，我们还是觉得需要出版一系列的出版物来展示文字里的"家风"。

于是，近千篇文章在征文通知发出后接踵而至。

我们将精选出的"家风"征文分成了八个部分，此时恰逢中央倡导"三严三实"的风尚，其中的四个内容与家风形成呼应，就在分类时将"修身篇""律己篇""做人篇""做事篇"相关的文章放在了整部书的前半部分。由于很多征文不可避免地要言及亲情，家风的传承也不可能离开家庭成员间的感情而单独存在，在或浓烈或温情的亲情中，慢慢形成并塑造了家风，我们又特意分出一个"亲情篇"的类别来。此外，家国情怀是几乎全部中国人都具备的，即便是那些负笈海外的游子和定居境外的侨民，也都将内心和国家紧紧联系在一起，由小家而大家，由此及彼，远隔万里亦不改其心，这样，"家国篇"就呼之欲出。"影响篇"则侧重于描写家风家教对于个人成长岁月中遇事遇人自然而起的响应，"研讨篇"则对家风之所以形成、历史上的家风、家风与教育、家风的传播路径、家风与国运的关系等进行了不同程度、不同侧面的议论，有助于引发人们更多更深的思考。

在本辑中，由来自中科院科技政策与管理科学研究所的陈安研究员及其团队的迟菲博士、赵燕副研究员，以及陈璐、汪云、王星星、周丹、白瑞珍、陈晶睿、牟笛等博士、硕士生参与本辑书稿的挑选与整理，并对所有入选文章进行分类、修改和润色。我们先从中精选了87篇文章，包括上面提到的两次访谈的文字修改稿，按照内容进行了归类，把大家对于长辈优良品德的追忆与感悟，对于家风的传扬与继承，对于家风各个不同视角的议论与抒情，结集在一起，希望能够从中展示出老师家长们在家风问题上的深度思考，里面具体而微的内容或许能够打动读者的内心，唤起我们对于家庭共同的依恋之感，对于美好往事的不停回顾上来。

对于选来的文章，我们在不改变原意的前提下对文字、结构、题目等进行了修改和改善，我们期待着读者能够对这一篇篇几乎烫手的文字产生共鸣，如此，我们还愿意继续从尚未被选入的精彩文章再做挑选，做成《家风》第二辑奉献给大家。

修 身 篇

"孝""智""立"——家风三部曲

北京启喑实验学校教师　李智玲

一、孝

妈妈又在做好吃的了，我眼巴巴地等在锅灶前，多想吃一口呀，可我知道我也只有眼羡的份儿，因为这好吃的是专门给奶奶做的。好吃的终于做好了，爸爸叫我跟他一起给奶奶送过去。到了奶奶的屋里，爸爸先把奶奶扶起来坐在床沿，给她捏捏胳膊、揉揉腿，然后给奶奶系上围脖，再把好吃的摆在奶奶面前。等奶奶吃完后，爸爸收拾好碗筷，然后拿出奶奶床下的尿桶，去厕所倒掉里面的大小便，清洗完尿桶后，再回来坐在床边，跟奶奶说会儿话……

这样的情景，整整出现了八年。

在我七岁那年，奶奶中风偏瘫了，只能每天卧在床上，吃喝拉撒全都在床上解决。因为中风，奶奶嘴有些歪了，说话逐渐不清楚，脑子也越来越糊涂，常常连我们孙辈都认不清了，于是我们越来越不喜欢去奶奶那儿。可爸爸却例外，每天不管多忙，他总会抽出时间去奶奶屋里坐一会儿，天气好的时候，他会把奶奶抱到屋外晒太阳，有时会倒盆水，把奶奶的小脚泡在水里，给她洗脚。尽管奶奶说不清楚话，可爸爸还是耐心地听奶奶的"絮絮叨叨"，有时还拉着我和哥哥一起陪在那里。

每年腊月三十那天，爸爸一定会早早地把奶奶背出她的屋，让她和爷爷一起坐在餐桌的正席上吃饭。有时，我很不理解，就问爸爸："奶奶身子那么不方便，吃饭有时还会流口水，您干吗非得让奶奶坐这儿?"只记得爸爸语重心长地说了一句:"百善孝为先。"

那时，我不太理解爸爸的话是什么意思，后来，随着年龄的增长和知识的增加，我逐渐从爸爸妈妈的一举一动中明白了这句话的内涵，尤其是自己有了孩子以后，深刻地感受到父母养育孩子是多么的不容易。感谢父母，让我懂得了什么是"孝"，也让我懂得了怎样去"孝"。

二、智

"智玲，这本书我看完了，还有什么书我可以看的?"

"哇! 这么厚的书，您这么快就看完了?"我不由得惊呼起来。

这本书是我五天前才拿给老爸的，将近六十的他，居然戴着老花镜，只用了五天时间就看完了，真是让我刮目相看。

记得在我上学之前，每天晚上睡觉时，爸爸都会给我和哥哥讲故事，那时，我总在想，爸爸怎么知道那么多故事呢?

上学后，爸爸总是让我和哥哥背书，语文、数学书上所有的内容都背，包括课后练习题，而且必须每天早上在家给他背好后，才能去上学，有时实在背不下来，就要赖，心想"快到点儿了，爸爸总不能不让我们上学吧"? 可是，爸爸就是那么顽固，如果背的达不到他的标准，还真不让去上学，所以必须背完。有时心里很讨厌这样的爸爸，怎么这么不通人情? 为了避免上学迟到被老师批评，只好每天都好好给爸爸背书，后来发现自己的记忆力越来越好，常常一篇课文读两三遍就会背了。

爸爸从不要求我们做额外的练习题，但他会时不时带回几本书，让我和哥哥读，还让我和哥哥相互讲，有时还会叫我们给他讲。慢慢地，我觉得自己知道的故事好像也多了，都快赶上爸爸了，也慢慢地懂得了"腹有诗书气自华"是怎样的一种状态。

还记得，有一天，爸爸买回了两袋水泥，在外面搭架子、测量、拌

水泥……忙活了老半天，没有任何设计和建筑基础的他，居然做了一个乒乓球台子，爸爸可是不会打乒乓球啊，他这是要干什么呢？这时，爸爸拿出一副乒乓球拍给我和哥哥，然后对我们说："以后，你俩没事时就打乒乓球吧。打乒乓球可以让你们反应更灵敏，还可以训练你们的观察力和注意力，让你们脑瓜子越来越聪明。"原来如此，难怪之前爸爸让我们打羽毛球，还制作各种玩具让我们玩呢。他是想让我们在活动中发展智力。

读书可以益智，活动也可以益智。也总算明白了爸爸给我和哥哥起名字的初衷，我俩名字中都有一个"智"字，他就是希望我们通过学习、通过活动，让自己更有智慧啊。正是爸爸这种"智"的引导，让我和哥哥读书都还行，活动能力也都还不错。

三、立

"每次想到一个瘦瘦小小的小丫头，站在小凳子上做饭，我就感到又好笑又心疼。"这是爸爸时不时就会跟我们提起的话题。

那个瘦瘦小小的小丫头就是我，那时的我身高只有一米二五，刚上四年级，爸爸把我和哥哥转到了最好的一所小学去读书，但是这所小学离家很远，当时的小学也没有寄宿，只能寄住在亲戚家，每天需要自己做饭、上学。还清楚地记得第一次做饭的情景，就像爸爸常说的那样：锅灶很高，我够不着，只能站在一个小凳上在锅里操作，炒的菜没什么味道，做的米饭半生不熟……就这样，坚持了三年，到六年级毕业时，虽然我的身高也只有一米四，看起来还是很瘦小，但是我却已经能够照顾自己，还能给全家人做饭、洗衣服。在那三年里，我和哥哥上学从来没有迟到过，学习也从来没有落下过，我俩的成绩一直保持在那所小学的前列。

其实，那时候爸爸就在那所小学附近的政府部门上班，是很容易照顾我和哥哥的，但是他却只是让自己做个旁观者……

　　总是时不时想起那三年的生活，越来越觉得那三年简直就是我这一生中最为宝贵的财富，虽然吃了很多苦，受了很多委屈，但是我却日渐变得独立，我觉得自己就像仙人掌一样生命力顽强，到哪里都可以生存，而且都可以生存得很好。终于明白爸爸只是说"心疼"，却从不改为亲自照顾我们的原因。

　　爸爸也总是对我们说："凡事要靠自己，不能依赖别人"，还在墙上写下了郑板桥的话："流自己的汗，吃自己的饭，自己的事情自己干，靠天靠地靠祖宗，不算是好汉"。

　　"孝""智""立"，就像家风三部曲，唱响了我的人生，让我拥有了健全的人格、智慧的头脑和良好的适应能力。

振心、思行、修德：耳濡目染出家风

北京市第八中学校长　王俊成

　　我国自古就是以家国情怀为重，讲究的是对家庭负责，对社会、对国家有所担当。也因此，中华民族能有五千年绵绵不断的文化，这在世界上也是唯一的，这与我国传统文化的根脉是有关系的。

　　家风是什么？在我看来，"家风"主题包括振心、思行、修德几个方面，这要从我家的家风谈起。

　　家风是家里面做人做事的一种意识和行为习惯，它传承的渠道和途径更多是耳濡目染。想想自己的家，觉得有两个优点值得继承，一个是吃苦耐劳，一个是为别人着想。正好是我父母身上的两个特点，父亲吃苦耐劳，母亲与人为善。我的家在农村，父母养了六个孩子，且刚好是在最困难的时候，我能够深切地感受到他们的含辛茹苦、忍辱负重，我曾经跟孩子讲，你的爷爷奶奶把我们养活了的恩德比我把你养好了都大。我儿子成人以后，我跟他交代的第一件事就是：你长大了就靠你自己了，爸爸现在需要更多的时间陪伴爷爷奶奶。如果爸爸有不测死在爷爷奶奶前头，也一定会给你爷爷奶奶准备一笔足够他们养老的钱。

　　我曾听到两个关于父亲的事情，我老家在山东德州，当时谋生的一个活路是从彰化推盐、推伞、推帷子，而一个木轮车可以推到600—800斤，这么辛苦的活父亲都坚持做了下来。再一个是打深井，腿被泡肿的情况时常发生。

　　我自己的工作也很辛苦，甚至感到难以支撑。但是，我一直坚持，因为和父辈当年的工作强度比，自己要幸福多了。说实话，我有时候会对工作有所抱怨，觉得累得身心俱疲，何苦来哉！也这么大岁数了，谁都知道健康的一和其他的零之间是什么关系，但是再想想父母，想想自己的责任，想想你被推到这个位置，必须得坚持下来。在这样的一种状态下，为了价值和尊严，宁要透支生命，甚至牺牲生命也在所不惜。这是一种信念。跟父亲交流这些，他都是笑笑，因为他从来没觉得付出多么苦，这就是品质。

还有我的母亲，她向我们传递的主要是与人为善。第一是那种热心，第二是忘我，她很热心地去帮助别人。我回老家总要带回点什么好东西，她肯定要留给村里邻居。我就问我母亲"你是不是有点虚荣呀？"她说什么虚荣呀，人家对咱们都挺好，在你们小时候人家都帮过咱，怎么就不能帮人家。让我最感动、最伤心的一件事，是有一次我周末回家，和家里人说着话就倚在沙发上睡着了。醒了以后发现母亲在我旁边，问我"是不是累？"我说特别累，说者无心听者有意，她就说"你要不就回家吧，也那么大岁数的人了"，她说的第二句话是，"老三，你自己这么累，可不能让你的老师们这么累呀。"

"心重压人"，这就是我从母亲那里感受到的。后来我当铁中校长的时候说过这样的话，"宁愿学校发展得慢一些，也不能以牺牲和透支教师职工的身心健康为代价，那是不人道的"。仔细想想，这个根就在我母亲的那句话上。

从我家的家风中我悟到了六个字，振心、思行、修德，这也是我今后要努力做到的。比方说，我常常感性化和情绪化，现在社会，人们常常拿功利的得与失来判断一个事，而缺乏价值理性。我们能成就一个学生，成就一番教育事业，甚至影响到社会，影响到长远，这是一件伟大的事，可是我们会想自己实际得到了多少。在这一点上，我做得还不够，与我们的父母相比，我还是有点贪，贪图自己的名誉，贪图自己的利益和影响，甚至贪图自己的尊严。我不怕吃亏，吃苦耐劳没有问题，但有时候在乎我自己的尊严，你不尊重我，我受不了，实际上是缺乏忍辱负重的风范，这是一方面。

另一方面，有些事情，对下级，我可以做得很好，我可以包容。但是对领导，我有时候承受不了，你不尊重我，我就想不干了。现在想想不对——领导信任，组织信任，给了你一个展示自己价值的平台，怎么就准备撂挑子呢?! 我自己常常跟学生说，优秀在于境界，价值在于成就。可是真做起来还是太在意得与失，而没有体现出真正的价值、信念和奉献，所以我要不断地加强自身修养。

此外，我一直认为教育是一个系统综合的工程，包括四个元素：第一，个人是种子，就是我是谁，每个人都有独立的生存基因，他都是一个独立的个体；第二，家庭是根基，每个人都深深地打上家的烙印，并代表了家的传承；第三，学校是土壤，或者是阳光；第四，社会是空间和环境。人是有差异，我们必须尊重这种个性，教育绝不能成为生产线和复印机，把孩子当成拷贝。家是根基，学校是土壤，提供丰富的营养让学生成长，是花就让他艳丽，是草就让他茂盛，是树就让他茁壮地成长，最后成为栋梁，到社会上去展示价值和风采，为我们的社会增添光彩。

岁月流金　家风长存

北京市育民小学校长、特级教师　翟京华

家风是一个家庭特有的文化品性、行为准则和精神气象，是长期陶冶与浸润而成的。它渗透在家庭的各个方面。它不是一句口号，而是细节的彰显，也是平常的状态。

我出生在一个干部家庭。父亲17岁就投身革命，加入了共产党。担任过解放军华东支前司令部指挥员，经受过战争的考验与洗礼，战争的残酷与为理想而献身的英勇留在他伤残的左臂和淮海战役二等军功章上；他又是新中国成立初期调到北京的第一批公务员，仁爱情怀与克己奉公留在同事的口碑里；他是家里受每个人尊敬爱戴的精神支柱，忠诚正直、慈善宽厚与坚韧自律永远留在我们的心里。

我在父母身边生活的时间最长，得到父母的呵护最多，受父母的影响也更深刻。父亲说，我的勤奋刻苦，好学善良最像他。对于我来说，慈善、清廉、好学的家风，出自父母亲的言传身教。

一、善——待人慈爱

小时候我们住在府右街的一个四合院里，前院中院后院总共有10户人家，邻居间难免有矛盾，但我家和每一户都能和睦相处。父母对待邻里很慈善，不分亲疏厚薄，不计较利益得失，谁有困难上门求助，都热情帮助，所以大家都亲热地称我母亲"洪妈妈"。父母常教育我们，和伙伴相处要友善谦让。我读中学的时候，班里一个女同学常常找我一起上学，她家境困难，吃不上早点，我母亲就准备两份早点。

这种扶危助困、与人为善的态度对我影响很大。1989年，我被评为全国教育系统劳动模范，获得500元奖金，我把它捐给了亚运会；1991年，安徽江苏等省遭受洪涝灾害，我又捐了500元；2008年汶川大地震，我们全家三口捐了8100元。当班上的学生家长出差，我就会把学生接到家里照顾生活；学生生活困难，交不起学费、饭费、校服费，我给学生交；班上有八九个学生学数学吃力，成绩不及格，我作为语文老师拿出星期日的半天时间给他们辅导数学，坚持了一个学期，期末考试他们全都取得了良好的成绩。

我也这样教育自己的孩子，每当她走过街天桥、地铁通道看到残疾人、孤苦老人乞讨，都鼓励她施以援手，献出爱心。每当学校有资助贫困地区的活动，都支持她积极参与。

从父母亲那里我得到家风中"善良"的秘诀：上善若水、善心立世。对家人相亲相爱，对他人施善而为。

二、廉——做人干净

父亲是一个沉默寡言、克己奉公的人。他每天早出晚归，似乎都没有劳病、疲累、烦躁的时候。他总是穿着西装或中山装去上班，精精神神。一米七八的身材，在我眼里是那么魁梧高大。父亲在外贸系统工作，有不少出国出境的机会，但他只去过日本和香港。父亲做领导，过年过节看不见有同事到家里送礼。改革初期，父亲的单位要拆分，那段时间家里常常来人，大家都希望继续在父亲领导下工作。从他们的嘴里，我知道了父亲不少"事迹"：把出国的机会给了别人，提携帮助年轻干部，平易近人没有架子，真诚坦荡不背后整人，帮助群众解决困难……这些都成为我的人生明镜。

工作40年，我像父亲那样全心工作，没有请过一天病事假，没有耽误学生一节课：尾骨骨折坚持上班；重感冒打点滴，到了上课时间拔下针头；怀孕失声，把所有语言写在黑板上；揣着住院通知辅导青年教师参加教学大赛；患带状疱疹疼痛难忍，坚持上课……父亲乐意看到我这样工作。

父亲在去世前的一个下午，把有限的积攒留给我们，慢慢地说，我这一生很干净。我像父亲那样清白做人：当老师，不收学生的礼物；当校长，不收家长的礼物。做校长，不独乐，真心助力每位教师的发展，把出国的机会、做课的平台、最好的教案、评先的名额都给了老师们。

从父亲那里我得到家风中"清廉"的秘诀：做人干净，首先要灵魂干净。

三、学——读书修身

父亲是个爱读书的人，床头摞着书和杂志，窗台上放着两三种报纸。记得一到星期日，父亲就捧书阅读，常常忘记吃饭，需母亲催促几遍。也常常看到父亲写讲稿，写、改、誊抄，一坐一下午，半缸烟头，半地纸团……

父亲也爱买书。在不大的书柜里，既有领袖著作、人物传记、回忆录，也有十几本泛黄的小说：《家》《春》《秋》《红日》《子夜》《林海雪原》《战斗的青春》《暴风骤雨》……我从小学读着它们长大。我结婚后每周回家一次，还是会习惯到书柜去看看增添了什么新书，也常"借回来"看看。

父亲离休后订了很多杂志和报刊，有《北京日报》《北京晚报》《作家文摘》《老干部》《读者》等。阳台上堆了一摞摞码放整齐的报纸杂志。父亲关心国内外大事，每次家庭聚会，都变成了国内外形势的"小型研讨会"。

父亲的好学"传染"了我，我也喜欢读书，喜欢思考。读书的时候，知道了什么不重要，重要的是想到了什么；了解了什么不是目的，目的是悟到了什么。当有思考的时候，糟粕可以转化成精华；当有领悟的时

11

候，吸收可以升华为创造。深读，深思，一种境界；读此，思彼，一种乐趣；读进去，跳出来，一种格调。

我有自己的"三余"读书法——课余闲读：利用午休时间读书、摘记；日余夜读：利用睡前一小时读书；假余研读：利用放假时间研读整本书。我用"案例法"研读了《红楼梦》；用"韵文法"梳理了《三国演义》主要人物；用"人物谱法"阅读《论语》。

我也注重培养学生的读书兴趣和习惯。教室里有"读书角"，每周有"读书笔记"，每月有"读书交流"，每学期有两次图书大厦的购书读书活动。启发学生做聪明的读书人：不像沙漏，注进多少，漏出多少；不像海绵，任什么都吸收；不像过滤豆浆的纱布，流走的是豆浆，留下的是豆渣；而像矿工，抛弃矿渣，只拣宝石。

从父亲那里我得到家风中"好学"的秘诀：从读书中汲取养料，思中有进。

岁月流金，家风依在。

感念家风，它像一首歌，在我们的灵魂深处吟唱；传承家风，它像一叶桨，引领我们在人生的河流中搏击前行。

读书传家　学习立人

北京市西城经济科学大学教师　卢忠飞

　　小时候住在乡下的小院子里，每个夏日炎炎的夜晚，父亲都要把床凳搬出来，一家人在一起乘凉。院子里种着各种瓜果蔬菜，屋后的池塘蛙声一片，总感觉彼时的星空甚是明亮而深邃。我就这样躺在床上，耳畔是母亲用蒲扇给我驱蚊的声音，还有对我的谆谆教导。父母教育我最多的就是好好读书、好好学习。我想"读书传家、学习立人"正是我的家风。

　　我的家乡在鲁北的偏乡僻壤，县志上写到因古代"不沾圣化"，而取名曰"沾化"。黄河三角洲冲积平原易旱涝、多盐碱，祖祖辈辈就在这片贫瘠的土地上繁衍生息，黄土地上的人民对于生活并没有太大期望，日出而作，日落而息，周而复始。那个时候读书的孩子不是很多，大都上几年小学就跟家里人下地干活或者去外地打工。但我的父母却笃定了让我和妹妹上学读书的信念，从小就教育我们要好好读书，考上大学，离开这片黄土地。也许是因为上一辈人的不甘心，当年爸爸高考落榜回家种田，妈妈因家中变故也只是读到初中便辍学回家，他们过够了面朝黄土背朝天的日子，不再想让子女承受那样的辛苦。上小学时，手边的书籍少之又少，精神食粮极度匮乏，最开心的事情就是每学期开学发新书，抱回家后先把崭新的课本包上书皮，郑重地写上自己的名字，然后便如饥似渴地读起来，往往一两个晚上便翻完了。还记得有一日，父亲去城里走亲戚，带回来一本破破烂烂的《365夜故事》，我如获至宝，便马上一个人躲在灶膛角落里读起来，那是我第一次读到那么有趣的故事书，第一次听说了"白雪公主和七个小矮人的故事"，还有"阿里巴巴和四十大盗"。直到如今，我再也无法体会到当时那种阅读带给自己的兴奋和乐趣。在农闲时节，村里人大都凑在一起打牌、喝酒，父母向来不喜欢参加这样的活动，现在脑海中犹记得寒冬的夜晚，父亲和我围坐在火炉前，翻看旧报纸的情景，遇到不认识的字我便划出来，自己翻字典去查，那本字典早已散架，是舅舅上学时候用的，采用的还是现在早已废弃的四角号码检字法。读书是我童年最大的乐趣，对知识的收获胜过任何物质享受所带来的愉悦。

到了中学，我开始住校，渐渐远离了跟父母一直生活的日子。虽然没有父母的随时督促，但每次放假回家，父母最关心的就是我的学业，那是我们全家最重要的事情。一路磕磕绊绊，从大学毕业到读完研究生，再到参加工作，在近二十年的求学生涯中，学习带给了我无限的乐趣，也正是通过读书和学习，我不断成长、不断成熟、不断自立。

现代社会，日新月异，每天都发生着急剧的变革与发展。在这样一个飞速发展、快速消费的时代，人们追求的是效益和效率，人们享受的是"快餐文化"。每个人都行色匆匆、不甘落后，于是安心读书似乎变成了一件很奢侈的事情，人们很难静下心来好好读几本书。随着社会价值观念的多元化，"读书无用论"沉渣泛起，知识分子不再受到尊重，"金钱和权利"反而备受吹捧。这不得不叫人忧心忡忡。文化是一个国家、一个民族的灵魂，只有拥有足够强大的文化底蕴，才能够支持一个国家未来的持久发展。泱泱中华，文明古国。近代社会我们走了一些弯路，以史为鉴，我们的国家和民族正在走向伟大复兴，而这其中最重要的就是知识的繁荣、文化的复兴。一个国家的文化底蕴从何而来，当然是靠每个人自身修养的提高，以及每个家庭文化氛围的形成。修身齐家才能治国平天下，家风乃吾国之民风。2014年索契冬奥会期间，习近平总书记在接受俄罗斯电视台采访时对诸多世界文学名著如数家珍，他说读书已成了他的一种生活方式。他认为读书可以让人保持思想活力，让人得到智慧启发，让人滋养浩然之气。这不得不让我们去深深思考：我们是否应该努力在纷繁复杂的日常生活中通过读书来获取自己内心的平静，通过读书来修养自己的心性和品质；每个家庭是否应该着力培养子女的阅读习惯，形成全家读书学习的良好氛围；全社会是否应该大力倡导读书学习的思想观念，从基础设施、制度保障、德行教化等各个方面营造全民阅读的社会环境。读书、学习不仅是简单的个人行为，而且更应该是一个国家、一个民族的集体举动。有一次我在韩国的地铁上看到一个年轻的妈妈和幼小的孩子各自捧着自己的书在认真地翻阅，那个场景让我异常感动和震撼，今天多么希望在我们的地铁上、公交车上也看到更多捧书阅读而不是低头玩手机的年轻人。

腹有诗书气自华，我的家庭和父母都很平凡和普通，但是我的家风却让我觉得伟大和崇敬，对读书、学习的坚持是我一生受过的最好教育。2015 年是我离家求学，独居北京的第八年，多少次在我困顿不堪、无力前行的时候，看到纸箱里、书架上、桌子上、枕头边的一本本书的时候，我便又重新充满了力量，他们总是给我这样的温暖，我知道我的父母、家人还有所有先贤圣哲都站在我的身后给我以最强大的精神力量。

"忠厚传家远，诗书继世长。"读书传家、学习立人，这是我的家风，也是我一生之信念！

记得微笑才能幸福

北京市西城区西四北幼儿园教师　闫　旭

　　"家风""好人好事"，当我听到这些词的时候，我的脑海里一片迷茫。我的家风到底是什么？我做过的好人好事是什么？我该如何起笔这个话题？无数的问号在我脑海里游荡。我只好放下笔走到窗前，仰望着天空，随后我给了它一个微笑。然后我开心地走到桌前，坐下来开始起笔。微笑不正是我的家风吗？

　　我是一个生在农村、长在农村的姑娘。从记事起我就知道家里并不富裕。我知道起初父母的婚姻是不被看好的，我知道妈妈是从大小姐的生活走到了连房子都要自己动手盖的苦日子。我知道父母依靠着他们彼此之间的那份爱一步步走到今天的幸福生活。每一个坎坷他们都一同微笑地去面对。在我的印象里，好像没有什么事情能够难倒爸爸妈妈，他们总是微笑着。我时刻记着爸爸妈妈的话"记得微笑才能幸福"。

　　12岁后我就开始了寄宿生活，到现在总会有人说我看上去要比同龄人成熟。其实这对于我来说是一种幸福。每一天我都把自己的生活安排得满满的。即便实在没有事情做，我也会买一些书看。有人问我"你每天都这么忙累不累啊"？我很想说，有些时候我也会感觉到累，我也会抱怨生活。但每当这个时候，我想起爸爸妈妈曾经的苦日子，想起他们对我说的话"记得微笑才能幸福"。我就会回答"不累"。然后我会给自己一个微笑，以此鼓励。

　　从小到大的生活环境告诉我，在生活上只有自己强大了才能把握幸福。我要让爸爸妈妈过上享受幸福的日子。所以我始终努力地学习着，不断地从各个方面提高自己，并乐在其中。而在工作中，我也会经常带着微笑。以前我并不认为自己经常笑，或者说我把微笑当成了一种习惯，自己没有太过于关注，直到有一天，我在吃早饭的时候遇到了一位学生家长。当时的场景我记得特别清楚，家长看到我后特别热情。然后过来一起吃早饭，我们沟通了一下孩子的问题。家长说："闫老师，我们孩子特喜欢您。"我当时的第一想法就是，孩子一定是喜欢和我做游戏。然后家长接着说："老师我还觉得您有一点特别好，我看您总笑着。"当我听到家长这样说话的时候，一种感动与感谢涌上心头。感动是感动家长能如此地关注，哪怕只是一个表情。作为教师，我听了家长的话语后会更加注意教师形象中的一些细节。感谢是感谢我的父母让我把微笑养成了习惯。

从小我就知道，无论爸爸妈妈遇到多么大的困难，总会用微笑鼓励自己、安慰自己、激励自己。记得12岁那年我突然被判为血液病时，当时对于妈妈来说感觉就是天塌了下来。因为我从来没有得过重病，而且听说是血液病，妈妈真的害怕是白血病。眼下就到春节了，我却因为患病住院了。儿童医院血液科是不允许陪床的，每周有固定的时间探视。每一次爸爸妈妈来探视的时候都会微笑着给我带来好吃的。但是出院后我却听姥姥和姥爷说在我住院的时候，爸爸妈妈每天都吃不下饭。正是因为他们给予我正能量，给予我愉快的心情，我才能很快地好了起来。所以我感谢他们把这样好的财富给予了我。

如今当我遇到不开心的时候，或者遇到困难的时候，我会给自己一个微笑。努力去做，再大的困难也会过去的。笑一笑，让自己放松一下，什么都会好起来。最难的不是事情的难易度，而是对待事情的态度，我相信，即便遇到了非常大的难题，只要微笑去面对，那结果一定不会太坏。

所以我认为，微笑是我的秘密武器。我认为微笑是我做过最好的事。无论遇到什么，我总会微笑地去面对每一天。而且《正能量》一书中也提到了，不开心可以对着镜子给自己一个真诚的微笑。我相信，快乐是可以被感染的。如果您有不开心，您可以来中一班找闫老师，在这里我可以给大家一个最真诚最快乐的微笑！

好的家风是给孩子一种品质

北京小学校长、特级教师　李明新

中国文化很鲜明的特点之一是"家文化"。中国人千百年的家国情怀是家文化与爱国情感紧密相连的集中体现。所以，在中国人传统的思维中，治国如同建大家庭，理家如同建小国家。从这个意义上讲，家风建设是国风建设的重要基础。

结合自身的成长谈家风，必须回首自己成长的过程，反思家庭教育，感悟人生成长之道。家风是什么呢？我觉得家风就是一个家庭为人处世的价值追求和品质，家风是家庭群体道德与行为文化的反映。因此，家风实际上是家庭成员灵魂的土壤。家风的核心人物就是这个家庭中的核心人物，比如父母和爷爷、奶奶。他的品德、他的为人成就了家风，深刻影响着所有家庭成员的成长。在这个家庭中成长的子子孙孙，他们的灵魂受制于这个家风的土壤。这个"土壤"给他什么样的生命养料，给他什么样的人生元素，对于他的一生有深刻的影响。正因为家风从小影响一个人，影响家庭的一代又一代，所以它可谓基础性建设，又可谓人生奠基工程。

我自己出生在农村，我在家放羊一直到15岁离开家乡，可以说是土生土长的农村娃。当时，我最重要的一个家庭责任就是每天放学后把家里那几只羊赶到村外山脚下，一直到晚上羊吃饱了再回来。我的母亲现在快八十岁了，已经患老年痴呆，在床上躺了好几年了。没有患老年痴呆的时候，也是连自己名字都不会写的农村妇女。我父亲八十多岁了，是一个病退的老工人，三十多年前从县城病退回到家。我自己在家中最小，上有三个姐姐，一个哥哥，现在都在农村老家。思考家风问题，今天的自己，身上哪些东西是家庭给予的？是良好家风在我身上的延续？仔细想来，诚实守信是自己身上家风的影子。我无论是做老师，还是做校长，一直为人很诚实、很守信，如果说谎话、说违心的话，就会脸红，就会别扭。这是从小家庭培养出来的。比如，那时候农村人生活艰苦，有乡里乡亲来家里借钱急用，就是只剩一块钱，也会借给他。做人要厚道，做人要诚恳，这种家风对我的影响很深刻。所以到今天，我作为一名校长，不在老师面前说假话，也不跟学生说假话，更不跟家长说假话，因为一说就心跳，一说就脸红。因此，说家风是人生奠基工程一点也不假。

今天，自己能够成长为一名正高级特级教师，除了得益于领导和组织的大力帮助，也与自己一贯的刻苦努力分不开。必须认识到，一个人在工作和事业上的进步离不开吃苦耐劳的品质，不能做天上掉馅饼的美梦。在我生长的这个农村家庭，父亲、母亲从小就告诉我们，做人做事不能偷奸耍滑。我今天对工作认真负责的品质，就来自父母的影响。无论是邻居拜托他们什么事，还是单位指派什么工作，绝对都是尽职尽责、细致周到、大公无私地完成。我那时在村里的小学上学，我从三年级开始，给班里生火，一直坚持到初二。那么多年，这份责任不只是我记着，我父母一样记着。冬天早晨五点半，母亲会把我叫醒，穿着破棉袄，拿一块儿窝头，摸黑去学校。下着雪的时候，父亲不放心还会送我。但是，父母从没有因心疼我而阻拦我，我也从没有过犯懒不去的想法。因为你既然是班里生火的人，"全班的温暖"就是你的责任！想想今天一些家长，到学校接孩子放学时，孩子本来要做值日卫生，一些家长竟然不让孩子做，自己替代，或者干脆不做，接上孩子就离校。这样的家长教给孩子的是认真负责的态度吗？这样的家长怎么能培养孩子尽职尽责的品质？今天我做校长工作，做教学研究，从来一丝不苟，认真负责，甚至在做学问上一直秉承"治学不为媚时语，独寻真知启后人"的精神。这种责任感是怎么来的？就是从小在这样的家庭里熏陶和感染出来的。

回想这些点点滴滴的成长经历，我觉得，好的家风实际上不是给孩子多少知识，而是给孩子一种品质。今天，在我们全民都关注教育的社会大背景下，恰恰忽视了家庭教育这一点。现在的家长都想给孩子更多的知识，让他更早地学英语，背古诗，上奥数，学钢琴，让他上这个辅导班、那个培训班，就是不更早地教他做人。我从小没有上过一个课外班，没有在学科知识上"抢跑"，但是，我觉得品质能够弥补这些内容。

记得我父亲曾给我们讲，他是负责县商业大楼建设工作的，天天到处去跑业务，有时忙得一口干粮都吃不上，最后累成了心脏病，昏死在办公的途中。但是，病稍稍缓解，又全身心扑在工作上。他告诉我们，在单位永远要以工作为重，这样才能赢得领导和大家的信任。他八十多岁了，身患多种疾病，长期尿血，却从来不跟我说，因为他知道我工作忙，做不到一周回老家一次，所以为了不耽误我的工作，他一直瞒着我。直到后来非常严重都住医院了，我才知道。他的这种"工作为第一"的处世原则深深地教育了我。今天，又有多少家庭还在传承着这样的美德呢？

在对待家风的问题上，无论是老百姓的感言，还是专家的分析，都有一个共同的认识：良好的家风一定是为别人多想一点，为自己少想一点；为公事多想一点，为私事少想一点。这可能就是中国传统的家庭在那个时代留下的一种宝贵的精神财富。

今天在践行社会主义核心价值观的过程中，提出建设良好家风具有重要意义。如果说社会主义核心价值观是国风，那家风是基础，家庭是第一途径。谁把握着第一途径的方向、脉搏？就是那些孩子的父母、长辈。所以，应该强化这样的意识，即提高家长的素质，让家长担负起良好家风建设的重任。谈到此，我以为，建设家长学校是个重要的策略。

学校、幼儿园、社区，要联合起来加大家长学校的建设。要使幼儿园、小学、中学家长学校的建设成为一个系统、一个整体。让我们的家长认识到他们是孩子成长影响的第一人，他们是孩子的第一任老师。他们必须给孩子系好人生的第一粒扣子。我觉得只有这样，我们才能够对未来的家风建设充满信心。

今天，我们畅谈家风，它的意义不只是让我们怀念过去，更是让我们要憧憬未来。家风建设好了，国风建设就有基础了，社会主义核心价值观才能够得到更好地践行。

学习型家风

北京市西城区陶然亭小学教师　刘雪梅

晚清的曾国藩，为人所称道的，不只是他的做官为文，更是他家族的家风建设。

曾国藩从小受家庭的影响，半耕半读发奋苦学，执着求梦，终于考中进士。受朝廷重用之后，即使官至极品，为人处世他依旧处处谦逊谨慎。他曾一再告诫自己的后代，不能只顾享受先人留下的财产而不思进取，更要把终身学习的态度贯彻进日常生活中。曾家人代代严守家训，恪守正道，所以其孙辈不乏人才，有能诗善文之曾广钧，更有著名教育家曾宝荪、曾约农。

作为一名小学老师，我深知家庭中的学习氛围对下一代教育的影响。因此在家庭中我一直很注重良好学习型家风的建设。

所谓学习型的家风，即在家庭中培养学习的"基因"，通过家庭成员之间相互督促来使整个家庭共同进步。人都是有惰性的，这一点我并不否认，要想做到曾国藩那样的终身学习并非易事。前人的家训可以被借鉴为现在的家风，而需要一脉相传的核心，正是那飘散着墨香的"学习"二字。

俗话说："书是人类进步的阶梯。"我认为，学习型家风的建设，相当重要的一个环节就是对读书的重视。作为人类历史上的宝贵财富，书籍在文化传播中起到了非常重要的作用。所以在我的家庭，在建设学习型家风时也着重注意培养阅读的习惯，同时营造主动学习、热爱学习的

家 风

氛围。

孩子从小就表现出对书籍的强烈兴趣。而为了迎合孩子的这种兴趣，家长自然要以身作则向孩子传达如"读书有益"这样的信息。现在，书籍早已成为我们这个小家庭中必不可少之部分。而从小受书香熏陶的孩子，在他成长的岁月轨迹中自然留下了淡淡书香。

我是幸运的，孩子更是幸运的，成长在这样一个富有学习气氛的环境中，每一个家庭成员都保持着对学习的热爱。从孩子小的时候开始，我们就尽力营造一个家庭共同学习的氛围。他还小，我们就陪他一起读书，一起学习写字。随着他年龄的增长，我们的任务逐渐变成了辅导他的学习。渐渐地，习惯塑造品性，通过良好学习习惯的培养使孩子懂得谦卑自爱。更令我们感到欣慰的是，孩子健康顺利地成长，考上了理想大学。我想，孩子应该感谢我们为他创造的环境，而我们应该感谢的就是我们自己，当初做了一个正确的决定。

可以说阅读已经成为了我们家日常生活中喜欢且频繁为之的事情，由于家中的大人和孩子都不是非常喜欢生涩难懂的文言文，所以古籍只保留了少数名著，大多数是当代的散文。不过孩子上大学后住校，而大人的工作也比较忙，一周中的阅读时间可能并不是非常充裕。但周末，回到家中还是延续了阅读的习惯，在午后的闲暇时刻，倚在晌午的暖光照射的椅子上，随手从旁边的窗台或茶几上取下一本书，慢慢品味书中的滋味，让这种惬意随着渐渐西斜的暮色定格在这个下午的时光中，是值得我们格外珍惜和继续下去的休闲方式——既可以放松身心，又可以为孩子创造一个良好的学习型氛围，何乐而不为？

当然，我也知道，不同家庭的环境会造就不同的家风。换句话说，也就是不同的家庭对孩子的影响也是不同的。这也就是为什么父母擅长的事情，一般孩子也会比较擅长的原因所在。不排除基因的影响，后天的家庭教育和家风的影响也起到了至关重要的作用。于是，历史上的伟人往往普遍有一个伟大的家族。当然，我们并不能一味地夸赞自己的家风，而去讽刺其他。只要是对家庭成员有所裨益的家风，都应该是我们学习的对象。学习其他家庭中家规、家风的优秀部分，来弥补自身的不足，更好地发扬具有特色的家风，以此为家庭中的每个成员服务。

家风，如果说它是家中之魂亦不为过。而正所谓"你的成功要从你脚下的第一块石阶开始，而家风正是这方石阶"。学习型的家风，不仅可以让每一个家庭成员沐浴在文化的熏陶之中，更会让家中的每一个后代都受益匪浅。当你还在思考家庭中似乎还缺少了什么的时候，不如试试让学习、让墨色浸染家中的每一缕气息。

在阅读中成长

北京市西城区实验小学教师　朱文静

　　悠悠华夏五千年，风流人物灿若繁星。回望我们中华民族那些有杰出贡献的人，都拥有良好的家风。岳母为儿刺字，留下了"尽忠"的家风；曾子树立表率，立下了"诚信"的家风；林则徐勤俭持家，形成了"节约"的家风……

　　古往今来，许多人家把读书定为家风。清代书画家郑板桥说："咬完几句有用书，可充饮食；养成数竿新生竹，直似儿孙。"以此教育儿孙读书做人。晚清重臣曾国藩戎马倥偬，他不忘敦促家人每日坚持学习，并多次为全家拟订严格的学习计划，他把读书、劳动作为家风的重要组成部分。

　　商人以赚钱为本，但在商海浮沉中认识到："几百年人家无非积善，第一等好事只是读书。""处世无如为善乐，传家唯有读书高。"将读书列为"第一等好事"，作为"传家之宝"，成就了极富地域色彩且几百年昌盛不衰的"徽商文化"。

　　其实，读书作为家风的重要组成部分，已经遍布世界各地。每个犹太家庭中，小孩稍微懂事，母亲就会在书上滴一点蜂蜜，让小孩子去吻，这仪式是让孩子明白书是甜的，让孩子从小就爱书，爱读书。几乎每个犹太家庭的母亲都会告诉孩子这样的道理："记住！你要带走的不是钱，也不是钻石，而是智慧。智慧像健康一样，任何人都无法抢走，你将终身拥有。只要活着，智慧将永远与你结伴而行。"这或许多多少少可以解释犹太人是当今时代全世界公认的最聪明、最富有智慧的。

俄国文豪托尔斯泰，在孩子长到三四岁的时候就开始教其识字读书，他亲自制作了"连桌灯"，每到晚上，全家人都必须坐到这同一盏灯下开始阅读，这一习惯一直延续下来，成了他们的家风。后来，即使父母都不在的时候，孩子们也自己读书，他们"常常是充满期待地等着晚上的全家共同阅读"。可见，这种家风的影响有多大！

"一等人忠臣孝子，两件事读书耕田"，而把读书定为家风，则是古今中外许多家庭的传统风尚和行为准则，在今天这个时代，尤值得我们效仿！

读书，也是我的家风！我爷爷、爸爸、叔叔、姑姑、妈妈都喜欢读书。小的时候，我家房子很小，我们三口人住的平房不足十平方米。但现在已年近五十岁的我依然怀念那间小平房，依然怀念那盏景德镇青花瓷台灯。多少个晚上，我们全家人一起在灯下读书。做了人母，我最喜欢的事还是读书。冬日的午后，刚刚把家收拾干净，给自己倒杯茉莉花茶、捧本书，席地而坐，晒着太阳，潜心阅读是最最幸福的事了。

有的学生家长跟我说，让孩子喜欢阅读太难了。我真没有这种感觉，我儿子从小就喜欢读书，我想这和家风、父母的言传身教有直接关系吧！

我是语文老师，又是班主任，每接一个班，我都会把培养孩子热爱阅读当作我的首要工作。我坚信：没有一个爱读书的孩子是学习成绩不好的孩子！一个爱读书的人一定是一个有修养的人！一个爱读书的民族一定是最优秀的民族！

热爱阅读，这就是我的家风。

亲爱的朋友们，家风，具有传承的力量，我们不仅要在家中延续，更要在工作中、社会中弘扬。热爱阅读吧！这样，我们的社会才有更多正能量，热爱学习的社会风气才能蔚然成风。行动起来吧，亲爱的朋友们！让快乐阅读的种子在北京西城、在华夏大地上开花结果、世代相传！

跤以德　行天下

北京市西城区少年宫教师　李　英

一件跤衣，一副对联，伴随着我励志、奋斗、成长。

我出生在一个摔跤世家，父亲自幼习武，幼时练习武术，后师从李三占（与李宝如，目前中国式摔跤泰斗为把兄弟）学习中国式摔跤。俗话说"武术加跤，越练越高"，父亲结合武术和中国式摔跤，坚持每天训练，形成了自己的特色。父亲作为中国式摔跤的传承人、国家级裁判，在学习过程中走访京城及全国名家，利用各类比赛交流的机会，向各地高手名家学习，使自己的跤技不断提高。正是源于父亲深知其蕴涵的博大精深和民族文化的内涵，父亲以弘扬中国式摔跤文化为己任，哥哥从 7 岁起学习自由式摔跤，年长后学习中国式摔跤；我从 10 岁起开始学习摔跤柔道。

谈起家风，那就与跤德是密不可分的，从习武的第一天起，父亲就跟我们说："习武之人以德服人。"跤德中就蕴涵着"仁、义、礼、智、信"。提到这五个字我们都会想到孔子以"仁义礼智信"（"五常"）作为"君子"的标准。

"仁"是"君子"的最高标准。但在很小的时候感受不到这种仁义的思想，经过一段学习，逐渐意识到，摔跤并不是把对手置于死地，而是点到为止，不以暴制暴，而是以保护自己为前提，把对方摔倒，靠技艺取胜。所以从小到大，当我遇到有人需要帮助的时候，我都会主动上前帮助，如果有人问路，我会不厌其烦地告诉他怎么走；当在公交车上会为老人让座；当看到不公平的事情时我会站出来伸张正义……

1977 年我来到了这个人世间，感谢我的父母对我的养育之恩；1987 年我开始习武，感恩于我的教练，传授我技能；1997 年我走上了教师的岗位，在这 18 年的教育生涯中，我感恩于三位师傅：一位师傅教会我如何做人；一位师傅教会我如何做事；一位师傅教会我如何提升自我。无论我身处何时，我常怀一颗感恩的心，这也就是父亲所说的"义"。"义"简单来说就是责任，是一个人对家庭、朋友、社会、国家所应负的责任，"负义"两字一般与"忘恩"搭配使用。很简单，如果你对一个对你有恩的人都不愿意负责任，更何况对其他人了，所以老祖宗教导我们"百善孝为先"。

"礼"指的是人与人之间交往时的言行规范。在家中，当有人来访时必须起身迎接；人走时必须起身相送，并把人送出门，直至看不到这个人，才能轻轻地把门关上；说话时要保持一定的距离，面对对方，不可说话不看人……别人说话不可随意打断，特别我是一个女孩子，不可随意亲近男生、男士，保持应有的距离，大方，不做作，不大呼小叫，让对方感到尊重、舒适、不紧张……

"智"指的是我们在处理事情，处理人与人之间关系的时候，一定要用智慧，而不要用情绪来做决定，尤其是不要让怒气来左右你，当你的怒火起来了之后，一定要提醒自己"忍一时风平浪静，退一步海阔天空"。

"信"字被放在"五常"的最后，代表着最基础的道德准则，道德的原则是责任。训练中做配合练习时，队友之间要彼此信任，如果不信任，一个动作下去可能会伤筋动骨，甚至会出现生命问题，正是这种无形的信任，使我在生活、工作中，只要是我答应办的事情就一定努力办、尽量办、高质量地完成；如果做不到的事情我也会婉言拒绝，然后再寻求更好的方法来解决这个问题。相反，假如一个人"言而无信"，那意味着这个人根本就不愿意为自己的言行负责任，谁还会信任他？

"仁、义、礼、智、信"既是跤德，也是家风，更是我做人的作风，它将伴随我一生，传道、授业、解惑。

跤以德，行天下；树家风，终受益。

家风之"诚"与"善"

北京第二实验小学广外分校教师　朱云云

　　"诚实做人、踏实做事、勤奋学习、学有所长"是我校——北京市实验二小广外分校的校训。还清晰地记得我之前工作过十年的学校，也将"诚"作为校训之一，并将"诚"字镌刻于一方巨石之上，矗立在校门之内，以警示来来往往、进进出出的师生以"诚"立人。"成"意为"百分之百""完全"。"言"与"成"联合起来表示"百分之百的讲话""不打折扣的言语"。本义：实打实的说话。诚，信也。——《说文》，诚信、节俭、尊老爱幼、与人为善等，自古以来就是我们中华民族的传统美德。

　　厚于德，诚于信，敏于行。那究竟什么是"诚"？个人认为：诚，是与他人言语后去实现承诺的过程，与言语一致，则以之相对为"诚"；与言语不符，则以之相反为"伪"。诚，非于信的必要，而是信的充分，如果你的诚不充分，想必没有多少人可以去信任你，在当今，有些人往往忽视言行是否一致，或许，大家认为这是一个物质时代，没有办法谈论诚与否，只有谈是否获得利益。正因为这样，我们的社会才出现诚与信的危机。谁也不相信谁，谁也不敢以诚相待。《孟子·公孙丑上》："取诸人以为善，是与人为善者也。故君子莫大乎与人为善。"与人为善，是一种奉献与责任，是仁爱。

　　诚实做人、与人为善，也是我家几代人所倡导并延绵下来的家风。诚实做人，是一种态度，无论是对自己还是对别人，我们都要以诚相待。如果你拿诚信开玩笑，最终受到惩罚的将是你自己，你一定会尝到被诚信抛弃的苦果。在我上大学之前，我父亲就给我讲了这样一则故事，一个小伙子终于实现了自己的梦想，来到了美丽的法国，开始半工半读的留学生活，渐渐地，他发现当地的车站和国内的不同，几乎都是开放式的，不设检票口，没有检票员，他便想着凭他的聪明，估算了逃票而不被发现的概率，觉得可以顺利逃票，事实也确实如此，他经常逃票上车，偶尔也会被查到受罚，他心里当时也很羞愧，决定以后不再逃票，可是每次乘车时，他的侥幸心理又会冒出来，他还为自己找了一个看似很合理的理由：自己还是一个穷学生，能省一点是一点。就这样，当他拿到名牌大学的毕业证书之后，他信心满满，认为自己一定可以去一家很优秀的公司任职，然而，令他始料不及的是，那些他极为满意的公司，都会在数日之后纷纷婉言谢绝他的应聘。他百思不得其解，终于，他鼓足了勇气，给其中一家他最中意的大型跨国公司发了一份言辞恳切的电子邮件，对方回复如下：据查，您有两次乘车逃票受罚的记录，根据逃票受罚的概率来看，你有过上百次甚至更多的逃票而没有被发现，由此可见：您不遵守规则，您也不值得信任。而敝公司对这两项极为重视，鉴于以上原因，方不敢录用您，请见谅。看到此时，他后悔莫及。十几年后的今天，当他成为国内一名小有名气的教授，他总会告诫自己的学生，别拿诚信开玩笑，一次也不要。而我，也总会给我的每一届学生都讲一讲我父亲讲给我的这个故事，让我的学生都能做到诚实做人、踏实做事。

家风的形成是时间的积淀，也是优良风气的延承，这样的风气一旦形成，就会以各种形式渗透到日常生活中，影响我们的行为。我的父亲总会告诫我说，吃亏是福。你只要诚实做人、踏实做事、与人为善，你也会收获别人对你的"诚"与"善"。在工作中，我们难免会遇见比自己强大、比自己强势，甚至在别人看来是很难相处的人，还有对班主任的教育工作吹毛求疵的家长，但是只要你以诚相待，真心关爱他人，与人为善，俗话说，日久见人心。半个苹果换一个梨甚至或许能换几个苹果的道理大家都懂。久而久之，你的"诚"与"善"定将会为你打开你意想不到的另一扇明窗。小蛮，其实是一个很可怜的孩子，父母因感情不和总是隔天上演一幕幕闹剧，在小蛮心里，印象最深的就是父母的吵闹打骂的场景，而鲜少有一家三口其乐融融的外出游玩，终于有一天父母离异了，自小缺少母爱的小蛮性格变得越来越暴躁，加上父亲对他不切实际的期待，然而又忙于生意无暇顾及孩子的教育，小蛮这个孩子做不到可又特别好面子，眼睛里看见的都是别人的不是，稍稍几句话不对，或者哪天心情不愉快，动不动就对同学大打出手，情绪激动时就会顶撞老师。有一天，体育课小组活动时，一个同学因为他不守规则说了他两句，他便恼怒地直接将手里的跳绳甩打出去狠狠地抽在这位同学的脸上。事后，在老师的调解下，双方家长进行了比较和谐的面谈，解决了孩子间的"冲突"，而事情之所以能如此顺利，因为被抽脸的小孩父亲被能言善道的小蛮家长给左一句"大哥"、又一句"好兄弟"忽悠了。转眼，半年过去了，被挨打的孩子脸上的伤痕仍不见好转，孩子的母亲急了，又来找老师处理。令人诧异的是小蛮的父亲竟然还怒了，非得说别人胡搅蛮缠，一边还指责老师翻旧账。听闻此言，作为当时处理此事的小蛮的班主任，真是苦恼无比。不明白为什么小蛮的父亲不仅没意识到他的孩子所为给别的孩子及其家人造成的伤害，还强词夺理。接下来，小蛮连续好几天家庭作业没写被留了下来，小蛮不想他的父亲知道，于是在私底下骂老师有病、去死之类的，小蛮的家长被请来时，不问缘由，上来就冲老师嚷嚷，说老师对待孩子的态度有问题，究其因，还是上次打人事件，家长好面子还觉得自己特有理，嚷嚷叫别人去法院起诉。并用命令式的语气冲老师说，关于小蛮打人的事，老师不能再提了。可是问题的关键是，小蛮又打人了。面对这样袒护孩子有些颠倒是非的家长，还有这样一个暴脾气的小子，继续做家长的工作，似乎不是那么容易，毕竟要想改变一位成年人的想法不是件容易的事，那对于这个孩子,我就这样放弃了吗?随他去?

"与人为善"的家风,就像根植于内心的带有强大吸铁石功能的磁场一样,吸走了家长当时的不讲道理、孩子的难以管教等一切困难,留在我心里的是:我要迎难而上,好好去做孩子的工作,童言无忌,不和孩子一般见识。功夫不负有心人,在组内任课老师郑老师、左老师的齐心协力下,小蛮终于认识到了自己的问题,也评价了他的父亲所作所为不恰当,说要让他的父亲来跟老师道歉。而这样,能打开小蛮那扇紧闭的易偏激的内心之门,我觉得已经足以胜过"让他的父亲道歉"这一说。恰好,两天之后,是我校的"体育节",倒是我很大气地按照之前小蛮的自荐,邀请小蛮的家长来参加亲子运动会之拔河比赛,并没有因为家长的不可理喻而让这对父子失去一次搭手奋进的好机会。小蛮的家长也由对老师的貌似"愤愤不平",甚至责怪小蛮的低中年级班主任不会管理,到坦承自己的孩子因为家庭的缘故自小缺少爱和别的小孩不一样。对于小蛮父亲来说,能正视问题的根源,而不是一味地指责他人,我觉得,这已经是教育成功的一大步了,而这,也是教师不计前嫌,对之"诚"与"善"所结出来的仁爱之果。

著名法国作家罗兰曾说过:"生命不是一个可以孤立成长的个体。它一面成长,一面收集沿途的繁花茂叶。一面还会遭遇荆棘密布。环境给一个人的影响,除有形的模仿以外,更重要的是无形的塑造。"无形中我们接受塑造,但这无形中也是我们在塑造着环境,让我们在"诚"与"善"的环境中成长,在不断进步中营造更加融洽和谐的环境,让每一个孩子都能在"诚"与"善"为本的正能量关爱中,健康茁壮地成长!

家的温暖潜移默化护我长
风的磨砺栉风沐雨助我行

北京市西城区青少年科学技术馆特级教师　周又红

我从小就向往教师行业，小学起就喜欢模拟教师上课。当政府为"文化大革命"中死去的父亲平反，准我进入中央单位就业时，我依旧执着地追求自己的梦想——当一名教师。

当单位工作条件很差时、当一些教师转行时、当有机会离开一线教学时，我只有一个想法，那就是要坚守教学讲台，当一名名副其实的一线教师。

我要为孩子们带来知识的盛宴；我要克服重重困难，在环境教育天地当一粒沙；我要抵挡种种诱惑，在科技教育世界做一微尘。

很多人奇怪我为什么三十多年一直痴迷于教育教学一线？怎样回答？是理想？志向？兴趣？都不准确，我认为是我的家风：

那是一个乐观向上、热爱生活、热爱学生的教师之家的家风。

那是一个勤奋好学、善良慈祥、坚毅果敢的教师之家的家风。

那是一种潜移默化、言传身教的力量，沁人心脾、留有余香。

我庆幸自己能够生活在这样一个充满睿智、幸福的教师之家！我感激、珍惜那些与我朝夕相处的至亲们。我品味与外婆、妈妈和姐姐生活的瞬间故事，那些看似不经意的小事对我的影响很大。

一、爱生如子、慈祥善良的外婆

新中国成立前外婆家生活贫穷，外婆的两个姐姐都送人做了童养媳，最小的是外婆，因为对最小的家里舍不得没再送人，于是让外婆在一个小学校当校工，条件是可以免费听课。外婆每天要干许多活，打扫厕所、清理校园、教室，还要上下课摇铃等。外婆非常珍惜每一分钟，一有空就坐在教室后排听课。在学期末，外婆居然考到全校第一名！后来她被学校留校任教师。在当时可以体罚学生的环境下她从没有打过任何同学，她的善良出了名，很多学生认她为妈妈。当她离开学校即将乘火车远行时，送行的学生们居然在火车上都贴上欢送词……外婆只跟我们生活了几年，但她用毛笔撰写蝇头小楷、吹口琴、弹风琴、教我认字、做数学题及她那60多岁的学生还给他寄钱、寄照片的情景我记忆犹新，让我知道了什么是勤奋、好学、刻苦和善良。

二、追求信仰、乐观创新的妈妈

由于父亲早逝，从部队转业当中学音乐老师的妈妈承担了养育姐妹二人还要努力工作的重任。当时各家各户的生活都不富裕，尤其我们只有妈妈一人强支撑的家生活有一定的困难，但是当妈妈看到一个学生的母亲住院，爸爸下放不在家的窘境，马上就带着我们去看望学生的母亲，还把家里刚刚买的20斤面送到学生家。

为了不让我们感到孤独、难过，妈妈她经常整晚整晚地拉小提琴，"渔舟唱晚、小夜曲、牧歌、白毛女"等，让我们伴着悠扬的琴声入眠，心就是那么的沉静，夜也就不那么可怕，丧父的心情也不那么悲苦。那琴声余音袅袅，一直响彻在我们的心灵，让我们在受到歧视挨骂时，在被抄家时，在被不知真相孩子们打碎家里玻璃时我都听到了美妙悠扬的琴声，知道在我们身后有一个坚强快乐的妈妈。这对我们未来的生活中如何做到坚强、快乐地对待人生至关重要，虽然我不识谱，但我至今都

能背下那些曲调。

妈妈是个优秀的音乐教师，她特别重视音乐人才的培养，她早出晚归，将许多工人、农民的孩子培养成为中央音乐学院的大学生，他们有在中央军乐团、有在歌舞剧院，很多学生都怀着感激之情看望妈妈，尤其是在年三十的晚上他们一定要来我家守夜，我那时候特别喜欢过年三十，因为那么多的哥哥姐姐们一起唱歌跳舞，让我知道了什么是乐观、无私、奉献和仁爱。

妈妈热爱歌曲创作，已经有几百首歌曲发表、获奖。已经85岁的她随时沉浸在创作的海洋，是那样的活力四射、才思敏捷和蓬勃向上，让我知道了什么是创新、追求、信仰和成功。

三、才华横溢、坚强勇敢的姐姐

因为单身妈妈要工作，特别是需要带领学校宣传队"野营拉练"，一走就是一星期，家里只剩我和姐姐。比我大两岁，只有10岁的姐姐毅然挑起了管全家的重任，她带我考体校打篮球，即使上了大学我还是喜欢打篮球，代表学校参加北京高校联赛。她带我下河游泳，虽然很危险，但练就了我的勇敢之心，在工作中我能够勇敢地带领学生们参加多种冬夏令营，甚至勇闯地球三极。

姐姐多才多艺，曾经是所在中学篮球队、田径队、歌唱队和小提琴队的队长，还获得西城区中学生三项全能第一名。一次篮球比赛，她右臂骨折，尽管疼痛难忍，她还是坚决不下场，居然用左手将篮球投入，奠定了胜利。姐姐一直等到妈妈很晚回家才带她看病，才知道骨折。从此她放弃了心爱的小提琴和篮球转而投入声乐学习，终于获得第三届亚洲艺术歌曲竞赛的冠军。姐姐让我知道了什么是勇敢、执着、拼搏和坚强。

四、家风让我受益终生

因为父亲的早逝让自己早独立。6岁开始做饭，8岁已经非常熟练地为全家人包饺子，钩织编绣样样精通。

因为生活的拮据让自己早成熟。从不向家长提任何物质要求，直到上大学时，有同学劝我衣服太破了换换吧，我才注意到自己衣服的褴褛、别人服装的光鲜。

因为家庭受到冲击让自己早成长。耐压能力超强，不会为工作中的困难退缩。

因为至亲们的无私让自己爱助人。特别愿意与众人分享快乐和荣耀，愿意帮助更多的年轻人成长，我在教委的帮助下成立了周又红名师工作室，带领西城区二十多名科技教师在这快乐的团队中成长。

因为家人的追求让自己乐创新。在工作中自己永远不言败，时刻在科学和创新的世界徜徉，目前已经成长为特级教师，中国科学院老科学家演讲团成员、中国科协专家等。

我想说：

苦难是光明的起点，挫折是成功的前兆。克服苦难，看到光明，不怕挫折，争取成功应是每个劳模们相似的经历，我们还有共同的家风，那就是同沐西城区大家庭的阳光。

我还想说：

家风是心，彼此靠近；家风是魂，如影随形；家风是真，呼唤亲情；家风是爱，伴你前行。

家风校风相映　知识文明共举

北京市第四中学常务副校长　常　菁

家风是一条河，承载了家族的荣辱兴衰；家风如一本书，记录着家族的精神密码；家风似一首歌，高昂着生活的主旋律。

谈起家风，我们想到的是一个人的接人待物、言行举止、精神气质、价值追求，想到的是一个家庭的生活习惯、规范戒律、文化氛围、相处方式。家风是家庭长期形成的文化和气质，是家族数代传承的风尚与精神。它看似抽象，实则具体。

由于历史的原因，中国今天的多数家庭已经没有家训，但家风却一定存在于每一个家庭。孩子一出生，就浸润于父母长辈给予自己的家庭文化之中。父母的生活习惯、生活态度、基本素养、知识水平、价值取向、思想境界等无形地散发出来，影响和教育着孩子，为孩子的人生打下最初的底色，天然而成，无从选择，无法替代。父母是孩子的第一任人生导师，也是最重要的导师；家庭是孩子的第一所学校，也是终身的学校。

优秀孩子的成长有许多相似之处，除却先天遗传基因、后天努力和所受教育外，在其背后，大多有一种敦厚淳朴、积极上进的家风做支撑。优秀是可以培养的，优秀也是有原因的。

通过对大量家庭教育案例的分析，我们发现成功的家庭教育中优良家风的引领是至关重要的，孩子精神品格就在日复一日与父母的情感融合、心灵对话和相互照应中形成了。

优美的家风具有浓郁的书香气息，父母大多热爱读书，以学为乐，让孩子在宁静温馨的家庭阅读时间中养成读书的习惯。

优美的家风注重长辈的以身作则、行为示范，认为父母做什么比说什么更重要，于无言中实现对子女的教诲与影响。

优美的家风强调平等与对话，鼓励孩子自强自立自律，在宽严相济中守望成长。

优美的家风重视精神引领，在父母的敬业奉献和执着追求中促进孩子品格的形成、人格的塑造。

2013年，北京四中面向全校初高中近三千个家庭征集家庭教育案例，进行分析、提炼，并在此基础上举办大型家庭教育论坛"始于家庭"，倡导家风形成与培育，并发布了"北京四中家庭教育十大原则"，如下：

家庭和谐，养育互根；爱亲敬老，家风传承。

教育及时，交流平等；角色分明，恰如其分。

藏器待时，和气待子；健康为重，道德乃魂。

家校沟通，尊重信任；以身作则，与子共进。

理想激励，塑造精神；家国情怀，开阔胸襟。

2015年，北京四中向全校初高中学生家长发出倡议——

重建家训，重塑家风；

亲近传统，回归本真。

建设优美家风，形成家庭共同的价值追求和传统是摆在每个家庭面前的重要课题，可以从以下几个方面来进行思考和实践：

第一，修身养性，为人处世

这方面的内容很多，关系到一个人的基本素养高低。平等和民主不等于没有规矩，相反要让孩子有秩序感，学会必要的服从与遵守，而不是自我的无限放纵，不是随心所欲。2009年北京四中在学校开设了"国学与家庭教育"系列讲座，首先就是从居家礼仪开始的。向家长们传递礼仪的意义，希望家庭能够起到引领的作用。后来，我们又与中国戏曲学院合作，在初中同学中成立了礼仪剧剧社，排演四幕国学礼仪剧，其中就有缇萦救父、王艮拜师这样的桥段，让学生在戏剧表演中研习经典文化，学习居家礼仪，感受传统魅力。

第二，齐家治家，传承家风

中华优秀传统文化充满了智慧。孙中山先生在《民族主义》讲稿中说："《大学》中所说的'格物、致知、诚意、正心、修身、齐家、治国、平天下'那一段话，把一个人从内发扬到外，由一个人的内部做起，推到平天下止。像这样精微开展的理论，无论外国什么政治家都没见到，都没有说出，这就我们政治哲学的知识特有的宝贝，是应该要保存的。"明末清初朱用纯在《朱子治家格言》中训诫家人，"黎明即起，洒扫庭除，要内外整洁；一粥一饭，当思来之不易；半丝半缕，恒念物力维艰"。"居身务期质朴，教子要有义方。"修身齐家从最简单的事情做起。北大哲学系资深教授、中华孔子学会会长汤一介先生的父亲在教育他时说："家风不可中断。一个家族应该有他的家风，如果家风中断了，那么这个大家族也就衰落了。"确立家训形成家教的重要意义就是要养心立德，培育英才。

第三，勤字当头，外向发展

今天，物质生活极大丰富，很多家庭物质条件优越舒适，孩子们往往不知道自己想追求什么，失去了学习的目标和动力。曾国藩先生说："天下古今之庸人，皆以'惰'字致败。"以勤治惰，以勤治庸，不管是修身自律，还是为人处世，一勤天下无难事。父母应当创造更多的机会让孩子展翅高飞，接受锻炼，而不是过度保护。一个字的"勤"带来一生的福。

第四，树立理想，激发崇高

诸葛亮在《诫子书》中告诉自己的儿子："淡泊以明志，宁静以致远。"这封信全文仅有八十六字，就对为学做人做了精简、具体的忠告，尽管是一千八百年前的智慧，今天看来依然十分珍贵。如何让孩子在功利浮躁的社会中静心学习，向往崇高，需要借助优秀传统经典的力量，关照精神，强大内心，培育孩子美好的心灵。

律己篇

孩子，你要独立

北京市第十四中学教师　李　英

著名教育家陶行知曾经说过：滴自己的汗，吃自己的饭，自己的事情自己干。靠人、靠天、靠祖上，都不算好汉。"自己的事情，自己做"，这也是我的家风。爸爸在我很小的时候就这样要求我，他常说："你爷爷奶奶当年就是这样要求我的，所以，我很独立，懂得自主并能够帮助别人！"后来，我成家了，我也这样要求我的孩子，于是我们都成为"自己的事情自己做"的受益者！

失之桑榆，得之东隅

儿子小的时候，我在外地学校教书，丈夫在另一个更远的外地。孩子两岁的时候，刚刚懂事，我就告诉他，妈妈很忙，他必须自己照顾自己。于是他常常捡个草棒就在墙上"写字"，我知道他在学妈妈的样子。孩子四岁的时候跟小朋友过家家，他一边煞有介事地在书本上画着什么，一边一本正经地说："马上就好，孩子，等我判完这篇作文！"孩子五岁时我要参加成人高考，难得的星期天我埋头苦读，孩子在他自己的小床前翻看画册，嘴里叨唠着："妈妈看妈妈的书，宝宝看宝宝的书，小熊看小熊的书。"果然，小布熊面前也翻开了一本小人书。

上幼儿园时，儿子去得早，往往是全园只有一楼一位值班的老师在。我们来到三楼，像进自家门一样，从门上框取出钥匙，熟练地开门开灯，把桌子搬下来放好，孩子端过凳子，拿出积木摆开。"妈妈再见！"

仿佛是和一家人坐在家里看着妈妈出门，平静而又镇定。我们学校实行坐班制，下班又晚，去接孩子差不多已到最后。有一次，学校搞活动，我去接孩子早了点，美得儿子一连声地问："妈妈，今天你怎么来得这么早？为什么？明天也这样吗？"而我环视班级，只有三四名小朋友了，其他的孩子早就接回家了。不是最后一个接，我的孩子多知足！后来，我和儿子列举我们在幼儿园的优待：送的最早，接的最晚，吃的最香，人还最淘，让老师操心最多。而费用并没多交，我们的便宜占大了！

　　成人高考的结果是我获得了去八十里外进修的权利，隔周一次，周五周六周日，一次三天。因为赶车六点钟就要出家门。周五送孩子去幼儿园的事只好拜托孩子同学的家长。有一天孩子迷迷糊糊哭着就往外跑，到楼下碰见同学的家长带着孩子来接他，他们一起回到家里，穿好衣服系好鞋带，还没忘了把尿盆倒了冲刷一下。为什么这么着急，事后我问他。"妈妈不在家，我觉得肯定晚了。老师说，来幼儿园也是上学，不能迟到！"进修的周六和周日，我带着孩子去上课，老师讲课我记笔记、孩子画画。在校园遇到老教授，孩子叫"爷爷好"，老教授回应，"跟妈妈一起上课，真是好孩子。要是上课不随便说话就更是好孩子了！"中午，我把两张课桌并在一起，让孩子在上面躺一会儿。枕着书本，睡在课桌，孩子的梦中会是怎样的情景？

　　儿子小学一年级我们一家结束了分居生活。入学第二周，儿子对爸爸说：你不用接我了，我自己能回家。从此独立上下学。一年级下学期儿子生病了，爸爸带他去医院做皮试注射青霉素。青霉素开了十针，每天打两次。第一天爸爸带他看完医生后各自上班上学，说好下午放学后儿子自己到门诊部打针。下午放学，我提前往儿子小学赶，但还是晚了一步，到小学门口远远地看见儿子背着书包颠颠地往门诊部跑，我骑着自行车尾随其后。等我停放好自行车走到注射室门口，儿子已经褪好裤子撅着屁股趴在小床上。护士问打哪边。他说上午打左边现在打右边吧。护士问打针疼吗。回答打的时候不疼拔针后疼。护士笑说那就不拔了。那不行！儿子提好裤子转脸看见我，喊声妈妈，"还不能走，要等十分钟。'注谢（射）说明'上说的……"他指着门旁墙上的"注射说明"说。后边四天打针，儿子都是独自来往，上午第二节课后跟老师请假打针；下午放学赶快往门诊部跑，因为"医生阿姨说过了五点就不给打了"。

对自己有规划，知错能改

不记得从什么时候开始的，儿子老有自己的小九九。前两天偶然看到关于儿子十岁时言行的一则记录："他们预习第一课，我预习第二课；他们预习第二课，我预习第三课；他们预习第三课，我复习第一课。"谁知老师开学不按顺序讲课，儿子白忙活了。

儿子高一时疯狂参加活动，足球篮球羽毛球球球参加，班事校事天下事事事关心。学校"一二·九"徒步香山行的校旗手、纪念碑前的演讲者，校运会长跑（三年一次不拉），多次承担学校各年级足球、篮球、羽毛球比赛的裁判工作。为了比赛——本班的和别班的，常常省略了午饭。同学戏谑：在球场上，儿子当边裁比主裁跑得快；当主裁比运动员跑得快。

高一结束的那个暑假，儿子宣布似的说：妈妈，高二我要学习了！我说他，现在晚不晚，高一光疯了？他说，高一本来就打算多参加活动的，高二我要为高三的（学）校（推）荐自主招生做准备。起初我们没太在意，以为就是说说而已，谁知道他高二真的开始发力，成绩一路走高，且一发不可收。此举令老师同学甚为惊讶。用化学老师的话说就是：儿子，你发一次飚得了，怎么还没完了！回头想想，也许儿子真的对自己有规划，他的短期目标也一个一个陆续实现。

当然，学习的过程不是一帆风顺，儿子碰壁后知道回头。高二刚开始学生物，他说生物老师讲的没意思，都是书上的，听不听都一样，回家看书就行。结果高二开学后第一次月考，儿子生物成绩排倒数。评讲试卷时，儿子遇到不懂的题目就说：老师，您没讲过。老师回复：讲过，你睡觉呢。又遇到问题，儿子又说：老师，您没说过。老师笑眯眯回答：说过，你睡着了。如是再三，儿子不好意思再提意见。以后上生物课再不敢睡觉，逐渐感觉生物课堂魅力无限。生物老师是一个非常棒的时尚女老师，在家长会后曾描述过她与班主任程老师的对话。生物老师见儿子上课老睡觉，急得不行，去找程老师商量对策。程老师说：不要理他，考不好才好呢！诚如程老师所言，月考果然"考不好"，月考后果然"才好呢"……

"自己的事情自己做"，一直以来，这种家风的传承，的的确确让我的家庭受益匪浅，不仅是我在自己的工作岗位上游刃有余，升入北大的儿子更是成为这一家风的最大受益者。尤其是独生子女时代，家长过多的呵护，往往阻绊了孩子的脚步，最终害了孩子。因而，让孩子"自己的事情自己做"吧，那样会让孩子真正受益！

无形的塑造

北京师范大学实验二龙路中学教师　陈海英

　　近来，家风被越来越多的人讨论，想到家风人们很容易与家规相混淆，我个人认为家规是有形的，是一种家庭内部的"规章制度"，而家风则是"润物细无声"的传承，于无形之中为这个家的人刻上了家庭的印迹。

　　无论何人，无论家庭的好与坏，他都有着自己的家风，对于那些回答没有家风的人，那可能是疏于总结吧。回想从小到大，只有初中文化的父母虽未向我们这些做子女的明示过自家的家传古训，但却在无形中塑造了今天的我们。

　　"勤俭持家"是常挂在父亲嘴边的一句话，他每次吃饭不多，只一小碗，一吃饭就常提起60年挨饿的时候什么都没有，现在顿顿能吃上大米白面是多幸福的事，因此每次吃完饭他的碗里都是干干净净的，如此他也要求我们每次吃饭都要把碗里的饭菜吃净，一旦发现有剩饭则会在席间被要求背诵"悯农"，并强制吃完碗中所剩。这使得现在的我仍然保持着这个习惯，碗里不愿有剩饭剩菜。父亲常说，"勤俭，勤俭，就是既要勤，又要俭。光有勤而无俭，则挣得万贯家财也终会散尽；而只有俭而没有勤，则会坐吃山空，穷苦一生。所以，居家过日子一定要勤俭有道。"这也确实，我仅有的一件除校服外的上衣一直从初一穿到了初三。

　　母亲虽不懂如何教育子女，没学过教育学、心理学，但她却给我上了一节人生理财课。记得上初中时，由于喜欢攀比，想跟班里其他同学一样，在课间到学校的小卖部去买吃的，因此我总是伸手向妈妈要钱，还总是说妈妈真抠，每次都只给一点。有一天，妈妈突然说："这个月你来当家吧，咱们轮流当家，谁当家谁管钱。"我瞪大了眼睛吃惊的同时也心中窃喜，这回花钱可是由着我了。谁知500元的月费被母亲用各种缘由在不到两周的时间内竟拿走了350元，且这些理由也恰当合理，并且我也知道去处，剩下的这150元可让我犯愁了，除去我每天正当的午餐费用外，多半个月的买菜买粮的钱就剩下这点了，于是我省吃俭用，一个月几乎一分零花钱都没花总算熬到了月底，终于该交钥匙了，我这管家一个月不但没占到便宜，反而还不如往常，竟没了零花，唉！"妈，还是把钥匙给您吧，我可不管钱了，管了半天，弄得自己连一分零花钱都没有了，还是伸手管您要好！嘻……"妈妈则接着说："这叫不当家不知柴米贵！"自此，我不再和同学攀比，反而更体谅了父母的辛苦。

我一直都记得父亲给"勤俭持家"的这个解释，也一直都记得母亲给我的这次理财经历，它对我婚后如何持家影响很深，这也是我现在生活所一直坚守的家庭理财准则。现在还依稀记得我家是在我上班之后才还清所有的借债，可想父母当时为养育我们付出了多少的辛苦！

今天，我们的生活水平与当年相比早已不可同日而语，但这并不能成为我们大手花钱的借口。孩子无论是买吃的还是买玩具，我们虽对其有所限制，但却并未让他们体会到我们工作的辛苦和人生的艰辛。所以现在想起我小时候缺吃少穿的岁月时，并未觉得那是苦，反而觉得那是一种难得的经历。有时你认为的苦对孩子来说，却是一种非常珍贵的人生历练。

前几天，儿子看的《婴儿画报》里有这样一篇故事：碗里不剩一粒米。儿子看后每次吃饭都在重复着这句话，然后把碗里的饭菜吃干净。故事中并没有提到"悯农"这首诗，而是将碗里的剩饭比喻成小熊在抓河里的小鱼、狐狸在吃小鸡等。猛然间发现，社会的进步也需要我们的教育改变一种方式，丢弃传统的说教，适合现在孩子的认知，从他们感兴趣的点出发，找到共通之处，传达一个知识，从而获得双赢。

看来家风的传递在今天这个社会需要身为家长的我们有更多的智慧，与时俱进地进行无形的塑造，才能让我们的家风得到良好的传递。

父亲的背影

北京第二实验小学教师　李惠静

古人说"修身、齐家、治国、平天下"，把"齐家"看作"治国、平天下"的基础，如何齐家，家风的传承非常重要。历史的长河中，朝代变迁，万物变化，能让我们民族屹立不倒的，就是家风的传承。我们家的家风，没有几字箴言，没有古书碑刻，有的是潜移默化的影响，以及深深的感动。

"我看见他戴着黑布小帽，穿着黑布大马褂，深青布棉袍，蹒跚地走到铁道边，慢慢探身下去，尚不大难。可是他穿过铁道，要爬上那边月台，就不容易了。他用两手攀着上面，两脚再向上缩；他肥胖的身子向左微倾，显出努力的样子。这时我看见他的背影，我的泪很快地流下来了。"

朱自清先生《背影》中描绘的那个蹒跚的背影，让多少人潸然泪下。当父亲临别送行时，为儿子买橘子而艰难地在月台上爬上爬下的背影，深深地打动了亿万读者的心灵。父亲远在故乡，但是父亲给朱自清先生留下的力量和坚持，浸入到儿子的血脉中，不断传承。

"我慢慢地、慢慢地了解到，所谓父女母子一场，只不过意味着，你和他的缘分就是今生今世不断地在目送他的背影渐行渐远。你站立在小路的这一端，看着他逐渐消失在小路转弯的地方，而且，他用背影默默告诉你：不必追。"

这是台湾作家、社会评论家、思想家龙应台在《目送》一书中的文字，华安幼时牵着妈妈的手不松开，慢慢长大后，有了自己的个性和独自的生活。不必追，说的就是，子女不是父母的附属品；不必追，说的就是，子女不会永远在父母的守护下；不必追，说的就是，子女走出自己的世界。

不必追，因为家庭环境的影响，会世代传承，不必追的，就是家风。家风，留在一个家族的血脉里，家风，刻在一个人的皮肤纹路里。

小时候，爸爸教我写字，每天练习毛笔字和钢笔字。五年级的时候，班里有一些学习很好的同学都流行把字写成像画画一样，横、竖是绝对的直，这样整体看起来觉得很好看，我们都竞相模仿。有一次爸爸看到我的作业本，从来不生气的爸爸，非常严厉地批评了我。他说："中国字讲究的是横平竖直，但是不是用尺子画的直。一定风格特征的结构依赖于相应的用笔技法，孙过庭《书谱》说的'一点成一字之规，一字乃终篇之准'就是这个道理。楷书是基础，字形、结构都有章法，点、横、竖、撇、捺、钩都有要求，不能乱写。"得知了我写字的缘由后，爸爸拍着我的肩膀说："人要知道自己的方向，坚持该坚持的，不要随波逐流，不能别人做什么事，你也做什么事。用眼睛看，耳朵听，还要用智慧去判断。"

爸爸年轻时在部队工作，时值下海热潮，他的很多战友都跟随下海潮，而爸爸依旧留在部队。在爸爸接手工作前，他做的工作因为涉及财务，因为其他人的不严谨工作，不到半年就会更换人员，更有甚者，也有携款潜逃的。因为他的认真和廉洁，整个部队对他都有很高的赞誉。他就做着别人看起来毫无升值空间的工作，根本不能挣大钱。而他的战友，有的很快就拥有了第一桶金，爸爸依旧每天很快乐地工作，也有人鼓动他加入，他总是说，部队离不开。几年后，他的几个战友，因为管理失误，为了更高的利润压低原材料的价格，而原材料的劣质，导致了最终的失败。

我于是明白了，坚持自己，不随波逐流是对自己的交代，是对家人的保护。因为爸爸说：不盲从，不虚荣，不功利，勇敢、乐观、豁达。我上初中的时候，爸爸要竞选处长，他早就够资格了，但是也并不着急，他不找关系不拉帮结派，认真写好竞选材料。我问爸爸："你有多大的把握可以胜利呢?"爸爸说："50%吧。"我惊讶："这么低吗?"爸爸说："成功的可能50%，失败的可能也是50%，我只要做好我自己该做的，其他的就交给上级吧!"结果下来了，最终获胜的不是爸爸，但是他并不受这个失败的影响，单位有一些叔叔看到升迁名单里没有自己，开始抵触工作，与领导为难，爸爸一笑而过："追求那些该追求的，放弃那些该放弃的。"

我于是明白了，豁达就是做好自己该做的，追求该追求的，放弃该放弃的。因为爸爸说：不盲从，不虚荣，不功利，勇敢、乐观、豁达。在我上大学的时候，爸爸单位被查证有经济问题，因为他是主要的财务负责人，所以所有的矛头都指向了爸爸。他从始至终都积极地配合，他说经济案损失的是国家的财产，一定要积极配合。由于关系复杂，没有证据证明清白，爸爸也被牵连。最终调查的结果，是另外两个叔叔因为贪财而走上了不归之路。几年以后，我工作了，爸爸过去的一个同事，跟我聊天，说爸爸由于受到牵连，一起接受调查，被剃了光头接受一周的教育。那个叔叔说："我好久没见你爸爸，打了好久的电话，有一天电话终于接通了，你爸爸说去了月球一趟，头发脑袋跟月亮一样光了。回地球就能长出来。"

我当时抱着头就哭了，三四年过去了，爸爸都没有跟我说过，他经历了那么大的事，依旧谈笑风生，也有人问他，被冤枉不难受吗? 爸爸只有一句话："真相总有水落石出的一天。"

乐观，有时候不是一个微笑那么简单。爸爸经历了如此巨大的命运的玩笑，他依旧不在乎。妈妈也曾经责备爸爸，没有争强好胜，没有家财万贯。然而当他部门其他的几个叔叔都银铛入狱的时候，我们一家三口守在一起，围坐在小方桌旁，吃着粗茶淡饭。我偷偷低头擦拭了眼泪，我感激爸爸，这是他对家庭最大的付出和贡献。他不受他人权财诱惑，他不为金钱迷倒，他正直顽强，而且，他乐观豁达。因为爸爸说：不盲从，不虚荣，不功利，勇敢、乐观、豁达。

慢慢地我长大了，毕业、工作、结婚，我越来越嫌弃他的迂腐，看不起他的木讷。结婚后我怀孕了，而在孕期检查的时候，唐氏筛查显示阳性，也就是说，我肚子里的孩子，很可能是不正常的，我的心情降到了谷底，觉得上天对我太不公平，一家人都为这件事烦扰忧虑。爸爸看了看结果，说："没事，生吧，这是一条生命，假如真的是傻子，你们就再生一个，我带着这个孩子天天玩就行了。"

爸爸，他用他的乐观和豁达，解除了我们的顾虑，十月怀胎，孩子生下来，健康无比。

爸爸，不但给了我生命，也给了外孙女一个来到世界上的机会。我要怎么将感谢说出口。

爸爸渐渐地老了，曾经巍峨高山一样的后背，也开始变得有些弯曲。爸爸没有多高的权势，爸爸没有多少的钱财，但是，不随波逐流，坚持该坚持的，放弃该放弃的，不为权财诱惑，正直顽强，乐观豁达，就是爸爸传承给我最宝贵的财富。

如今，我也当了妈妈，女儿也渐渐长大，爸爸教给我的，我也要默默地传承下去。在教育女儿的很多问题上，爸爸当年的指引都对我有醍醐灌顶的警醒。

我想我也能传承给孩子一些什么，我也默默地把不盲从，不虚荣，不功利，勇敢、乐观、豁达，刻在我的心上，传承给我的后代。父亲蹒跚的背影，给我感动和力量。我把这份温暖放在心上，把这份坚定刻在性格中，把"不盲从，不虚荣，不功利，勇敢、乐观、豁达"传承下去。

成长的印记

北京市实验职业学校书记　郭玉英

在 2015 年春节团拜会上，习近平总书记强调，家庭是社会的基本细胞，是人生的第一所学校。不论时代发生多大变化，不论生活格局发生多大变化，我们都要重视家庭建设，注重家庭、注重家教、注重家风，紧密结合培育和弘扬社会主义核心价值观，发扬光大中华民族传统家庭美德，促进家庭和睦，促进亲人相亲相爱，促进下一代健康成长，促进老年人老有所养，使千千万万个家庭成为国家发展、民族进步、社会和谐的重要基点。我也在记忆的深处细细追索，但不得不承认我家确实没有"厚德载物、百善孝为先"等这样概括明确的家风。但却对父母勤劳节俭的身影、一家人和睦相处的温馨、与人为善的处世哲学……印象特别深刻，如今回味，其实我家的家风更多的是一种氛围和环境，它给予我的影响是温和的、慢慢的、潜移默化的，它伴随着我的成长与性格的形成。

一、俭以养德

我的父亲是一名离休干部，虽然子女众多，但日子过得也还宽裕。但自懂事起，在我的记忆中，父亲有两条蓝色的裤子时常倒换着穿，时间久了，裤子不免有些泛白，膝盖和裤脚边缘有了磨损，但对此父亲从不在意，我们每每提起让他换条新的时，他总说，干干净净的不丢人。随着生活水平的不断提高，我和姐姐给父亲置办新衣，可是父亲却很少上身，他总说"衣服这东西舒服就好，我愿意穿我的老衣服，你们就别在我身上瞎花钱了，一粥一饭，当思来之不易"。这种思想，自觉不自觉地影响着我，以至于我儿子小时候的很多衣服，都是穿哥哥、姐姐孩子剩下的，洗洗干净，有破的地方就补上一个可爱的布贴，儿子也从来没有嫌弃过。受父亲的影响，我们都明白，这不是钱不钱的问题，而是一种生活态度，即对生活欲望的节制和对财力物力的俭省，是在那段艰苦奋斗岁月中传承的中华美德，我很庆幸我生活在这样的家庭中，它让我和儿子能超越那些短浅的功利目标，能不为浮华的生活所迷惑，从而得以砥砺自己的性情，更加纯粹地生活。正所谓"非淡泊无以明志，非宁静无以致远"。

二、上善若水，永远铭记自己的职责

家风作为传承中华文明的重要载体，潜移默化、润物无声地影响着人们的言行。弘扬优良家风对于培育文明社会风气、推进社会主义核心价值观建设具有重要的作用。父亲常常教育我们几个子女，对人，永远要怀着一颗向善之心；做事情、干工作永远不要挑三拣四，哪里需要就到哪里去，无论从事什么样的工作都要尽心尽责。

步入工作后，我经历了多次岗位的变换、单位的变迁，身上也不断地赋予了更重的担子与责任。作为学校的党总支书记，及时把握教职工的思想动态，做同事们的思想工作是我工作的一项主要内容，工作的好坏直接影响大家对党组织有信任感与归属感。教职工或离退休教职工如有大病、重病，我都亲自前去医院或家中慰问，在物质和精神上给予慰问；每遇到教职工子女入托、入学、家庭困难等问题，我都能够第一时间知晓、第一时间关怀，在能力范围内全力帮助。大家每逢遇到复杂、棘手问题，也都愿意向我讨教或请我帮助处理。对于教职工一些敏感问题，我也高度重视，有针对性地进行开导，例如，在前年的职称评审工作中，有几位老师因没评上有想法，我亲自找到这些老师谈心，指出努

家　风

力的方向，安抚老师的情绪。通过开展连续性的、有针对性的思想工作，做好对当事人的安抚工作，推进了我校的和谐发展。

　　家风，伴随我们成长的精神印记，子孙立身处世的行为准则，良好的家风是我们成长的捷径，它滋养出好的品格和作风，于家有福，于国有利，世易时移，但对精神血脉的传承是我们不变的信仰！

优良家风是传家至宝

北京市第四中学学生家长　葛　坚

家风，是传家宝，好的家风就是无价的传家至宝，她犹如春风吹拂，缓缓地浸润着家人的心田，每时每刻都在传递着和谐之美、道德之美、精神之美、行为之美！

作为一个家庭精神的核心，家风能够直接影响到一个人的精气神！好的家风培养出来的孩子，一定是阳光的、大气的、心中有爱的、敢于担当的。好家风往往是由长辈传递晚辈，且代代相传，福报后人。

谈到家风，我想到了父亲。我的父亲是一个地地道道的农民，是一名普普通通的共产党员，他在我心中是一位平凡而又伟大的父亲。父亲没有给子女留下什么钱财，但我却从他身上承接了极其珍贵的家风，这才是传家至宝。

一、从小吃苦耐劳是父亲给我的第一笔财富

小时候家里特别贫穷，这种艰苦的生活养成了我吃苦耐劳的精神，磨炼出坚忍不拔的意志，从不言苦，从不退缩。现在看来这是父亲给我最好的财富。我家原属山清水秀的鱼米之乡，后来政府决定在这里修水库，把在这里的住户都迁出去，用现在的话说叫移民。于是政府决定让村民迁往一处富裕的平原之地居住，但父亲却选择举家迁往一个偏远贫穷的山沟。小时候我不理解，甚至埋怨过父亲。有一次我问父亲为什么来这么贫穷的山里住呢？父亲告诉我说："山里的地也需要人来种啊！

我是共产党员，我不来让谁来呀？你是男孩子，从小吃点苦对你成长有好处。"父亲永远是用这些朴素的语言来教育我，我当时还不知道好处在哪里。

大学毕业参加工作后，有一年回老家看望邻里亲朋。我是乡里出来的第一个大学生，一位邻里对我说："你爸积德了，所以你有出息。"其实是艰苦的环境锻炼了我，父亲那种吃苦耐劳的精神影响了我。

二、学会尊重别人，不管地位高低

小时候父母就教育我，对人要有礼貌，见人要打招呼，见长辈要鞠躬，家里来客人要笑脸相迎。

有一件事让我刻骨铭心，怎么也抹不掉，那年我6岁。一天，村里来了一个衣衫不整、蓬头垢面的人，大家都叫他"付虎子"。我和一群小朋友就喊"付虎子""付虎子"……父亲知道后，我第一次挨了打，当时我莫名其妙，"没犯错误，为什么打我？"父亲说，你为什么叫人家"付虎子"？我说大家都这么叫他呀！父亲对我说，别人叫你也不能叫，他虽然是残疾人，但也是长辈，也应受到尊重。这番话在我长大后才更理解，现在觉得这顿打非常值得！

三、乐于助人，积善邻里

帮助别人，积善邻里是我从小就能体会到的家风。那时家里总是高朋满座，村里有大小事情总是来找我父亲。父亲是"有求必应"，从没听到或看到父亲拒绝别人。父亲对亲朋好友、乡亲邻里都特别好。谁家房子破了，他就组织人去修，谁家老人病了，他就派人或自己亲自送往十公里以外的医院。这些善行义举目睹得多了，便自然地镌刻在我的心中，并影响着我。现在身边的朋友、员工只要有困难，我都会伸出手来帮一下。让我高兴的是这种乐于助人的传统已经传到我儿子身上。原小学老师给我孩子的评语是"有爱心，处处替别人着想"。儿子在小学时的书包已背了三年，已缝补了几次，舍不得换新的，但却能把压岁钱寄给贵州贫困山区一个有病的孩子。这种用不同形式传播的爱让我特别欣慰。

四、诚实有信，为人做事敢于担当

我6岁那年还没上学，一天父亲让我代表他去参加一位朋友儿子的婚礼，父亲给我拿了5元钱去随礼。我蹦蹦跳跳、高高兴兴地去参加婚礼，谁知到了婚礼现场，我怎么也找不到那5元钱了！我傻了，因为谁送的钱要登记的，可能是为了礼尚往来吧。当时我灵机一动，向一位叔叔说明情况后借了5元钱随了礼。因不敢说谎，回到家后如实相告，我已有一顿皮肉之苦的准备。但父亲没打我也没骂我，还笑着对我说："这么小你就会借钱呀？你借的钱由你来还吧！"这笔债务压了我3年，直到上小学二年级才凑足了5元钱还给了那位叔叔，其实那位叔叔早就忘了。这件事一直影响着我，不管是在大学、在机关工作还是下海经商，我都是言而有信，敢于担当，一直秉承这一做人的准则。

写到这里，我对父亲油然起敬，深深怀念之情渐次在内心蔓延。他传递给我的好家风，我将永远保留着，并传递给下一代。这也必定是对父亲最好的纪念。

家风，关乎德行

北京市回民学校教师　果　征

家庭是人生的第一所学校，也是终生学习的一所学校。"子不教，父之过。"怎样把子女教育成为对社会有用的人才，家风的力量很重要，这是一个耳濡目染、潜移默化、言传身教的过程。好家教好家风能让晚辈得到心灵的滋养、思想的引导、精神的激励以及人格的健全。"修身、齐家、治国、平天下"，中华民族传统文化一直强调个人、家庭和国家的有机统一。

作为中华民族 5000 年灿烂文化所孕育的许多优良传统之一，家风是家族代代相传沿袭的体现家族成员精神风貌、道德品质、审美格调和整体气质的家族文化风格。简单地说就是一个家庭的风气，包括为人处世的态度和行为准则。虽然普普通通的语言，却在日常生活中影响每个人的心灵。

我出生在一个教师家庭，父亲是教师，且家庭成员中很多都是教师，这种环境对我影响很大。人都说父母是孩子第一任老师，家庭是孩子第一课堂，身教重于言教，有什么样的家风，往往就有什么样的价值观、财富观。这些在我的身上体现得还是比较明显的。

要说我们家的家风，一时还不好总结。应该说，父亲用来教导我的多是《三字经》《弟子规》一类的东西，他对我的影响，主要在于他的身教，通过日常生活，潜移默化地影响着我，它是一种无言的教育、无字的典籍、无声的力量，是最基本、最直接、最经常的教育，对我的影响是全方位的，是深远持久的。

老老实实做人，本本分分做事。这是我在父亲身上找到的第一个品质。身为数学教师的父亲，不仅课讲得好，人品也是很好。无论做什么从来都是极用心的，再苦再累也要把工作做到最好。回到家时，疲惫不堪，母亲心疼不已，劝他偷懒，他总是轻轻地说一句："那怎么成！咱得老老实实做人、本本分分做事！"初听这句家训的我也就十多岁。

当我满怀憧憬走上教师工作岗位时（1993 年），由于缺乏经验（基础薄弱校），每天忙得团团转，却很难取得好的效果。时间一长，起了懒惰之心，父亲发现了，只说了一句："老老实实做人、本本分分做事。"这句话让我警醒，此后的工作中，我再不敢有一丝一毫的懈怠，每日早出晚归，将整颗心都交给了学生。不仅教给他们知识，更用自己的言行影响着他们。我深知："教好一个学生，温暖一个家庭。"

宽容也是我家的家风。

说起这一点，我依然佩服我的父母，他们对这个世界是宽容的，对我更是宽容的。从小到大，他们一直力求和我平等地沟通，通过谈话引导我改正错误、化解矛盾，而非暴力手段。他们摒弃"棍棒之下出孝子"的观念，只为了保护我身心的健康，让我从小明白，人是可以通过平等和理性的交流来解决问题的，并非所有的矛盾都要诉诸武力。他们在我选择高考志向和工作的问题上留给我足够充分的空间，让我养成独立思考的习惯，并懂得为自己的选择负责到底。

宽容是一种美德，它来源于善良的心。在某种程度上，宽容也是通向轻松生活的捷径。人若想一生活得快乐，那就必须要有一个好心态。从我父母七十多年的人生经验来看，好心态的主要标志就是宽容他人，不与任何人斤斤计较，就会获得幸福。

记得 20 世纪 90 年代，教师开始评高级职称了。第一次评职称，父亲的同事很多都是想尽了各种各样的办法，母亲私下督促父亲想想办法，父亲总是一笑而过。直到第二次职称评审时才被评上高级教师。父亲总是说：人活在世上，凡事都要看开点、看远点、看淡点，心胸要豁达些、大度些。有位哲人说得好，"既然现实无法改变，那么只有改变自己"。改变自己就是调整好自己的心态。我们不能改变天气，但我们可以改变自己的心情；我们不能改变容颜，但我们可以展现自己的笑容；我们不能预知明天，但我们可以利用好自己的今天。

活着，就不向命运低头。父亲的一生，经历过战乱、饥荒、"文化大革命"等很多事件，吃了很多的苦，受过很多的委屈，但他依然坚强地活着，并尽己所能去改善家庭的生活，抚养我们长大成人。他的心中因为充满了对我们的爱，也就有了无穷的力量。现在我更是对这句话有了更深刻的认识：我的女儿。

要说家风，如果仔细地去捋，应该还有，以上总结下来的几点，算是最为重要的，并且至今还在影响着我。父母对我们的共同影响，成为我们的家风，也塑造了我的性格。

回想起来，家风问题有两个要点：

一是风要正，要有档次；

二要坚持几十年如一日，几代人共同遵守。成为一种习惯，而不需要任何外来的强制。

家风的形成，无关贫富，无关文化，只关德行。一个家庭或家族的家风要正，首先是要注重以德立家、以德治家。

我国清代著名的民族英雄林则徐，他挺身捍卫国家民族利益的壮烈行为和"苟利国家生死以，岂因祸福避趋之"的爱国情怀，为后辈树立起一座伟大的道德丰碑，受其德恩泽被，其子孙至今已传至九代，代代都有卓有建树的政治家和科学家。

家风从历史走来，植根于深厚的中华文化，具有强烈的道德感召力，让每个人都能在日常生活中得到启示。我感念祖先留给我们的深厚家风，也会在新时代不断发扬中华民族的家国精神。

生命从诚信家风中开出灿烂的鲜花

北京市第五十六中学教师　刘　颖

生活在这样一个信息爆炸、节奏飞快的时代，很多人脸上写着浮躁和不耐烦。这种浮躁之气悄悄地走进了很多家庭。于是社会上出现了这样一些现象，家中的独生子被惯成了不知天高地厚的小皇帝，不知尊敬长辈为何物；生活条件好了，吃的用的不想要了就随便扔；遇到别人需要帮助的时候，考虑得太多，却不敢伸出援手，等等。可在我看来这些原本应该是做人具备的起码道德素质，可不知为什么却形成了一些不良的社会风气。我想每种与道德相关的社会现象的产生其变好或变坏只是我们能看到的质变的结果，其实更是社会的细胞即每个家庭在其成员之间相互作用后量的积累。没有规矩，不成方圆，小到家庭，大到社会，可见一个家庭对成员的道德约束，不仅影响着小家庭的精神生活质量，更关系到全社会的和谐，国家的风气好了才能国富民强。

家风，是勤俭，是侠义，是担当，是仁义……家风的含义可谓万千，无所不包，很难说具体是什么，但它表现出来的又是具体的、看得见的。从小妈妈就对我说小朋友不可以撒谎，不然会像匹诺曹长出长鼻子。而我也曾经像每个孩子有的那点小心思一样为多吃一块糖欺骗妈妈。当然妈妈是超人，能够洞悉一切，最终我的诡计被识破，受到了妈妈严厉的惩罚，不在于我多吃了糖而是我欺骗了她。等到大一些妈妈对我说"世上最聪明的人是诚实守信的人"。许诺的事要说到做到，不欺骗。开始我并不明白，但之后在与同学的相处中，我发现那些夸夸其

谈、经常许诺的人起初是那么令人喜欢亲近，可时间一长大家发现他说过的话没有兑现过，大家的失望演变成了最终的疏远。其实不在于办没办成这件事，而是他辜负了大家对他的信任，失去了周边的朋友。回想起妈妈说过的话，真诚以待才可以赢得忠实的朋友，诚实守信的人果然是最聪明的。似懂非懂间我对诚信有了更深的理解。长大工作以后，爸爸妈妈不常像以前那么教导我了，但她们待人接物的处世方式一幕幕地在我眼前回放。她们的言行在告诉我做人做事不欺人，不自欺是最快乐的。

这不就是与海涅曾经说过的话"生命不可能从谎言中开出灿烂的鲜花"不谋而合吗？母亲在我不同的成长阶段告诉我诚实守信对一个人是多么重要。我想这就算是我家的家风吧。它一直影响着我的生活，犹如一种磁场让人发自内心地去服从和遵守。诚实守信是一个人的名片，青少年养成诚信的品格，在将来的学习和工作中更容易成功，才能赢得长久的荣誉和尊敬，给家庭带来长久的欢乐和安详。我现在已经为人之母，我想我也会教育我的孩子"人无信不立"，让他知道生命只有从诚信中才能开出灿烂的花朵。

良好的家风在人们的成长过程中起着关键的作用，是人们终身的财富。它不是立竿见影的显现，而是像春雨一样润物无声。将好的家风世代相传并使之延绵不断，是每个家族精神的传承，更是支撑起我们全体华夏民族的民族精神。希望社会的每个细胞（家庭）都能形成自己独特而宝贵的家庭氛围，共同谱写全社会的和谐乐章。

做人篇

传承的力量

北京市第一六一中学副书记　马　越

家风是什么？

对这个问题，我们家进行了认真的讨论，"严格、豁达、认真、热心、好学、坚持……"一连串的词语被我们子女辈用来评价自己的父母。从父母身上，我们得到了太多，从懂事之前物质层面上的满足，到现如今精神层面的滋养，父母在用不同的方式给予着我们、教育着我们、引导着我们。

父母是善良而热心的人。他们作为各自家庭中唯一走出来的大学生，从来没有忘记家庭其他成员为了供他们读书而付出的努力，总是在尽最大的可能帮助老家的亲人。我记得小时候家里的房子很小，5口人挤在一起已很是局促，但叔叔大爷、大姨舅舅们觉得爸爸妈妈是知识分子，会教育孩子，于是就都想把自己的孩子放在我们家熏陶熏陶。于是，我们家除了我们3个兄弟姐妹外，长期会有1—2个亲戚家的孩子在我们这里读书。妈妈最辛苦，我们都在妈妈所在的中学读书，妈妈最多的时候每天要拿6个饭盒去单位，这是我们所有人的午餐。但父母从没因此有过抱怨，他们总说，人与人之间就是要互相帮助，何况还都是亲戚。爸妈的这个特点在哥嫂身上最为明显，这两位大夫俨然成了几个家族共同的家庭医生，求医热线电话不断，哥嫂总是耐心解答。哥哥是位全科医生，对辖区居民也是热情周到，经常上门问诊，排忧解难，2014年还被评为"最暖医生"。对于帮助他人，我们最深的感受就是，快乐,心安!

父母是认真且执着的人。父母凡事都会认真对待,而且做事有章法、有韧劲。父亲是一名大学教师,后来做了行政干部,繁杂的事情不免多些,但父亲却从来没有丢掉自己的专业。我印象最深的,是父亲每天晚饭后都会回到自己的办公室大约工作两个小时,他说白天的行政性事务太多,只有晚上才能静下心来搞研究。我记得他的研究方向是生物物理,是要用静电对人工种植的人参进行照射,从而提高人参皂甙的含量。那时候他经常抽空去山里的科研基地采集样本,每次回来我们家的阳台上就会堆满胖胖的"人参娃娃",妈妈则会帮他一根根地处理干净以备研究。就是这样的坚持,爸爸最终在生物物理方面取得一定的成就,被评为教授。老爸不喜欢别人叫他的官职称谓,而是喜欢别人叫他"马教授",因为这代表老爸学术上的成就,这里面包含太多的故事、太多的艰辛与不易。老爸是个慢性子,他总是:"这事呀,你要坚持做,只要坚持做下去,肯定有结果!哦,当然,这前提得是好事!"工作之后,我和哥哥姐姐都先后走上行政领导的岗位,但无论是谁,都始终保持着一颗对专业的敬畏之心,保持着一种研究的状态。晚上有时候我们会在微信中"碰面",基本都是"忙着呢……"

父母是严格且严谨的人。我的父母都是教师,所以做事都格外的严谨、严肃、严格。我大四教育实习前在医院做了一个手术,所以错过了在校试讲。母亲认为,对于一名教师而言,课堂就是天,没有任何事情比上课更加重大!我没有在学校进行试讲的训练就直接去给孩子们上课是不可以,甚至于说是不负责任的!于是,我的伤口还没有拆线,母亲就开始让我讲授课思路、教学设计。她会告诉我,你这个设计缺少梯度,学生会跟不上你的思路;你这个提问没有针对性,缺少深度,是无效的;你对这个问题的理解本身还不深刻,所以你做不到深入浅出——出院在家休养期间,她让我把她当作学生来讲课,讲完之后继续指导我,你这句话说出来,会限制学生的思维,要换一下;你要注意多提问

学生，让孩子们的思维和你一起动起来；你要控制时间；你不能总揪着一个孩子提问；你——天啊，怎么这么多问题啊！母亲只轻轻说了一句——你以为当老师那么容易啊！于是，投降！向我敬爱的母亲大人老师，认真学习！在之后的入校实习中，我的课得到一致认可，在没有参加学校试讲的情况下，老师破例给了我一个实习成绩"优"。我知道，这个成绩，属于我的母亲，也给我未来的教育之路指明了方向。

父母是乐观而积极的人。他们爱唱、爱跳，爱把不开心的事情说出来，然后安安稳稳地吃饭、睡觉、工作；他们好像什么事都能扛过去，因为他们坚信，没有什么困难是克服不了的，明天一定会更好。自己做了父母，才知道孩子病了对父母来说是个多么大的折磨；而从小到大的我，就不是一个让父母"省心"的孩子。从小多病的我，被父母带着四处求医，但每次的结果都是"病因不详，待查"。直到 20 岁的时候，终于有了结果，手术室里摘除了病变组织；术后，医生嘱咐，鉴于病人太年轻，不要明确病情以免影响治疗效果。于是，父母就这样一直笑着瞒了我 6 年。这 6 年的时间，对我非常宝贵，我在工作岗位上找到了自我价值得以实现的途径，也有了自己的家。如今的我，在父母和家人的陪伴下，和疾病抗争了 20 年，依旧健康快乐，依旧开朗活泼，依旧神经大条，依旧喜欢天边飘来的那句话——这都不叫个事儿！因为父母用行动告诉我——一切都会好的！

这就是我们的父母，我们的血液、我们的骨髓、我们的性格、我们的品性中有着他们深深的痕迹。

近些年父亲开始着手写家史，经常让我给润色一下文字。有时读着读着我不禁笑出声来，难怪爸爸是这个样子，原来爷爷也这样啊……这时候我的宝宝会跑过来，严肃地说"妈妈你要认真点哦，不可以做小马虎！"

这就是传承的力量吧！

家风是孩子成长的镜子

北京市西城区三里河第三小学教师　段艳红

　　家风，是一个家庭几代人的文化思想的沉淀。家风是无形的、潜在的，但对孩子的影响却是巨大的，它对孩子的成长是一种耳濡目染、潜移默化的教育，它通过日常生活影响孩子的心灵，塑造孩子的人格，是一种无言的教育、无字的典籍、无声的力量，它不仅是陶冶孩子道德情操的天然"熔炉"，更是孩子行为规范的一面"镜子"。

　　我的父母就是我的"镜子"，他们教会了我们怎样做人。

　　我的父亲是一名下乡插队的知识青年，母亲出生在一个普通的农民家庭。我们小时候父亲常年在外出差，母亲一个人带着我们姐弟三人，白天下田，晚上在家当裁缝给别人做衣服。至今我都记得冬天妈妈钻进被窝时那冰凉的脚丫。在爸爸、妈妈的共同奋斗下我们家从土坯房盖成了瓦房……日子越过越好。他们用自己的行动让我们这些孩子懂得勤劳持家，靠自己的劳动改变生活的道理。

　　在汶川地震发生的那一年，我接到父亲的电话。他问我："这次汶川地震你捐了多少钱？""按照学校的要求群众至少捐100，我就捐了100元。"我照实回答。父亲又是一番语重心长的教导："在国家、人民、亲人、朋友、邻居甚至陌生人有需要的时候倾力相助是人之善举，为人要多行善事。行善不可敷衍。"在这次汶川地震时，父亲拿出给妈妈和他自己留的一个月的生活费，然后捐出了剩余的积蓄。

　　父母对我们的家庭教育就像镜子一样照进了我们的生活里，影响着

我们的言行。当我们两个人组成家庭，有了自己的孩子时，我们的家风在我们的小家庭里得到了延续，我们的一言一行也成为了我们的孩子成长的镜子。

作为孩子成长的镜子，家长必须要做到言传身教。有人说：孩子是家长的影子，家长做了什么，孩子就学会了什么。是好是坏孩子无从分辨。因此想要孩子健康成长，自己必须要以身作则，作出表率。鲁迅先生也曾说过："父母对于子女，应该健全地产生，尽力地教育，完全地解放。"言教，要教会孩子日常待人、待事的礼仪，使孩子懂得在社交场合该做什么，不该做什么。比如：朋友聚会时，朋友们总夸女儿识大体，懂谦让，对待比她小的孩子，总能耐心地陪伴。这与平时对孩子在出席类似场合前我们对孩子的教育有极大关系。身教对孩子成长的影响至关重要。对老人的孝敬、与兄弟姊妹的和睦、对朋友的真诚，这都要用行动、用事实来证明给孩子。

孩子小的时候，因为父母年岁大身体不好我们就委托邻居帮我们照看孩子。大概是在孩子一岁多点的时候，有一次她要吃一个果冻，因为快吃饭了邻居家的大妈就不给她吃，她伸起小手就去抓大妈，还口齿不清地嘟囔着什么，从神情、语气中可以知道她在闹脾气。我立即把她抱过来，一边抓住她的手给她看，一边告诉她，作为小孩子不可以动手打大人，然后抱着她，代她向大妈道歉，并让她学着说一遍。在日常与照看孩子的大妈、大爷两口子相处的日子里，我们从来不以雇佣关系来对待。一起吃饭时，我给女儿剔掉鱼刺，也给不会自己剔鱼刺的大爷剔鱼刺，让孩子懂得人与人都是平等的，生活在一起的人要互相关心、互相照顾。这些对孩子的影响是深远的。

作为孩子成长的镜子，我们还要有团结、平等、和谐的家庭氛围。家庭成员之间要相互尊重和理解、和睦相处、互相关心、互相爱护。要能主动倾听孩子的意见、平等协商；要开朗、乐观地和孩子一起玩，让家庭充满欢乐情趣。

　　总之，家风如春雨，润物细无声。要形成好的家风，做父母的就得事事从我做起，不断提高为人父母的素养，把自己当成正装镜，使孩子可以借鉴、可以信任、可以健康地成长。

忠　诚

北京市西四北四条小学教师　贾树诚

忠，古代道德规范之一。从中，从心。古人云："忠者，德之正也。"而尽忠者，必能发挥出最大的智慧和才干，因为公生明，偏则暗。曾子每日反省自己，首先就是"为人谋而不忠乎"？

诚，儒家为人之道的中心思想。从言，从成。《礼记·中庸》云："诚者天之道也，诚之者人之道也。"认为"诚"是天的根本属性，努力求诚以达到合乎诚的境界则是为人之道。

"忠诚"就是我家的家训，写在了我和哥哥的名字里，这也是我家的家风。

姥爷是个红小鬼，是一位中央首长的警卫员，在抗日战争中负了重伤，用自己的鲜血书写了忠诚！爷爷是个老八路，在我小的时候总是听奶奶津津有味地讲起她是怎样在村里机智地掩护爷爷他们躲过日本鬼子的搜捕。爷爷用自己的青春写下了忠诚！爸爸是个海军，听军港的大哥哥说，爸爸曾是军港一道威武的风景，复员后他成了一名公安干警，依然战斗在保卫国家安全的岗位上。妈妈是个教师，她对我说她要忠于党的教育事业！

因此就有了我和哥哥坚守的忠和诚。

我从小生活在这样的环境里，生活在公安局的宿舍里，听到的都是战斗的故事，看到的是几乎每天晚上都有正在休息的叔叔，风一般地奔向保卫人民的第一线。

　　忠诚写在了我的骨血中，在我刚满 18 岁时就向党组织递交了一份入党申请书。我要用自己年轻的生命续写这份忠诚。

　　和平年代，没有地下工作者的大义凛然，没有战斗英雄的抛头颅洒热血，没有人需要我前赴后继，慷慨赴死，有的只是一份宁静的坚持。

　　忠诚是一种责任，也是一种信仰。作为一名党员，我始终保持一名党员应有的本色，以党的事业为重，只为忠诚二字；作为一名教师，对于教育教学工作，总是尽我所能把所有的工作做到更好，在自己的岗位上尽心尽力，不图名，不为利，只为忠诚二字；作为一个人，在生活中热情、真诚地对待每个人、每件事，严于律己，宽以待人，使我身边工作生活的人能把我当作朋友，只为忠诚二字；作为一个家庭成员，为家庭尽职尽责，反哺跪乳，只为忠诚二字！

　　忠诚是我的名字，是我的家训，是我的家风。

家风，让生命之帆远航

北京市第六十六中学教师　邢　茜

想起爷爷，想起家，心里就会感觉暖暖的，我想，那是因为我精神的根长在那里。

爷爷是一个朴实而倔强的老爷子。在河北老家当了一辈子的老师，也写了一辈子毛笔字。还记得我没有桌子高的时候，总是盯着家里挂着的一副字看得津津有味。那是用篆书写的"处人不可任己意，要悉人之情；处事不可任己见，要悉事之理"。儿时的我只是单纯地被如同图画一样的符号所吸引，我想爷爷一定很喜欢它，不然为什么要挂在家里最显眼的位置。

后来我稍微长大一些，就拉着爷爷询问那句话究竟是什么意思，爷爷高兴地拉着我，从床底下的木头箱子里翻出厚厚一沓宣纸，里面都是用各种字体写的这句话。爷爷说："做人就应该像这句话，心里面要装着别人，要装着正理。与人相处不可以什么事情都不为别人考虑，不能只随自己的意，要换着想。做事不可以只顾自己的想法，要就事而论。"爷爷摸着我的头接着说："咱们家的每一个人都要做成这句话，你是最小的娃娃，自家的家风要牢牢记住呀。"我似懂非懂地点点头。

因为我是家里的老小，凡事大家都谦让着我。有一次，家庭聚餐的时候，端上来香喷喷的红烧肉我拿起筷子就夹了一口。正当我嚼得开心时，"把筷子放下！"一声呵斥，让我如同木偶般呆住。爷爷平时对我说话总是慈爱柔和，我完全不敢相信这是我的爷爷。当时的第一反应就是

74

迅速流下泪来，委屈充满心间。满眼的眼泪也没能让他心软，他严肃地把我拉到他的旁边，对我说："一家子吃饭，要长辈全家坐定，最长者先夹，你才可以吃。"我不解地顶嘴道："就是饿了怎么办？"没承想这一句说完爷爷严厉地站了起来，指着挂着的那副字，对我说："处人不可任己意，要悉人之情。你体恤忙着做饭的奶奶和妈妈了么？你想着下班疲惫的爸爸了么？你就想着你自己饿了，为什么没有想到别人呢？不可任己意，要体恤父母尊长啊！"

我怔怔地看着那行字，年幼的我心里像地震了一样。我一直以为做人的道理离普普通通的生活很远，离"随意"先夹一块肉很远，没想到它就在身边，就在我的嘴里，被我吃掉了。于是连忙擦掉眼泪，把筷子重新放好，安静地坐在饭桌旁，等待全家人落座开席。"做事要想着他人，做事要想着理"这个道理，深深地印入我的心里。

时间流逝，我慢慢长大，爷爷还是不停地练着毛笔字，每有他心仪的作品，就会送给我。我收到最好的还是清代金缨《格言联璧》中的"处人不可任己意，要悉人之情；处事不可任己见，要悉事之理"。

后来，我和爷爷一样，成为了一名人民教师，爷爷总是和我说班主任的育人工作对一个孩子是多么重要，甚至可以影响孩子的一生。我也从心里认识到老师的威信是建立在学生信服你、认可你的前提下。尊重他们，平等地聆听，接受他们与众不同的个性并真诚地沟通，才会使他们"亲其师，信其道"。后来作为一名班主任，我更知身上的重担，在管理班级时，我更深刻地体会到班风如同家风一样，会潜移默化地引领学生成长。班风的建立，就是对孩子们一种无言的教诲，也是最有效的教育。

有时我会忽然想起爷爷，如今我把他对我的教导，又传递到我学生的心中。我深深感谢我的爷爷，感谢我的家庭让我领悟的哲理。这份做人的哲理，这优秀的家风，让我在生活中寻觅幸福，在工作中为我指引方向。

家　风

　　有人说，家风就像一棵树，一棵枝叶如盖的百年大树，子子孙孙都在它的荫蔽之下。我觉得，家风就是心底的一阵风，它会吹散你心中的乌云，它会清新你眼前的风景，它无形无色，却有无穷的力量。我们每个生命的小帆，都需要借着它远航……

理解他人　与人为善

北京市宣武培智学校校长　索　菲

睹物思人念母恩，训言在耳牢记心。

2014 年 2 月 26 日，我最亲爱的妈妈因突发心脏病，永远地离开了我们。随后的日子，我接到许多慰问的电话，其中许多都是妈妈的老同事、老朋友。他们回忆曾经在一起工作的情景，给我讲述了许多我所不知的事情，念念不忘妈妈当年对他们的帮助。更有一位孙老师，详细地询问妈妈安葬的时间和地点，说因为自己生病，又住在延庆，不能亲自送妈妈，就写了一篇祭文，要在妈妈下葬的时间从遥远的地方念给妈妈。而后，孙老师又辗转将这篇祭文送到我的手中，满满的三页纸，七十多岁的老人亲笔写下对妈妈的思念，更是回忆起自己在"文化大革命"期间近乎绝望的时候，是妈妈不顾个人的风险，到孙老师家中慰问、鼓励，是妈妈用自己的善良点燃孙老师生活的希望。是呀，从小到大妈妈叮嘱我最多的话就是"理解他人，与人为善"，她不但用语言，更用实际行动教育着我们。

上初中时，一位同学因为做值日的事情和我计较，我挺生气，和妈妈诉说。妈妈听后，给我讲了一件小事。那是父母刚结婚时，住在一个小四合院里，一个秋天的早晨，妈妈站在窗前梳头，无意中看到邻屋的老奶奶在扫自家门口的树叶，她把树叶扫到我家这边，甩甩笤帚就回屋了。妈妈问我："你知道我后来是怎么做的？"我想，妈妈年轻气盛，一定会把树叶扫回去。而妈妈的做法却是把整个小院都扫干净，树叶都清理了。"老奶奶岁数大了，她这么做咱能理解。要是咱也把树叶扫回去，下次她再扫回来，这小院不就越来越脏吗？更重要的是以后这街里街坊的还怎么处啊。"后来，老奶奶煤气中毒，还是妈妈借来三轮车，和爸爸一起把老奶奶送到了医院。再后来，大家的关系越来越好，甚至爸爸妈妈因为工作回家晚，就把钥匙交给老奶奶，老奶奶帮忙给炉子添煤。

妈妈常常告诫我，生活中会发生大大小小的事，遇到形形色色的人，不要总是计较，你跟别人计较，就是在和自己过不去，人心都是肉长的，可以捂热，怨气即使是冰，也能用善良融化，多站在别人的角度去想一想，一定要记住"理解他人，与人为善"。

在学习和工作岗位上，曾经被人误解过，猜疑过，尤其走上管理岗位，这种情况就更多。路遥知马力，日久见人心，我对自己说，不管别人对你怎么想，带有什么态度，要保持微笑、换位思考、真诚沟通，许多问题便会迎刃而解。现在我的儿子也上学了，"理解他人，与人为善"成了我对他说的最多的话。我坚信，理解就是最好的表达，善良就是最好的支持，理解可以跨越鸿沟，善良可以化解一切。

在平凡的岁月里，带着理解、带着包容、带着仁爱去善待自己、善待他人、善待工作、善待生活，你会发现，一些事曾经让你心烦意乱、纠结不清，但是过去之后再回头看看，其实不过是像几片树叶的小事，早已随风飘过了。

潜移默化传家风

北京市西城区小百合幼儿园教师　贾晓悦

在中国传统的封建家长制度下，中国人非常注重庭训家教，家风有曰"耕读传家"，有曰"积德行善"，有曰"仁孝清廉"。而说到我所认知的家风，那便是一种外在的精神风貌和内在的为人处世方式。走出家门，举手投足间会让街坊四邻不禁感慨："这就是 xx 家的孩子啊，一看就知道。"

从小和祖辈生活在一起的我，庆幸我的祖辈并没有像很多家长那样溺爱我，而是从小让我明白了很多做人的道理。他们的教育并不是要求和命令，而是言传身教，让我耳濡目染。在我看来，这种言传身教本身就是一种家风：欲教于人，必先正其身。这种教育才是有感染力和说服力的。作为一名幼儿教师，我深知自己的行为举止对孩子们的影响，因而在平时会谨言敏行。这对我而言已经不是一种刻意，而是从小深植于心的习惯。

纵然随时间流逝，人的音容笑貌也许会慢慢模糊，但是他们身上的那些品质，尤其是那些传承给我们的品质却会永远镌刻在心里。奶奶和姥姥是两位教会我最多道理的长辈。

从我记事起，一起生活的奶奶便告诉我做人要大方、明理。我们的家庭是个大家庭，一家六口人生活在一起，虽然热闹温馨，但是难免家庭成员间会有冲突。每当那个时候，奶奶往往会选择大而化之，她是一个要强且脾气很急的人，能仅仅只是脸上流露些许不快，做到息事宁人，真的很不容易。奶奶还有一个让我印象深刻的特点：乐观而坚强。记得我还在幼儿园的时候，最盼望的就是放学后被爷爷奶奶接回家，坐在奶奶身边，和她分享一大袋冰淇淋。我们都非常爱吃甜食，所以几乎每天一袋，从未间断，因此放学回家给我最初的印象就是"甜甜的"。但是那种时光结束在我上学前班前，奶奶得了糖尿病，她再也不能吃糖了。之后，她又陆续得了心脏病和一些糖尿病的并发症。原来那个健康的她短短一年就要每日与数不尽的药片为伴。我们本以为她会因此消沉，但是她却出人意料地活得非常潇洒：她做了楼门长，帮居委会组织了很多活动，还让我和姐姐积极参加。她加入了社区的秧歌队，尽管她的动作很不标准，有时我和姐姐还会嘲笑一番，她也从未放弃，德胜门城楼下，只要锣鼓声响起，她的身影就会出现。的确，她的动作算不上标准，但每当有穿着特殊服装表演的时候，她永远是被要求合影最多的人，因为她永远是笑得最慈祥最灿烂的那个人。她白天几乎不是在公园散步看风景就是在院子里打麻将，她所谓的"劳逸结合"，既锻炼身体又锻炼头脑。上了公交车都鲜有人给她让座，因为她看起来是那么年轻而富有活力。看起来并不着家的她，却能把家管得井井有条，我的印象里，交水电费、买菜、收拾房间，似乎奶奶总能在不经意间完成全部。最让我佩服的是，在她最后得了足以让年轻人崩溃的病后，她也许畏惧，但还是能忍则忍，不能忍就咬着牙忍，她的口中从未主动说过一个"疼"字，她能出去走就绝不在家停留，只有在她脱相后，不愿被人同情，才停止走出家门。我们平时有个头痛牙痛还难免吃个止疼药，她却为了不对药产生抗体，宁愿蜷缩在墙边也坚持一天只吃一片药。这份对乐观的诠释、对坚强的坚守，历历在目，那份重量不知超过多少有关人生道理的书籍所呈现的文字的重量。

而姥姥是另一位让我由衷钦佩的女性。很难用精准的形容词去描述她给我的感觉，但是我认为用竹节作比恰如其分。没错，是那份气节深深感染着我，正如郑板桥所云："细细的叶，疏疏的节；雪压不倒，风吹不折"。姥姥的腿脚一直不太灵便，整个人清瘦却神采奕奕，凡事事必躬亲，从不愿麻烦他人。每日清粥小菜加以淡茶，勤俭自持，但对他人却是满满的热情，从未怠慢。不仅自己甘于奉献，还教诲晚辈做事要有里有面，力争做事让人挑不出不妥之处。时至今日，每当我待人接物，总想起姥姥的教诲，虽然无法做到她那般稳妥，仍觉受益匪浅。

两位老人是两个家庭的灵魂，她们的家风从未动辄纸笔，落于书卷。但潜移默化十余年，每当我觉得自己面对困难却能挺起胸膛微笑面对，无论生活如何却依然争取有尊严地回馈生活之时，便觉得欣慰。我终于渐渐地传承了家风，无论是否被记载，那份属于家族的尊严，那份我珍藏在心中的荣耀，谓之永恒。

家风见于点滴

北京市西城区新街口少年宫教师　孙　爽

"你怎么那么跟我见外呀，根本就没把我当朋友。"这是我大学时，一位闺蜜与我进行的一次不大不小的"争吵"。虽然事情听起来不起眼，但我至今印象深刻。其实原因很简单，说起来有些可笑，就是我跟她说话时经常把"谢谢、麻烦了"等词语挂在嘴边，让他听起来感觉很有距离感，觉得我没有把他当朋友看。

这件事情至今想起来，我都觉得有点无奈、有点委屈、也有点哭笑不得。因为我真不是故意跟她见外，说出那些话都是不由自主的，这些跟我母亲从小对我的教育有着莫大的关系。从小，父母的一言一行都影响着我。我的母亲是一个很懂礼貌，甚至于在我看来都有点过的人，待人接物都非常热情，什么"您呀，谢谢呀，麻烦您"等这些语言对我来说听起来太习以为常了，就这么耳濡目染，今天的我也经常习惯性地就会说出来，不管对象是谁都如此，即使是跟最亲近的人也是这样。其实转念一想，如果一个跟自己关系紧密的人，经常听到这样的语言，的确是很容易产生一些距离感。那是因为今天的人们生活的节奏太快，工作压力也大，往往说话不很注意，一些细节很容易被忽略，也由此会产生一些小摩擦，偶尔听到这些客套话会感觉有些陌生。

上面所说的是我亲身经历的一个真实的事情，通过这件事情我想说，其实，我们每个人从小到大收到的各方面的教育都知道要"懂礼貌"，包括一些常用的礼貌用语、礼貌的称谓等是生活中常听到的，这些也都是我们中华民族的传统美德。可是它们相较于一些大情大义来说太渺小了、太日常化、太微不足道了，以至于常常被我们忽略掉。国有国风，家有家风，只有把小家的家风做好，才能为大国之风增光彩。由此看来小家之风也尤为重要。任何事情，一些习惯的养成都是靠平时的一点一滴积累起来的，有些事情的成与败也往往都体现在细微之处的处理上，有时候某一件事情可能因为一句毫不在意的话语而失败，而有时也会因为一句简单的"谢谢，麻烦您了"而大获成功。

一个人的道德情操的体现有时候能够看出这个人的家风如何。父母的言传身教是非常重要的。因为父母是孩子的第一任老师。现在我也是一位母亲了，作为孩子的第一个老师，在她的面前，我的一言一行都格外注意，孩子虽然还小，但我一直认为，她其实都懂，她会跟着模仿，所以不能太忽略一些细节的培养。同时，身为一名人民教师，教书育人是我们的天职。好多人认为教师只要把知识传授给学生就可以了，但我认为其实育人才是最重要的。要先让学生学会怎么做人，才能谈得上学会多少知识，学会了做人，他们也才能把学到的知识正确地运用，来回报社会。因此在我的课上，对学生一些习惯的培养，包括一些礼仪，我都是从平时的细节之处入手，可能通过某一件小事就教会他们一句该说的话，教会他们一个良好的习惯，我相信日积月累，这些不起眼的习惯或语言就会根植于他们的心田，为他们今后步入社会提供最初的甘泉。

有家才有国，有国才有家。希望我们大家都可以从细节入手，从点滴之处培养自己良好的道德情操，为我们的大国之风贡献自己的力量。

"阳光心态"和"学会尊重"

北京市西城外国语学校校长　尉小珑

法国著名的作家罗兰说过，生命不是一个可以孤立成长的个体，它一面成长，一面收集沿途的繁花茂叶，它又是一架灵敏的摄像机，沿途摄入所见所闻，每一寸、每一分的日常小事都是织造人格的纤维，环境中每个人的言行品格都是融入成长过程的建材，使这个人的思想、感情与行为受到感染，左右着这个人的生活态度，环境给一个人的影响，除有形的模仿以外，更重要的是无形的塑造。作家的话和我们的生活体验是一致的，从中我们能够感受到家风建设的重要。

朋友，你如此阳光，有人格魅力，有这样一种让人感动的亲和力，在工作中有出色的能力，这种状态是怎么来的呢？我觉得很大一部分来源于家风的熏陶和家教的影响。从这个意义上来讲，良好家风在人们成长进程中起到关键作用，给了大家终生享用的财富。

有智者把家风总结成 40 个字，第一，讲究道德、懂得尊重；第二，重视学习，崇尚知识；第三，勤俭持家，尊重劳动；第四，家庭和睦、合理教子；第五，尊老爱幼，邻里互助。这些品质特征我从自己的孩子身上能够找到，也能在很多朋友中找到影子、印记和例证。我的父亲性格热情洋溢，母亲温文尔雅，一个严格执着，一个稳健随和。我自己就有典型的执着品性和随外在环境而变的特性，我想这些都是父母营造的良好家风给予我的影响。

我的父母也给了我一颗善良的心，培养了我的阳光的心态，给了我一种积极生活的态度。从上小学开始，父母就非常关注我们品行培养和良好学习习惯的养成。每晚吃完饭之后，我们向下班回家的父亲交代作业，那真是一个很愉快又是很痛苦的时刻，为了不让父亲操心，有时候还动了改一下卷子的成绩的想法，父亲了解后，说了这样一番话，意思是，做人要诚实，对人要尊重，这比单纯成绩重要得多，修改成绩是对老师的不尊重。从此，"尊重"这个概念在我很小的心里就埋下了种子，影响了我的一生。"人人生而平等"铭刻在心，我的阳光心态中，尊重是最重要的部分，在工作、生活中无论对学校传达室的工人，还是街上拾荒的老人，以及和我共事的任何人我都能像对"大人物"一样，心静如水地尊重而没有轻视，尽己所能，给予帮助。

尊重知识是我家家风的另外一个组成部分。我小学二年级的时候刚好赶上"文化大革命"，手边除了一本语录什么都没有。我妈妈在全国工商联做杂志的编辑，她不间断地拿给我中国和世界的名著让我阅读。因此我在懵懵懂懂的年纪看了很多书，养成了爱读书的习惯，当时我们有四个小伙伴一起读，分开看，赵树理、巴金等作家的作品看完了，就看屠格涅夫、巴尔扎克、德莱塞的，再看高尔基的，左拉的，一个一个作家地"吃"，我们也戏称叫"消灭"。那个时代的知识积累的过程对我一生的工作和生活都造成了极大的影响。今天，我校的教师阳光靓丽，才华横溢，且多是研究生，都比我棒，我能够作为学校管理者和他们共同从事教育事业，并得到大家的认可和尊重，都和小时候读书学习、不断积累、丰厚了自己有关，和我对于知识由衷的喜爱和尊重有关。

勤俭持家、尊重劳动也是我家的家风。我从七、八岁开始，就跟我小姐姐一起给家人做饭，爸爸妈妈、哥哥姐姐弟弟回来时，饭必须做好，包饺子、蒸包子、擀面条、炒菜我都学会了。记得我十八九岁的时候，我的几个朋友到我家里来聚会，那时候什么都没有，冬天就是老三样：萝卜、白菜、土豆，我买了二斤鸡蛋，五毛钱肉馅，就做出八个十分别致的菜来，朋友们都认不出用的什么食材，对此大加赞赏。除做饭之外，缝被子、补袜子、用缝纫机补衣服，也都是在那个年龄段学来的，自己从来没被父母娇惯过，帮助做家务是天经地义的。这直接影响到我对女儿的培养，她一年级就能做到保护自己，二年级不怕困难，三年级用智慧丰厚自己，四年级用智慧解决问题，五年级设计未来。这就是代代相传的家风的影响，形成了一种惯性。我女儿甚至会做红烧肉、红烧鱼、油焖大虾等十几个大菜，包饺子、蒸包子也样样行，还干得乐不可支。"80"后的孩子能做到这样也是挺让人欣慰的。更关键的是树立了勤俭持家、尊重劳动的意识，培养了爱劳动的好习惯，一生受用。

几十年来，我做教师工作，后来又做学校的管理者，之所以能够胜任，和我小时候的家风影响和学校基础教育密不可分。我十七八样的爱好，唱歌、跳舞、口技、中医、针灸等，都是在小学和中学时代我的学校里学到的。后来我当老师以后，就如鱼得水，这些技能都用上了，辅助教学，使学生受了益。

在家有家风，在校有校风，在社会有民风，三位一体，融为一体，不可或缺。从学校而言，我们就要培育阳光文化，培育良好校风。西外倡导以"爱　阳光　幸福"为核心价值观的学校文化，提出"热爱生活、分享智慧、享受挑战"的校训，影响了西外的教职员工和一届届学生。干部、教师们提出来很多的理念，不断丰富了我们的思想库，特别是非常好地指导了干部、教师的管理和教育活动，这为提高西外人的生命质量、生存质量和生活质量起到了至关重要的促进作用。同时我校也十分重视家校结合的家风、校风教育。在家长委员会的研讨中，在家长会上的讲座中，在和学生家长的交流中，传输树立良好家风的理念，交流培育良好家风的方法，提升对良好家风影响孩子一生理念的认识，这些做法，提高了学校家风教育的成效，使我们受益匪浅，我们会一直坚持做下去。

将心比心　源远流长

北京市西城区新街口东街小学教师　孔　军

　　中国自古以来就是礼仪之邦。古人说：不学礼，无以立。中国是一个有着五千年历史的文明古国，中华民族素来是一个温文尔雅、落落大方、见义勇为、谦恭礼让的文明礼仪之邦。华夏儿女的举手投足、音容笑貌，无不体现一个人的气质与素养。

　　但现在有些人的不文明行为已经相当普遍，甚至严重影响到我们的社会形象。如：在世界闻名的景区文物上刻字、在公共场所大声喧哗、吃自助餐浪费严重、随意插队不守秩序、因航班问题大闹机场……近年来，中国游客出境旅游时出现的一些不文明行为，引起了国内外的关注和热议。

　　我们流淌着祖先的血液，承载着祖先的基因，享有着祖先的姓氏，祖先能成就的德、行，我们是否可以重现并延续下去？当前重提家风家教建设，是适时的善举，是道德建设从社会细微处抓起的具体措施和实际行动，是人伦教化的好载体，是延续优良文化传统的好方式。我们要倡导真善美，提升正能量。梳理传统文化资源，抢救家风家教，激活优良传统的基因，唤醒传统美德的基因，唯有从社会最基本的细胞——家庭入手，才能夯实社会道德大厦的根基。我们作为社会主义新时期的建设者，有义务有责任继承传统文化和传统教育，来推动社会主义文化建设。

　　还记得儿时，母亲常常教导我的一句话："做人，要将心比心，常常换做他人的角度想一想，这样，就没有处理不好的人和事。"那时的我，并不理解其中含义，常歪着小脑瓜好奇地追问。母亲说，这是她儿时，我的外公教导她的，本着这样的家规为人处世，令她受益一生……

用心理学的角度来讲，叫作"心理换位"，在中国古时就已经有记载，宋朱熹在《朱子语类·大学三》中云："俗语所谓将心比心，如此则各得其平矣。"这是中国自古传承下来的一种智慧。

所以，"将心比心"这句简单的成语，就成了我从小必须领悟的家规。为了使这句家规在我幼小的心灵中生根发芽，父母时常耐心地教导我，都在悉心地为我心中的这颗种子施肥浇水。

入学后，很多小伙伴经常拿一些不懂的问题来问我，刚开始，我经常会有不耐烦的情绪，不愿意为他们讲解。父亲知情后，教育我要学会将心比心，如果我有了不会的问题，一定会希望身边的老师同学能够认真细致地为我解答，而且，予人玫瑰，手留余香，在为他们讲解的同时，你也重温了当天的课程。经过父亲的教诲，我开始耐心地为同学解答问题，不仅收获了小伙伴的拥护，还对他们提出的问题做了复习。

自我工作后，"将心比心"的家规依旧铭记于心，在工作中，交往中，我本着这样的信条为人处世，经常站在别人的角度想，如果是我，我应该怎样处理，给身边的同事和朋友，多一些尊重和理解，也换来很多知心的朋友，我家简单的这条家规，早已在我的心中生根发芽，将来，还会开花结果，传递给更多的人。

时至今日，母亲依旧会不厌其烦地对我讲述她本着"将心比心"这条家规处世的益处，她告诉我说，俗语所谓将心比心，如此则各得其平矣。只有学会将心比心，异地而处，才能培养更大的人格魅力，才会净化心灵，才会在人生的旅途中行走得更加坦荡，更加久远……

"将心比心"，这是我家的家规，多年来已经形成了我家族的家风。"将心比心"的处世哲学也反映了中华民族的传统美德，只要我们人人继承和发扬这种美德，我们的人际关系一定会更加和谐、文明与美丽！

做事篇

友爱巷里谈友爱

北京市第四十三中学教师　贾　坤

我出生在北京四九城里一条普通得不能再普通的胡同里，它的名字一听就透着一股子人情味儿——友爱巷。

我的祖父和父亲都是从小就在这条胡同里长大的，胡同里的爷爷奶奶、大爷大妈、叔叔阿姨、哥哥姐姐都是多少年的老街坊，平日里大家互相帮扶、相处和睦。而正如这条胡同的名字——友爱巷一样，从我的祖辈一直到父辈，给我留下最深的印象就是教育我要与身边的人亲近和睦、团结友善。

每当秋风拂过面颊，院子里那棵爷爷小时候亲手种下的大枣树就已果实累累，鲜红的枣儿让人垂涎欲滴。而每当我们用竹竿把枣子打下来之后，爷爷总会和我们一起，先把枣儿按照个头、成色分成三个不同的等级，又大又红的枣儿自然是最甜的，而在印象中我却很少能有机会品尝到自家收获的最好吃的枣子，因为爷爷和父亲会把这些大而红的枣子先拿给街坊四邻和他的同事们去分享丰收的喜悦，而轮到我们自己吃的时候，已经只剩下那些个头偏小还略显青涩的枣子了。年幼的我哪里懂得祖辈、父辈这样做的原因，也着实没少为此跟大人们哭哭啼啼、大喊大闹。如今，当曾经遮天蔽日的老枣树佝偻的树枝尽显凄凉，当那个曾经与我们一起打枣、分枣、送枣的老人早已驾鹤西归，与世长辞，而那个年幼无知的孩童却已成长为了一个意气风发的青年。我终于悟透了爷爷当初给别人送枣的真谛——其实，送的不是枣子，而是一份情，一份爱！

　　友爱，是春天里的一丝暖风，里面带着沁人心脾的芳香；是夏天里的一片绿荫，为你顶着骄阳烈日；是秋天里的一堆落叶，总会带给你一份收获的喜悦；是冬天里的一件棉衣，为你温暖寒冷的心灵。珍惜人与人之间的友谊，善待朋友、善待生活，就会感到生活的充实，就会感到世间的温暖。

言传身教　家风自成

北京市第四中学学生　侯欣雨

　　我们家素来有一种理念，是"行胜于言"。我家的家风是言传身教的，其中有三点是家里对我影响最大的。

　　第一，家中常有乐观、进取的氛围。爸爸生在一个海边的小渔村里，通过自己的努力一步步考到了县城，一直考到北京，这个经历对我来说是非常宝贵的财富。他的路上有很多挫折、磨难，这些在我的成长过程中留下了深刻的记忆。所以在我自己遇到困难的时候，我会想到我的爸爸是如何解决这些问题。经历了这么多挫折和磨难，他后来的路走得很顺。爸爸经常跟我说，世上没有特别直的路，挫折磨难总是会有的。他的影响对我有非常大的帮助。我高考不理想，但是考完出了成绩之后，我调整了心态，想到我的路不是到此结束了，以后还有更长的路要走。虽然这次高考有一点小挫折，但是我相信自己是一个非常优秀的人，未来我会做得更好。

　　第二，家人爱读书、爱学习。爸爸是一个非常喜欢读书的人，当他陪我妈妈去逛街去买衣物的时候，趁着等待的空暇时间，爸爸时常会去书店，买几本书回家。他读书的涉猎面很广，不仅读一些小说、历史性的散文，也读一些比较难懂的物理方面的书，例如《时间简史》。妈妈也是一个非常喜欢学习的人，她自学考上了会计证，完全是自我学习的过程，自己上网找资料、买书。受父母学习氛围的影响，平时我也会针对一些比较感兴趣的事情来自我学习。例如，高一的时候我对物理非常感兴趣，我一年读了四五十本关于物理方面的书，虽然都是科普类的书，没有特别大的学术价值，但我收获非常大。高考完之后，我对画画产生了兴趣，便开始自己学习素写，收获颇丰。我很感谢爸爸妈妈在这方面对我的引导。

第三，家里有正气，很真诚、正直。这方面姥姥对我影响比较大。尽管她平时非常慈祥，但是她在一些关键的问题上态度非常坚决。例如，她很久之前在村里做妇女主任，后来搬到了城里，也退休了，但是也有个别村里的人还是会找她解决问题。姥姥在这样一些问题的处理方法上，有非常令人值得学习的方面。她会非常坚持原则，一些事情对就是对，错就是错，而且她不会因为个人恩怨牵涉一些公事。我认为这方面是非常值得我学习的。此外，我的自我约束、自我要求方面也是受她影响比较大。

我的父母不是在所有的方面都会给我教导和指引，他们只是在关键的时刻给我引导，其他时候会放手让我走。不管是我的学习还是学生工作方面，他们都是给我指一个大的方向，会在背后默默注视着我，遇到困难可以去找他们，平时不会给指导。我的路虽然是跌跌撞撞走过来的，但是很感谢当初我的父母给了我一个放手成长的环境。尽管多了一些挫折和磨难，但也让我更清楚地理解了这个世界，知道如何做一个正直的人。

当然，其中也有一些遗憾，但我学到的东西大于遗憾。《礼记》里有一句话"一家人，一国兴人，一家让，一国兴让"。虽然这个社会上还有不和谐的事情，但是我相信只要每个人对好的家风坚守、传承，我们国家一定会更加和谐、温暖。

传　承

北京市西城区红山幼儿园教师　商　艳

快到六一儿童节了，我给儿子买了一套最新推出的拼插玩具作为节日礼物。向来吵闹的儿子回敬给我的是整整半天的清静时光。当我忙完了家务来到客厅，我看到儿子正和他的爷爷分坐在茶几两边，儿子拿着说明书还在专心致志地组装着玩具，爷爷则带着老花镜，笑着看着他的孙子。看到这一幕，让我想起了爱人以前给我讲述的他和他父亲的一段故事——

"记得儿时，我最喜爱的事情就是看着老爸仅凭借着几件简单的工具，就可以创作出一件件令我惊奇万分的玩具，其中一些我仍然保存至今。我出生在七十年代，那时候父母收入都不高，维持日常生活开销已经是紧巴巴的了，当然也就不要奢望什么存款了。但是偏偏老爸又是个爱好广泛的人，摄影、钓鱼、养鸟、养花……没有他不痴迷的，可哪样爱好不是用人民币'堆'出来的？当年的老妈在经济上绝对狠抓不放松，这下可苦了我这个'贪玩'的老爸了。不过我老爸也真有办法，愣是用几件极其廉价的二手工具创造出了'一切'。鱼竿、线轮、抄网、鸟笼、三脚架没有他做不出来的，而且件件堪称精品。

说到精品，给我印象最深的还是那几根钓鱼竿，也是我至今还保留着的'珍藏品'。这几根鱼竿并不是传统的钓鱼竿，而是当年有钱都不一定买得到的'海钓竿'，在老爸口中则称它为'土竿'。这几根竿身全部采用玻璃钢棍纯手工打磨成型，同心度极高，配合不锈钢的连接套管，做工堪称完美。即便是现在拥有了车床加工能力的我，也没法确保能够成功复制出如此完美的零件。不夸张地说，鱼竿每一个插节的尾部和套管插拔时都会听到'波'的一声清脆的响声，这是由于插接零件之间的配合已经达到了可以密封空气的加工精度。如果说这样精致的零件是使用旧锉刀和普通砂纸制作的，放在现在谁都不会相信的，可是老爸就是这样把它们做出来了。当时我还小，清楚地记得老爸制作鱼竿连接零件时，会将鱼竿的插接零件试着轻轻插在一起然后拔开，接着用一张旧砂纸攥住竿尾，轻轻地磨上两三下然后又去尝试插接，不合适就再拔开磨上两三下，再试、再磨、再试……就这样不知道要反复做上多少次。对于我来讲，这段画面给我留下了非常深的印象。这些出自老爸之手的'土竿'，它已经不仅是钓鱼的用具，更像是我人生中的一根旗杆。比这更重要的还有我儿时的所有玩具，也全部出自老爸那双灵巧的手。回想起来，那个时代的人动手能力很强：邻居叔叔会攒五个灯的电子管收音机，声音清晰嘹亮；对门大爷会打家具，满堂的大漆水曲柳；后院阿姨会裁剪、针线加刺绣，从来不买衣服，她家孩子穿的两条白杠的运动服都是自己做出来的。

我上小学一年级的时候就开始自己动手制作玩具了。那时我家住在积水潭西海湖畔的大杂院里，出家门迈过一条小巷就是水面。别的小朋友都在湖边钓鱼、捞虾、捉蜻蜓的时候，我却四处收集着废旧的材料：旧包装箱内的泡沫塑料板、冰棍棒（扁平的那种）、一些笔直的小木棍等，这些'宝物'都被我妥善地保存在岸边小树林的一个枯树洞里。等到了周末，我就会将这些材料拿出来，用泡沫塑料在粗糙的水泥墙上磨成船体，扁平的冰棍棒用来制作船舵，小木棍用来做桅杆，再配上菜市场收集的塑料袋制成的船帆，这就是我自己动手做成的玩具'帆船'。我的'帆船'可不是样子货，经过几次试航，我重新调整了船帆及船舵的角度，又为船底增加了石头作配重，在首次试航时就成功地横跨了西海的湖面（注：当时的我完全没有帆船的制作经验和航行经验，也许仅

仅看到过帆船的图片，一切制作完全跟随灵感）。顶着满头满脸白色塑料泡沫残渣的我，看着远去的'帆船'和在岸边尖叫着、追逐着它的小伙伴们的时候，竟然有一种当上了船长的感觉。后来我渐渐长大了，继承了老爸的动手能力，也喜欢上了航海模型，而且入门就是航海模型中最高端的微缩古帆船模型，几千个零件全要靠一双手来创造。当年可没有现在的成品套材可以选择，能够找到自己喜爱的船模图纸就已经是非常奢侈的了。不但如此，在模型制作中，木工、漆工、焊工、车工、铣工、磨工这些工种我基本上都摸了一个遍。一艘三桅古帆船，从放图样到最后的装饰制作，周期最短也要一年的时间。

真是机缘巧合，后来我又一头扎进了宣武区青少年科技馆和《模型世界》杂志社，这下我的爱好真正上了轨道，一下就玩了二十年。天上飞的飞机、地下跑的汽车、水里游的轮船，也算是把自己的动手能力好好地培养了一把。"

如今，我的爱人在动手制作方面可以算是个高手了。他制作的小玩意，让我这个自认为手工制作能力很强的幼儿老师都自叹不如。

现在生活条件好了，我儿子的玩具已经多到能把两只最大号的整理箱都装得满满的，他不用像他爸爸小时候那样动手做玩具玩了。但我爱人为了培养他的动手能力，在玩具的选择上还是坚持购买那些需要回家自己组装的玩具。因为他觉得只有经过自己动手创造出来的东西才会更加爱惜。今天，当我看到儿子和他的爷爷一起拼装玩具时，一瞬间我忽然感觉到有什么东西把祖孙三代人紧紧地连在了一起。是什么呢？就像是一根"绳"，爷爷在上面系了个疙瘩，爸爸看见了学着也在上面系了个疙瘩，现在儿子也学着他们的样子系疙瘩……也许这就是大家说的传承吧，希望它在我们的这个家庭里能一直延续下去！

积累与坚持：小处有未来

北京市西城区师范学校附属小学教师　施少萍

英国诗人朗费罗说过，要想射中靶心，必须瞄准得比靶心略微高些，因为离弦之箭会受到地心引力的影响。其实，做人也一样。那些取得伟大成就，作出卓越贡献的人，都曾立下过鸿鹄之志，并为之坚持不懈、努力奋斗。

一

父亲曾经对我说："你可以不聪明，但是绝对不能不努力。"其实这句话很好地诠释了怎样离梦想更近一步。

我们每一个人，其实都已经站在了通往梦想的路上。只不过，漫长的征途需要一步一步地走，梦想的实现需要一点一滴地奋斗。也许你并不觉得今天有什么特别，但事实上，每一天都是一个新的起点。这起点在一切平凡的岗位上，在扎扎实实的学习和工作中。

很多人的梦想之所以无法实现，是因为他们在通往梦想的路上没有努力走出下一步。下一步，或者与你的梦想距离还很远，但是，它绝对是让你离梦想更近了一步。请你相信，今天比昨天优秀就是成功！哪怕每天你只坚持提高1%，你也会将自己的能力翻倍。而这个过程需要多长时间？ 100天吗？当然不是，作为数学老师，我很负责任地告诉你，70天足矣。因为，每一天都在成长，每一天的1%都在不断提高。要想使每一天都离梦想更近一步，不仅要仰望星空，更要脚踏实地。

二

母亲曾经对我说："喜欢一件事，就要去坚持。"

从小到大，我对数学都充满着热情。正因为母亲的这句话，我踏上了漫漫数学之路，这也是我的梦想之路。在这条路上，我经历过成功和喜悦，也遇到过坎坷。我的梦想之路因数学而变得单纯，就如阿拉伯数字一样，从0—9简单的平凡中，可以参悟出生活的哲理：

"$1.01 \times 0.99^2 < 1.01$"，这是三天打鱼，两天晒网的结果。

"$1.01^{365} = 37.8$，$0.99^{365} = 0.03$"，这是积跬步与积懒惰的差距。

"$1.02^{365} = 1377.4$，$1377.4 \times 0.98^{365} = 0.86$"，这是千里之堤，毁于蚁穴。

"$1.01^{365} = 37.8$，$1.02^{365} = 1377.4$"，这是多一分努力，多千分收成。

因为对梦想的坚持，我成为了一名数学教师。作为教师，我用心教好每节课，用激情讲好每节课。教师的工作不容有丝毫懈怠，做一天就要认真地做，这不仅是责任，更是良心的召唤，职业精神的要求与诠释。

三

还记得有一次和母亲去爬山，面对不同的两条路线，我选择了山间的小路，母亲走的是铺砌台阶的大道。尽管最后我比母亲先到达山顶，但是母亲却对我说："你错过了路上美丽的风景。"细想也确实如此，这一路我只顾走好脚下陡峭的山路，一路战战兢兢，哪有心情欣赏沿途的风景？母亲的一句话似乎让我意识到，很多时候比结果更重要的是中间的过程。于是下山时我决定和母亲一起走大路，一路上几次停下脚步只为欣赏美景。虽然用了不少时间，但也乐在其中。

后来在我的教学中，经常会遇到学生用不同的方法解决同一个问题，有简单的也有复杂的，我会找机会对全班同学说，我佩服能用最简单方法解决问题的同学，因为他是聪明的，他找到了捷径；同时，我更羡慕那些绕着弯把问题解决的同学，因为他是幸运的，他多看了好几道"风景"。

其实，在通往梦想的路上，我们不应该仅仅着眼于每一个目标的实现，还可以把眼光放得更远一些，在实现目标的过程中的一些收获、感悟，甚至是反思，都将成为我们宝贵的财富。只有充实、有意义地度过每一天，才能不断向着梦想靠近。

世界上没有一步登天的捷径，也没有点石成金的法术，唯有不断地尝试和积累，不断地尝试失败，不断地积累经验，不断地寻求成功。人生，就是这样一个过程：积累、迸发，再积累、再迸发，最终实现完美的自我。我将为之不断努力，使每一天都离梦想更近一步！

行胜于言　信任为先

北京市第七中学教师　舒君清

以前看过一本名叫《灵魂有香气的女子》，讲述了民国时期张爱玲、陆小曼等几个传奇女子，故事情节已然忘得差不多了，那个题目却是记忆犹新，让我不由自主地想到了我喜欢的一句谚语：赠人玫瑰，手有余香。当下，家风一词很火，似乎人人都在谈家风，我的理解是：家风不一定是脍炙人口的名言警句，也不一定是惊天动地的大事，只要是教导我们向善向好，即使是润物细无声的小事，也是一个值得传扬的家风。在我家，虽然没有真正意义上的家规家训，但我父亲孝顺、艰苦朴素、助人为乐等言传身教的作风却影响了我们一家人。

老父亲今年87岁高龄了，母亲去世得早，实际上是父亲一人养育了我们兄弟姐妹6个。在70年代，家家都不富裕，大多数人是农民出身，像父亲那样上班挣工资吃商品粮的人并不多，但父亲从来不摆架子，也不让我们大手大脚地花钱。我在家里排行老小，虽然比较受宠，但父亲也不随便溺爱我：比如小时候不想穿我姐姐的旧衣服，撒泼打滚那是一点作用都没有，只有过年了才能有新衣服穿。父亲经常教育我们，要本本分分做人，踏踏实实做事，要友善待人，和邻里和睦相处，对有困难的人要同情、关心和帮助。父亲是这样说的，也是这样做的。记得那时父亲在供销系统工作，先在商店里上班，后来又管理着一个招待所。说是招待所，其实就是一个小旅馆，里面就父亲和几个职工在轮流值班。由于是小镇上仅有的一个旅馆，所以床位经常紧张。有一天晚上，大雨滂沱，我们都睡下了，父亲领回了一个外地人，湿淋淋地就进家了，留下一地的水渍。刚开始我们以为是家里的亲戚，后来才知道是一个外地旅客，来晚了没床位，又没地儿去，父亲就好心地把他带到家里住。大哥大姐一听就急了，怪父亲没事找事，要是坏人怎么办，并且家里也没有多余的床啊。父亲解释说看过他证件，是个公家同志，有介绍信，宽慰我们说肯定不是坏人，又语重心长地告诉我们："出门在外，谁都有碰到难处的时候，力所能及之事，这时候能帮一把就要帮一把。"又让我们设身处地地想想，如果是自己在外地，没有亲戚没有朋友，要是没有一个人帮助，又会是如何落魄呢？说得哥哥姐姐他们都低下了头，年幼的我那时就记住了助人为乐的道理。那天晚上我们腾出了一张床，父亲安置那个外地人睡下后，自己又回单位值班了。数日后，有了床位，那个外地人才从我家离开。后来听说那个外地人还特意给我父亲单位写了感谢信，其实父亲经常是不计回报地帮助人，这是他的性格使然。

在父亲潜移默化的熏陶下，我也变得与人为善，乐于助人了。刚上班那会儿，有一天在我们市政府前面的大街上，有一个外地男子拦住了我，一问才知道他是来游玩，却和伙伴们失去了联系，钱包也在别人手里，那会儿也没有手机可联系，想让我借点钱给他当路费，还让我写了家里地址给他，说回家后就把钱寄还给我。看他说得可怜，出于同情心我就把身上带的一点钱都给他了，还真把家里地址也抄给了他。回到家和家里人一说，他们都说我肯定是被骗了，只有父亲力挺我：帮助人总是错不了，又没有多少钱，就是一点路费。

渐渐长大，我也变得越来越现实，要换了现在，我肯定也不太赞同父亲领陌生人进家的行为，但在那个年代，物质生活虽然匮乏，但人与人之间是非常淳朴善良的，父亲这种乐于助人的行为，影响了我一辈子。我从南方刚到北京时，也是举目无亲，但由于性格开朗，朴实阳光，凡力所能及、举手之劳之事，我都是满腔热情地帮助别人，真诚待

人，反过来因此也得到了好多人的帮助，让我深深地领会到了付出与收获的快乐。

现在，我也经常给孩子讲父亲的故事，讲我的经历和感受，因为我明白，家风不是一句空话，更需要实际行动。父母的一举一动，对孩子的影响非常大，孩子优秀的品质，就是从生活中的点点滴滴里培养出来的。让孩子从小拥有一颗善良、真诚、充满阳光的爱心，让她懂得"赠人玫瑰，手有余香"的道理，在他人需要帮助的时候，伸出我们的援助之手，对她的成长肯定是大有裨益的。有时候，一个发自内心的小小善行，也会铸就大爱的人生舞台，希望我们所有人的灵魂都能香气扑鼻。

坚守与真爱培育的幸福

北京小学教师　丁　喆

　　家风是什么？在我看来，家风就是困难前的坚持到底，迎难而上；家风就是选择后的无怨无悔，默默坚守；家风就是生活里的任劳任怨，勇挑重担；家风就是生命中的真心付出，全心去爱。

　　俗话说：国强千秋盛，家和万事兴。为了"国强"，丈夫辗转南北，保卫祖国；为了"家和"，我任劳任怨，守护幸福。从相恋到结婚生子，我用柔弱的身躯扛起了家庭的重担，用行动谱写了动人的拥军之歌，用无私的爱诠释了最美军嫂的幸福。

　　军嫂的幸福是红色的。我时刻提醒自己，丈夫舍小家保国家，为了党和人民，为了高高飘扬的五星红旗。作为中国人民子弟兵的妻子，我感到无比自豪，无比骄傲。

　　军嫂的幸福是绿色的。结婚后，为了更好地照顾公婆的身体，为了帮助公婆打理家里的生意，我毅然决然地选择跟公婆住在一起。这就意味着我家住通州，工作在西城；这就意味着每天我要花费在路上近四个小时的时间；这就意味着每天早晨我五点多就要出门，晚上七点才能到家。就这样，我每天早起晚归，白天上课、批改作业、处理学生问题、完成各项工作任务；晚上到家帮助公婆打理超市和旅馆的生意、打扫卫生、收拾家务。为了让丈夫安心工作，所有的这一切，我都默默地坚持了下来，无怨无悔，以自己的实际行动，为丈夫撑起了半边天。作为中国人民子弟兵的妻子，虽然艰辛，但想起丈夫军装上的那一抹绿色，我

感到十分幸福。

军嫂的幸福是橙色的。婚后不久，我怀孕了，肩上又多了一份甜蜜的负担。虽然怀有身孕，但我并不娇气，依旧帮助公婆和家里做很多力所能及的事情。孕期反应、孕期检查、产前不适，所有的一切，我都坚强面对。虽然丈夫不在身边，但"我是军嫂"的信念支撑着我一路走来。儿子出世了，孩子的吃喝拉撒睡等所有的事情，我都亲力亲为。孩子生病出疹子，连续三天高烧不退，想到公婆年纪大了，婆婆身体又不好，我顾不上吃，顾不上喝，夜里更是顾不上休息，一个人日日夜夜地守护着儿子。孩子缺少父爱，为了弥补儿子，我尽量挤出时间陪孩子，既像爸爸一样陪他奔跑，教他坚强，又给予他妈妈的温柔与呵护。我用无悔的付出去弥补儿子缺失的父爱，用长茧的双手去支撑儿子璀璨的童年。作为中国人民子弟兵的妻子，我的幸福，就是围绕在儿子身边的那一抹甜蜜的橙色。

军嫂的幸福是金色的。当生活中遇到体力活时，看看年迈的老人，再看看年幼的孩子，我身体力行；当工作中遇到烦心事时，我对着镜子里的自己倾诉；当别人的妻子有丈夫疼爱呵护时，我遥望星星，让星星带去对丈夫的思念。有了我的支持，丈夫在部队多次立功获嘉奖。看着那金灿灿的奖章闪耀着金色的光芒，我知道，那是自己无悔的付出得到的最好的回报，那种滋味是快乐，是感动，更是欣慰。作为中国人民子弟兵的妻子，这就是金色的幸福。

丈夫辗转南北，保卫祖国，彰显着军人的风采；我无怨无悔，守护幸福，承载了军嫂的情怀。我用实际行动践行我的结婚誓言——我骄傲，我是军人的妻；我用真挚的情和无私的爱诠释最美军嫂的幸福。

家风，正像"播下一种行为，收获一种习惯，播下一种习惯，收获一种性格，播下一种性格，收获一种命运"这句话一样，给我们播下、收获了一种习惯、性格、命运，最终成就了这么一个我。好的家风足以改变人的思想，它就如与世长存、必不可少的空气，教我生活的道理、自然的哲理，让我更出色。

餐桌之上映家风

中国有句老话，叫"民以食为天"，食物是人类生命延续必不可少的条件。食物是否美味和健康又体现了人的生活品味和品质。关爱家人，营养均衡，关注口味，精心制作，留心家人的饮食爱好、身体健康状况，把对家人的爱倾注到饮食当中，使饮食有了家庭文化，成了传承爱与孝悌的载体。

家庭中，妈妈用美食营造了其乐融融、温馨的氛围，儿女用美食表达对长辈的孝敬，家人时常做几道美食，会增加生活乐趣，也让家庭成员们多了一份对家的眷恋。

我的妈妈特别会做饭，红烧带鱼、酱牛肉、韭菜炒鸭胗、炸藕盒、肉笼、苹果羹，都是妈妈的拿手好菜。据妈妈讲，这手艺除了跟姥姥学了一些，还在单位附近的餐馆跟大厨学了几手好菜，妈妈又爱琢磨，把它发扬光大，能做出许多花样。逢年过节，亲友们聚在一起，在品尝食物的同时聊一聊家常，增进感情。小时候我和弟弟经常一上楼就能闻见浓浓的饭菜香气。上初中时生病住院，妈妈把做好的豆豉鱼装在罐头瓶里送到医院，鱼骨头都酥软了，加上豆豉、辣椒等作料的味道，太绝了，我觉得比医院所有的菜都好吃，那个味道至今难忘。

现在，我们这个小家也传承了对制作美食的兴趣，周末精心做一些给婆家和娘家或兄弟姐妹送去，每次都会得到大家的称赞。比如：儿子做的咖喱牛肉、大盘鸡、蛋包饭，我做的麻辣肉包、虾肉饺、肉末鸡蛋炸酱，老公做的意大利面酱、咕咾肉、羊蝎子等。我们用精心制作的食物去表达对长辈和亲友的关心和爱。

家庭育儿先育吃。孩子从生下来开始的第一件事情是哭，哭完就要吃，从"吃"的礼仪做起，"饭桌"是家庭教育最好的场所与时机。饮食很讲究礼仪，《礼记》中记载古代饮食中对席位的安排、餐具的使用、进餐过程等一系列规定，呈现出彬彬有礼的文明古国的风范，说明了饮食是礼的载体，折射着礼的学问。从小爸爸告诉我吃饭要等长者先动筷，嚼食物不能出声，不挑食，不"隔山探海"，父母的言传身教，润物无声，让"文明有礼"在我们姐弟幼小的心灵里生根发芽。

饮食有度，长寿之道。"七分饱，三分寒"，应行止有度，看看周围，能做到七八分饱的人实在不多，被撑坏的人处处可见。

饮食如做人。中国的饮食通过"和"字来完成膳食的平衡，对食物的摄取，不偏不挑，并且注意不同季节的食物变化，达到食物与人、人与自然的和谐。

中国的饮食文化博大精深，源远流长。作为唱响"共筑中国梦"时代号角的一名中国人，我们要发扬光大饮食文化的这一支脉，从娃娃抓起，从家庭做起，从"饭桌"开始，形成良好的家风，并且化作细雨，德泽幼小心田，滋养快乐人生。

意志力培养：我家与我班

北京市西城区厂桥小学教师　丁玉平

家风，体现着一个家庭的风气、风格、风尚。社会这个大家庭是由众多的小家庭组成，只有小家庭健康、和谐，我们的大家庭才会富有生气。

时代在发展，都说现在的孩子不好教。"独生"的孩子在家庭里没有年龄相近的伙伴，缺少与他人共处的经历，家长对孩子的关爱也更多。当孩子得到过分的爱与呵护时，家长的教育理智也同时被严重淡化了。这其中的原因，一方面来自"独生"本身，另一方面来自于家长教育态度的偏差和教育方式不当。在孩子的成长经历中，家长是孩子的第一任老师。自己的孩子有问题，家长自然有不可推卸的责任。

我，既是一名教师，又是一名学生家长，双重身份的我，让我既了解教师工作的艰辛，又理解家长对孩子成长所产生的忧虑。我的孩子总体上是一个老实听话的孩子。学习上的事情不仅做得井井有条，有时还能利用课余时间帮助我做一做家务，这一点让我很欣慰。但是人无完人，她也有不足。有一次，她说作业写完了，我便随意翻阅一下，却发现她有几道错题还没有改，于是我问她："孩子，这本上还有几道错题你怎么没改呢！"只见她漫不经心地玩着手机，不紧不慢地说："没事，反正老师明天还讲呢！"我一听，"啊！你这几道题难道不会自己改吗？""不是……""那为什么不改呢？我相信以你的水平改对没问题。"听了我一连串的询问加激励的话语，她放下了手机，乖乖地回房间改错

107

题去了，不一会儿她拿着本出来，我一看全改对了。我便对她和蔼地说："孩子，有错题一定要改过来，学习上可不能偷懒，得过且过。"

面对孩子有时会出现的惰性与贪玩思想，我也曾经强硬地训斥过，但收效甚微。作为家长若长期采取强制性管理，孩子是不能全盘接受的。于是，为了彻底杜绝孩子的这种情况，我在吃饭时，有意识地给孩子讲述了"囊萤映雪"的故事。

我家孩子从小就喜欢听故事。"囊萤映雪"这则成语说的是晋代时，车胤从小好学不倦，但因家境贫困，父亲无法为他提供良好的学习环境。为了维持温饱，没有多余的钱买灯油供他晚上读书。为此，他在夏天的一个晚上，把许多萤火虫集中在一起，放入白绢口袋，借此光亮读书的事，"映雪"与"囊萤"情节相仿，讲的是晋代孙康利用雪映出的光亮在冬天夜里刻苦读书，后用"囊萤映雪"比喻家境贫苦，但仍旧勤学苦读的人。这个故事，生动引人，通过故事内容反映出古人刻苦读书的品质。现在的孩子普遍吃不了苦，缺乏努力学习的精神。我的孩子恰恰在学习上也缺少这种韧劲儿。针对自己孩子身上的问题，我经常鼓励她说别人能做到的你也能，别人做不到的只要你努力了，即使做不到你也是最棒的。学习上只要不怕吃苦，你就一定能实现自己的目标。当然在孩子的成长过程中，也需要父母的直接参与，借古人刻苦读书的事例教育孩子，不但能够给孩子充足的关爱，培养孩子的情商，而且在不知不觉中将榜样的形象根植于孩子的心中，为他们的未来发展发挥导向作用。

中国古代大圣人孟子说："天将降大任于斯人也，必先苦其心志，劳其筋骨，饿其体肤，空乏其身……增益其所不能。"勤俭刻苦，是一个人立身处事、立足社会的根本，永远不会过时。现实生活中，不少孩子怕吃苦，或是因为贪玩，耽误了学习，我想在日常的生活中，家长要把过量的呵护降温，对待孩子更理智一些，不让孩子感觉他在家里是众人关注的中心。学习上一方面帮助孩子讲清利害关系，端正学习态度；

另一方面在孩子学习的道路上，家长要起到榜样与监督的作用 。在孩子学习的道路上鼓励其积极进取，自小就要让孩子懂得"对任何一件事情，要么不做，要做就一定要做好"，并努力去实践，把这种精神散播到各个方面中去，帮助孩子走向成功。

现代社会的竞争，不仅仅是知识和智能的较量，还有意志和毅力的较量，没有吃苦的精神，是不可能在激烈的竞争中获胜的。孩子是家庭的希望，是祖国的未来，作为家长要做孩子最亲密的朋友，在孩子的成长道路上，为他指路照明，告诉孩子"刻苦、勤奋是成才的第一秘诀"，鼓励孩子们成为一个不怕吃苦、意志力坚强的人。

立德修身　勤学善思

北京市西城区青少年科学技术馆馆长　郭建华

古有云：人必有家，家必有训。中国这个具有光辉历史的文明古国礼仪之邦，一直以重视"家教"闻名于世。纵观历史，中国人的家训智慧，源远流长，从先秦到明清，从散文到格言，从帝王将相到布衣平民，可谓汗牛充栋，不胜枚举。

"家和万事兴"，中国人爱家重家，尤其珍爱自家的名誉，而家教、家风正是这种名誉的体现。家训可谓是具有浓郁中国特色的一种文化存在，是一部中国人治家的教科书。然而，历史在前进，时代在发展，社会在进步，随着现代家庭模式的建立，中国古代传统庭院式家庭教育方式已不复存在，那么，古代家训的传承、现代家风的培养对于今天的中国是否还有存在的必要？我想答案当然是肯定的。正所谓"修身、齐家、治国、平天下"，足见家训、家风、家庭氛围对一个人成长的重要意义，对提高国民素质，道德修养，从而促进社会进步与和谐有着不可低估的作用。

诚然，中国家训是中国人教育子孙的读本，是家风形成的基石与准则。中华上下五千年，忠厚传家久，诗书继世长的思想亘古不变，他们所蕴含的道理以及中国人固有的勤劳、简朴、和顺、谦卑、亲疏远近、长幼有序的精神值得后人传承与学习。但是，泱泱大国，从奴隶社会到封建社会再到新中国的建立，每个时期的家训与家风的形成都烙有鲜明的时代印记，我们要审时度势地看待古代家训，加以传承、创新，赋予它时代的意义。

无一例外，一个人自孩童时期至长大成人，除了来自于社会、学校的教育之外，更多的来自于家庭，而父母便是孩子的第一任教师。我来自一个传统的中国家庭，父慈子孝、兄友弟恭，崇尚"礼乐""仁和"，在众多的家训中，对我影响最为深远的有以下三项。

其一，立德修身乃处世立业之本。从幼童至现今已快步入耳顺之年的我，一路走来，立德修身的思想不断鞭策、激励着自己。正所谓：百善孝为先。从古至今，孝感动天的故事比比皆是，自小也是在这样的故事中成长起来的，随着自己年龄的不断增长，社会阅历的不断提升，对自己孩子的教育过程中，更加深刻体会到父母含辛茹苦的付出，如今，我们都已成家，有了各自的事业，在追逐自己梦想的过程中，我们的父母也在渐渐老去，望着他们爬满皱纹的脸颊，充满慈爱的眼神，心酸的感觉常常涌上心头。我想，如今对父母最大的孝顺便是陪伴，现在的人往往因为工作繁忙、压力大，就忽略了对父母的陪伴。不管工作有多么繁重，我都会尽可能抽出时间陪伴在父母左右，挽着他们手遛遛弯儿，聊聊天，就像小时候，他们牵着我到处走一样。即便是工作繁忙的时候，每天与父母通个电话，也是对他们最大的安慰，告诉他们我们很好，叮嘱他们注意身体，这些再普通不过的小事，在父母心里也可能成为他们最大的慰藉。而今的我，身为一名教育工作者，通常将孝道这种最淳朴的价值观念、最古老的道德准则、最基本的社会认同融入教育教学过程中，并用自身的行为在潜移默化中影响孩子们崇尚礼仪，崇尚孝道，倡导莘莘学子崇德修身，引领正气。

提到正气，不得不说，这也是个人德行的重要体现之一，也是从小父母口中不断的"唠叨"。所谓"人正为贵"，作为一名共产党员、领导干部必须坚持树立和发扬正气，以抵挡以权谋私、拜金主义、享乐主义、极端个人主义歪风的滋长。我想能够自觉坚持"人正为贵"，正是自小受家训影响的结果。

其二，做人要老实本分，做事要踏实肯干。这是自小父母告诉我们的做人道理。可以说，他们给了我很好的榜样力量。例如：母亲工作时期是在银行工作，那时的对账不像现在是计算机统计，而是靠算盘珠来统计一天中的几百笔账目。记得有一次账目出现两分钱的差账，母亲在发着高烧的情况下一直坚持工作到深夜，才将两分钱的差账对平，回家后我对母亲说就两分钱的差账，不算什么，干吗劳那么大的神呀！可母亲严肃地对我讲，在银行工作面对国家财产一分钱都不能出现差错，这是工作的职责，必须诚实本分，认认真真对待，踏实勤奋地做好每一件事。俗话说：身教重于言教，实际行动很重要，就是在他们认认真真、勤勤恳恳、兢兢业业努力工作精神的影响下，步入工作岗位的我将自己的满腔热情和责任心全部投入教育工作中，从不计较个人的得与失。例如：科技馆作为一个为国家培养科技创新后备人才的基地，办馆的方向举足轻重，作为馆长，我感到肩负着一份沉甸甸的担子——建设一个高水平的现代化的科技馆，为全区青少年的科技梦想插上翅膀。

"新科技馆怎么建？硬件要什么规格？软件要有什么内涵？文化氛围要有什么特色？……"六年，七十多个月，两千多天，围绕着这些问题，一遍遍和教职工、设计单位研讨、分析、制定方案，一遍遍论证、一遍遍推敲……记得当时就科技馆建设信息化项目工作，为了很好地确定这个项目的可行性和科学性，我和大家一同参观考察现代化公司、请教专家，一次次研讨、一次次验证、一次次地核准数据，仅这一个项目方案就和大家连续奋战了7个日夜。但看到科技馆的建设已具规模，兴奋、幸福的感觉溢于言表，所有付出与辛劳都是值得的。这也更是老实本分，踏实肯干的家训在我身上的体现。

记得还有一次我馆举办为期七期，参与人数多达573人的"智者生存"定向越野冬令营，从活动的策划、筹备、实施每个环节我都亲自参加指导与制定，用我的所学、所闻把握总体方向，用我多年开展教育活动的理念掌握动态，力求用我对教育事业的热情感染着每一位参与的教职工。每当听到教职工有畏难情绪时，我希望我可以成为他们的及时雨，每当他们遇到棘手困难时，我希望我可以成为他们的锦囊妙计。在学生活动过程中，我和老师们一起照顾学生，给学生添饭盛汤，整队、带队，有学生出现的地方就是我的工作岗位，没有所谓的馆长与教师的区别。我和所有的老师一样，关注着孩子们的安全与健康，关注着教育带来的效果。这就是我们的职责意识。

记得当时为了保证在活动中孩子们能学好、吃好、住好，为了掌握第一手材料，我发着高烧依然坚持到现场进行勘察，为了不影响进度耽误时间，我一直坚持在工作的最前线，我希望，我的行为可以影响到身边的老师，用我的力量带动、感染大家，投身我们所钟爱的教育事业。这同样是母亲榜样的激励体现。

其三，要勤学善思，多读书。父母告诉我们认真学习的重要，教育我们时刻不忘知识改变命运的道理。大学毕业后，我毅然投身于自己热爱的教育事业，从一名普通的人民教师做起，秉承自己的家训，希望借助教师这个神圣的职业，传播知识的种子，希望更多孩子的命运得以改变，不知不觉中，我已在教育系统奋战数十载，也从一名普通的教师成长为一名教育管理者。虽岁月更迭，但不忘初心。无论是从事一线教师工作还是现在作为教育的管理者，我深刻体会到与时俱进、终身学习、教学相长对于一名教育工作者的影响。随着社会文明的不断发展，社会科技信息与技术的日新月异，要紧跟时代潮流，才能引领广大的教职工以及孩子们在知识的道路上越走越远。工作中我始终坚信"业精于勤而荒于嬉"的道理，只有不断学习，随时充电，方能保证思想内涵与业务水平的先进性，以更好的状态充满自信的投入到工作中去。

生活中，要求自己制订好个人自修学习计划表，并详细记录自己在学习中遇到的困难以及今后要努力的方向，随时记录学习心得及感悟。例如：要求自己多动脑、勤动笔，大量阅读科技类期刊、杂志，随时了解科技的最新发展与动态，让自己的思想始终活跃在科技的前沿，并在学习中不断向有经验的专家、老师请教，认真做好记录，督促自己在一年的时间内至少完成三本业务类文献的阅读，并做好笔记，督促自己积极参加教研活动。正是在这样的不断坚持与努力下，我主编、参编的专业教材及科普读物有十余本，其中有的专业统编教材荣获北京市教育优秀成果奖，我个人获得国家级考评委员资格。我想这与家风的教育是分不开的。

科技馆像一个大家庭，这个大家庭的内涵建设及如何形成良好的馆风至关重要。作为一名教育管理者，在创建学习型组织的工作中，突显了勤学善思、著书立说的内涵式发展建设。俗话说：宝剑锋从磨砺出，梅花香自苦寒来。我们有三名青年教师先后在全国青少年科技创新大赛中荣获十佳科技辅导员称号，广大教师共编辑出版专业成果书籍近三十本。我希望在自己的帮助与带领下，让更多的青年教师成为传播知识的使者，让更多人因为知识而改变自己的命运。我现在所做的不仅仅是对知识的传承，更是向对我影响颇深的家风的致敬与传承。

曾有人把人生比作一次旅程，那么家是温暖的驿站，家风则是保障一切美好的基础，在我迷茫的时候，想一想，总会感慨万千，收获颇丰。

"勤劳"之为家风

北京市第六十二中学校长　李林英

简单地讲，家风就是一个家庭或家族的传统风尚。从社会层面而言，家风是一个个小家对社会主义核心价值观的诠释，其承载着浓浓的家国情。

"勤劳"不仅是美德，更是一种文化——中华民族特有的文化。从中国五千年的历史长河中，随处都可撷取有关勤劳的文句。如《易经》载"天行健，君子以自强不息"之句，韩愈言"业精于勤而荒于嬉"，《尚书》有"克勤于邦，克俭于家"之句。可以说，智慧的中华民族创造的光辉灿烂的历史文化，留下的灿若群星、独具特色的文化遗产都是劳动人民辛勤劳动的硕果。勤劳已然深入中国文化当中，世代影响着人们的价值观念和生活方式。

随着科技文明的发展，社会现代化程度不断地提高，人类的物质生活越来越富足。可是在物质极端丰富的当下，有些人的精神世界却变得苍白。有的年轻人宁愿做啃老族，也不肯出来自食其力；有的做着一夜成名的明星梦，却不愿付出辛苦；有的热衷于取巧，耍小聪明，把"智慧"都用到如何享受；有的只会夸夸其谈，纸上谈兵，就是不付诸行动，永远都是说的比做的好听……物质的丰富让人们获得了满足，却也导致一些人好逸恶劳、懒惰成性。当然也有人认为，勤劳是农耕文明时期人们的无奈之举，而现在已经进入现代社会，生产现代化的实现自不必像以往那样辛勤劳动了。

诚然，随着科学技术的进步，人们简单的体力劳动会越来越少，但是，人是一切发展的基础，科技进步需要人来发挥主观能动性去创新和推动。劳动光荣、创造伟大是对人类文明进步规律的重要诠释。中华民族是勤于劳动、善于创造的民族。正是因为劳动创造，我们才拥有了历史的灿烂辉煌；也正是因为劳动创造，我们才拥有了今天的巨大成就。

一家之风在于勤劳，一国之风亦在于勤劳。作为一名劳动者应传承且发扬勤劳之优良美德。习总书记在"五一"国际劳动节的讲话中已明确指出，全社会应弘扬劳模精神，弘扬劳动精神，弘扬我国工人阶级和广大劳动群众的伟大品格。一切劳动，无论是体力劳动还是脑力劳动，都值得尊重和鼓励；一切创造，无论是个人创造还是集体创造，都值得尊重和鼓励。社会都要以辛勤劳动为荣、以好逸恶劳为耻，任何时候任何人都不能看不起普通劳动者，都不能贪图不劳而获的生活。所以，勤劳之美德仍是我们这个时代所提倡的。

时代之美德，自当时代之宣扬。CCTV 热播的纪录片《大国工匠》用镜头向我们展示当代普通而又不平凡的辛勤劳动者——八位拥有顶尖技术的一线技术工人。片中这八位不同岗位普通劳动者成功之路不是进名牌大学、拿耀眼文凭，而是默默坚守，孜孜以求，在平凡岗位上，追求职业技能的完美和极致。他们文化不同，年龄有别，但都拥有一个共同的闪光点——热爱本职、敬业勤劳。他们技艺精湛，有人能在牛皮纸一样薄的钢板上焊接而不出现一丝漏点，有人能把密封精度控制在头发丝的五十分之一，还有人检测手感堪比 X 光般精准，令人叹服。他们之所以能够匠心筑梦，凭的是传承和钻研，靠的是专注与磨砺。他们是当代劳动者典范，诠释了勤劳的内涵。中国作为一个制造业大国，我们的工匠依旧保有勤劳的精神，而我们却忽视了这种精神的存在。这部纪录片不仅向国人展示了普通劳动者的精湛技艺，更让工匠精神在全社会形成一种共识，使其成为中国制造的内在支撑。

八位大国工匠乐业敬业，我们每个人也应将其转化为内心的力量，做到爱岗敬业、争创一流，艰苦奋斗、勇于创新，淡泊名利、甘于奉献。一国是一家，一校亦是一家。作为一名校长，我将"勤奋"作为我校的校训之一，希望学生能够从小热爱劳动，勤奋学习，懂得劳动是做人、立身、安家、兴邦的根本。

天道酬勤，勤能补拙。中华民族具有勤劳的优良传统，是我们得天独厚的精神财富，但更需要我们很好地继承和发扬。愿我们一同谨记勤劳的传统美德，将其内化于心，修成内美，筑就中华民族伟大复兴之中国梦。

亲情篇

家谱的故事

北京市第二一四中学教师　李经启

对于一个久居城市的人，故乡的一切仿佛如一张发旧的照片，在岁月的风尘里渐渐模糊，唯有联系人们血脉的东西一直以其特定的方式存在着。

过年的时候我回到了故乡，一家人聚到一起，其乐融融。觥筹交错之中，爷爷红光满面，显得异常高兴。我也忘记了所谓的烦恼，和大家一起共享欢乐。晚餐过后，爷爷去书房看书，这是他几十年的好习惯。我闲来无事，就来到了爷爷的书房。

爷爷见我到来，边扶眼镜边说："来来，我正想找你做点事情。"

"什么事您说。"

"你来看，"爷爷拿起手边的一本有些残破的书，"爷爷我年纪大了，眼睛也不好使。这是我们的家谱，我在整理它，等我整理好了，我想你能不能在电脑上打出来，我听说电脑能把这些东西好好存着。"爷爷一边说，一遍翻阅着那本书。

我看了看那本书，脸上露出难色，厚厚的一沓纸张，打印出来要耗费大量的时间和精力。

爷爷看我有些为难，就说："你是咱们李家下一代的根，如今又在外面生活，如果不去整理，我怕这些东西就丢了。"

我没思考便说："如今都新时代了，这些东西都过时了，您别费时间整理了，没人看的。"

"胡说。"爷爷大吼一声，似乎很生气。

我有些震惊，做了一辈子教师的爷爷依然拥有当年的威严，他板起脸，神情严肃，仿佛我就是一个犯了错误的学生。

爷爷用浑厚略有些苍老的声音一字一句的说："我们讲究'家国一体'。'家'是一个更小的'国'，'国'是一个更大的'家'。家和国是相辅相成，没有家就组不成国，没有国就没有家。家是什么，就是你的根。这次让你整理家谱就是为了让你记住你的根，也是为了传承我们家的家风。你在外面打拼，不管走到哪里，都要记住自己的根，记住我们老李家'诚实有信、勤俭持家，积善成德、温和敦厚'的家风，只有这样，你才不会迷失，才能找到回家的路。"

爷爷说的有些激动，我赶忙扶着爷爷坐下，又去倒了一杯水。我看着爷爷说："您说得对，我一定好好整理咱们的家谱。"

于是，我开始翻阅那本有些破旧的家谱，上面的纸张已经失去了本来的颜色，那发黄的文字记载着我们祖先的印迹："李氏一门，先祖李广照，字普明，于明朝初年迁出山西省洪洞县，迁居河南省考城县，后于此繁衍子孙十八祖。我祖系十八祖二门一脉，先祖迁于林七县东南三里黄河故道，繁衍生息。前祖长相、性情大致相同。其体格高大，面目长方；其性格直爽，忠诚勤劳，崇礼好义，寡言善行。后子孙随时间流转，散居于黄河故道两岸附近，居此繁衍至十八世……"再往下翻，我看到了祖训。读完后我心情久久不能平静。

摘录如下：

"广安锦邦俊

神州英华训

藏希应连润

道德经传久

东来世泽长

家风

> 一样同复本
>
> 何数庆法详
>
> 乾坤正气立
>
> 作为永称奇
>
> 继承祖先志
>
> 礼义宗洁积"

　　我的祖辈，正是在这样祖训的指引下，用智慧的大脑、勤劳的双手开创出属于自己的幸福生活，为小家和大家贡献着自己的一切。

　　那一次，我跟爷爷聊了很久，也想了很多。在接下来的日子里，我用电脑认真整理了家谱。一页页的纸上跳动的是我们祖先的脉搏，祖辈们沉淀下来的忠诚勤劳、崇礼好义、寡言善行等品格贯穿于李家每一个成员的心中。它们随着时代的变化被赋予更加深刻的内容，到爷爷这一代形成了"诚实有信、勤俭持家，积善成德、温和敦厚"的家风。我想，随着时代的发展，它们会不断地被赋予新的涵义，被更多的李家儿女所接受并发扬光大。我一定要像我的祖先一样，做一个忠诚勤劳，明礼诚信的人，在自己的工作岗位上作出应有的贡献，为教育事业奉献自己的青春和热血。

　　家风是一个家族在不断繁衍的过程中形成的一种相对稳定的生活方式、为人处世、文化传递等的总和，它会潜移默化地影响家庭里的每一个成员。它离不开时代的印迹，也反映着时代的精神。它们共同昭示着我们这个伟大的国家的精神诉求。良好家风是一个家的道德体现，也是实现中华民族伟大复兴中国梦的基石。

　　"国是我的国，家是我的家。我爱我的国，我爱我的家……"当我坐上开往首都方向的高铁，耳边突然想起这首熟悉的歌曲，我的思绪沿着疾驰的火车蔓延到远方……

家谱、家训承载家风

北京市财会学校教师　高秀平

"栉风沐雨"语出《庄子天下》"沐甚雨，栉疾风"，讲的是大禹治水疏通河道百千条，风梳头，雨洗发，不顾风雨辛苦奔波劳碌，安顿天下城邑万民苍生的故事。禹是大圣贤，他以身作则、身先士卒做表率，为天下事如此操劳，可谓子孙后代绝对楷模矣。"黼国黻家"语出太平天国洪仁玕《英杰归真》"天朝万万年作人之治，所由黼国黻家，天道无不彰之美；金声玉振，天理靡不畅之机"，形容国家文教之治，美如锦绣。

把这两个成语放在一起，则昭示了一个因果逻辑。试问，中华五千年文明之所以如滔滔江河绵延不绝，成为世界上唯一一个没有被历史湮灭的古老文明，且焕发出勃勃生机放射出永恒的灿烂之光，原因何在？试想，不正是祖祖辈辈千千万万个大禹，以自己立身言行、处世思想、经务态度所形成的道德传统传承给子孙后代，从而周而复始发扬光大的吗！

这种优秀传统的积淀与传承，大而言之，形成了整个民族的光辉灿烂的文化智慧的基础；小而言之，对一个家庭或家族来说，则形成了家庭或家族的风气、风格与风尚，即家风。一个民族有无数的家族组成，因此家风在优秀的传统文化中是不可或缺的组成部分。天下万民的优秀家风就形成了美如锦绣的国家文教之治。

家风的传承离不开重要的载体，那就是家谱和家训。下面说说我们

的家族故事，也许可窥见一斑。

一、家 谱

我家有一悬挂式家谱，据说距今一百多年了。家谱装裱考究，挂轴精美。虽然已经发黄，但是古朴典雅，字迹清晰。家谱中间画着层层楼阁，最上一层是搬来此地的祖先，越往下楼阁越密集，形成金字塔样的形状，代表着家族开枝散叶生息繁衍。上面记载着祖祖辈辈先人的名讳、联姻、父子传承等信息，至今已有十五代了。家谱的两边是两个条幅，写着"孝悌传家久""诗书继世长"。现在每当过年时祭祖，都要挂在堂屋正中。

我出生在"文化大革命"开始的那一年，我的童年没有关于家谱的记忆。那时正值"破四旧"，家谱早被当成"四旧"统统付之一炬了。即便如此，每年大年三十吃年夜饭之前，奶奶都会吩咐父亲用红纸写两张字条贴在墙上：天地三界之神位、三代宗亲之神位。然后在擦拭得干干净净的案子上，摆上贡品——三碟饺子（一定是头一锅，家人吃之前的），焚上香，嘴里念念有词，拜三拜，然后全家才可以吃年夜饭。这个小小的仪式充满了对天地的敬畏，对祖先的虔诚，深深烙印在我的脑海里。

"文化大革命"结束几年以后，我上初中的时候，有一年腊月二十四扫房日，家里大人扫得格外认真，还特意嘱咐我们一定扫干净，我隐约感觉有什么事情要发生。原来是要在堂屋挂家谱。家谱？我第一次听说。只见父亲搬来梯子爬到屋里顶棚上取下来一卷东西，打开层层包裹的油纸，一幅硕大的字画展现在眼前，这就是家谱了。父亲郑重其事地把它挂在墙上，还反复让母亲看看挂正了没有。接下来的几天，就是村里高姓家族的长辈们络绎不绝地来观看，甚至请来会画家谱的师傅临摹复制了若干份家谱，分发各家以备过年祭祖之用，说实话复制品显然比原件粗劣得多。大家纷纷赞叹着我奶奶的功劳，是她"文化大革命"中不声不响冒险藏起了家谱，这是全村保留下来的唯一一张。奶奶是一个裹小脚、不识字的普通农村妇女,她勤劳、淳朴、善良,有着朴素的价值观,她懂得家谱对一个家族的意义,那是一个家族的根。

二、家 训

又过了些年,人们的日子越来越好了,高氏家族的长辈们又忙着联络县域内十里八乡同宗同族,祭祖寻根。每年正月初二,各村都派若干代表聚在一起举行祭祖仪式,好不热闹。

最近几年,人们过上了小康生活,对家族子孙的传统家教也越来越重视。于是人们把渤海高氏的《高氏家训》整理出来,印发给每个家庭,张贴在家里,以示对子孙后代的教育、警醒及传承之义,起到座右铭的作用。

上面有明代高攀龙《高氏家训》:

"吾人立身天地间,只思量做得一个人,是第一义,余事都没要紧。

做好人,眼前觉得不便宜,总算来是大便宜。做不好人,眼前觉得便宜,总算来是大不便宜。千古以来,成败昭然。如何迷人,尚不觉悟,真是可哀!吾为子孙发此真切诚恳之语,不可草草看过。

以孝悌为本,以忠信为主,以廉洁为先,以诚实为要。临事让人一步,自有余地;临财放宽一分,自有余味。

善须是积,今日积,明日积,积小便大。一念之差,一言之差,一事之差,有因而丧身亡家者,岂不可畏也!"

另有高氏的立祖纪事,上有"莫道名高与爵贵,须知子孝和妻贤"的警示语。

最后是高氏字辈排序:孝祖先兴义,起名照序来,群众保长久,万

世德光荣，宗福如东海，文武大家庭。按辈分我应该在"众"字辈，只是出生的年代不按家谱起名了。

去年过年回家乡，第一次看到家训，我竟爱不释手，一口气读了好几遍。古语云"遗儿千秋富贵，莫若良言一句"。细细体味先祖箴言，字字珠玑，于吾辈乃立身立言做人做事之根本，是无价的宝贵财富，理当奉为座右铭，发扬光大矣。

仔细思量，由于"文化大革命"原因，不挂家谱了，见不着有形的文字家训了，但在我的成长过程中，却处处有《家训》的影子，它蕴含在长辈们的言传身教中。记得小时候老人总是教导：做事先做人、吃亏是福、诚实守信、宽容善良、敬老爱幼……他们讲不出很多的道理，更多是以这样的处世方式，默默影响着下一代。

这就是我们家族的家风。在这片出过汉代大儒、唐代大诗人，有巍巍古塔俯瞰，汤汤运河环绕的土地上，代代相传。其精髓处处渗透着儒家"修身、齐家、治国、平天下"的道德伦理，其中重在"修身"，它是"齐家""治国"和"平天下"的前提。传统的家风家教更注重子女的"修身"，而不是单纯知识的学习，因此更具影响力，这些终将沉淀在子子孙孙的血液里，繁衍传承，生生不息。

在中华大地上，这些家风汇聚成民族的文化智慧理性之光，绵延不息。栉风沐雨，黼国黻家。

家风之源、流、续

北京市三帆中学教师　曾元春

> 曾祖父的为人处世为家风建设奠定基础，它就像大楼的地基一样重要。
>
> ——题记

一、家风的源头

当年父亲的爷爷从广东迁徙到四川，用箩筐挑着我的父亲和伯伯，走了3天2夜，到达四川盐源县洼里乡，四川省西部横断山区，至今不通公路，一个极为偏僻的山村。安身立命，繁衍生息，转眼已经是第五代了。

洼里出产黄金，曾是有名的金山。矿业发达，矿主发财，国民党统治时期，虽有国家采金局驻扎，但是矿业私有，贫富差距巨大，江湖各色人员混杂其中。成都历史故事"洼里的黄金梦"传说1913年，发现了金娃娃，围绕追缴黄金展开惊心动魄的故事，最终结果——省府侦缉队虽未抓住叶焕文，却弄清巨金产地的具体位置，并逮捕了分得十二斤半金块的叶松亭夫妇，收缴还剩下的七斤半大块金子带回省府，后来被送到巴拿马参加世界博览会。

曾祖父和两个儿子，没有靠挖金子富裕起来，而是组织家庭成员砍柴、种地，在当地开碾坊、做买卖，两代人经营多年，经济实力渐强，房屋修葺成片，几乎成一街道。政治上与地方势力相互依靠支持，成为

127

乡长。曾祖父为人公道仗义，对恶霸势力敢说不，敢出手，敢动刀，势力雄霸一方，他进过国民党监狱。漂流到洼里的外乡人在当地受欺负，曾祖父自掏腰包，送外乡人返家。曾祖父为人大方、仗义，虽有钱有势，但积极进步，不反动。曾祖父虽历经历史风云，传奇一生，但是他品质善良，勤劳智慧。他立身处世的准则，为人处世的方式，彪炳史册，成为曾家后世楷模。

勤劳是曾家发家的根源，靠自己是发家的信念。也可能是地处穷乡僻壤，经济积累没有到"衣来伸手饭来张口"的地步，子孙没有懒惰、好逸恶劳的。所以父亲兄弟姊妹都会做家务，我的大伯伯、叔叔至今下地劳动，种庄稼，是标准的中国农民。

直到父亲及其姊妹成年，嫁娶婚姻，纷纷组织了自己的家庭。八个大家庭，以及我们这一代 24 个小家庭，孝敬老人，养育子女，无作奸犯科，无游手好闲。家家平安，家家和睦。

二、父亲的世界

曾祖父，以身作则，身教与言传结合，注重家庭教育。曾祖父结交甚广，父亲和他的兄弟，作为孙子辈，也都听闻各种事件，见过各种人物。听《水浒》、讲《三国》，读《增广贤文》、写《四书五经》。

父亲爱好广泛，每天饭前给工友读报。通过收音机，自学歌曲，再教给大家。父亲略懂乐器，母亲生我前一天，和拉二胡的父亲还有一张合影，父亲遗传给我最好的基因，是在我童年就播下了文艺的种子。

作为家里的顶梁柱，家里的各种关系都是靠父亲来建立、维系和保持。不必说维系传统大家庭复杂的人事关系，孝敬长辈；也不必说礼待客人，对朋友仁至义尽；单说父亲对教育的重视，培育教养，使我们健康成长！

父亲的那些家教名言至今铭记，包括：在家不会迎宾客，出门方知少主人；三更灯火五更鸡，正是男儿读书时；一寸光阴一寸金，寸金难买寸光阴；黑发不知勤学早，白首方恨读书迟；一年之计在于春，一日之计在于晨，一家之计在于和，一生之计在于勤。

父亲也是一个很好的工匠，在十岁左右时，我与父亲一起拉大锯。把原木绑在家门前的大树干上，父亲在上面拉，我在下方搭把手，往下拽，银色的锯条在木头中间"穿梭"，沿着墨线切割圆木。来回反复，圆木被改成木板，用木板做成家具。

他设计的圆桌，分三部分——完全折叠起来后可以成为一条凳，半折叠后是半张圆桌，完全展开后是一张大圆桌。功能多样，还节约空间。我们四姊妹每个人选了一条凳子写上自己的名字，吃饭的时候，也不会再找凳子抢板凳，而是围坐，团圆，一家人安静吃饭。

父亲最后一次拿出他木匠手艺隆重打造家具是在 1987 年，其时我成年，到了离开父母的年龄，要结婚了。父亲挑选收集了存放多年的上好木材为我打造嫁妆，制作了大衣柜、木床、书柜、电视柜，一应俱全。这事儿对于父亲来说既有欣慰，也有不舍，那种心情很复杂的，今天想想也还是苦中有甜、甜中有苦的。

父亲的半生时光几乎处在各种极为复杂的关系中，社会转型期、"文化大革命"时期，总在风口浪尖，各种斗争的焦点，难过难熬，一言难尽，然而社会在进步，个人恩怨算得了什么，大浪淘沙，留下的都是精华。

父亲交友，以品质为上、以兴趣爱好相同为基础，朱成叔叔就是他众多朋友中的"奇葩"。

父亲和朱成叔叔是师徒关系，一起工作了 11 个年头。朱成叔叔个子高大，白白净净，不爱言语，善书法，工厂的墙上都被他写过大字，他会写各种字体：楷书、隶书、行书。上小学时，每天早上到父亲上班的木工房熬粥吃早餐，我写的铅笔字的语文作业，也被他从楷书书法的角度表扬过。

20 世纪 70 年代，阶级斗争，如火如荼。父亲在"文化大革命"中被打倒，朱成叔叔说："刚进工厂，不敢叫他'师傅'！"只保持沉默。

家 风

尽管这样，"他们"一次次动员朱成叔叔揭发父亲，要他划清界限。朱成叔叔说："他天天和木头打交道，没有什么反动言行。"朱成叔叔平常简单的话，就这样保护了父亲。

三、好家风代代传

去年，我自己也度过了半百人生，回首往事：天真的童年留下些许灰色的影子；中学逢高考，一举成功，开启红色青年时代；回想成长经历，感受到良好的家风，暖心又励志，促使你登上台阶，步步向上。

如今我的孩子，在小家中生长，却得到大家的爱护，公公婆婆，姨娘舅舅，也把她当作自己的孩子。女儿成长在爱的环境里，懂得爱，懂得感恩，懂得进步，懂得自立。正如当初父亲走出大山，正如当年我走进城市，如今女儿也阔步走向世界。唯愿良好家风代代传，一代更比一代强。

温亲和敬善济：奶奶的内在力量

北京市铁路第二中学教师　董润清

　　每次路过花卉市场，在大束大束的白色菊花旁，看到精巧搭配的一些康乃馨和满天星，素雅清淡，总会莫名驻足，怀念天堂里安详熟睡的奶奶……

　　一直以来，我从未感觉到奶奶真正地离开我们，甚至很多时候我总觉得她就在我们身边，用她老人家独特的温暖带给我们整个家族前进的力量。

一、勤俭持家，温煦亲邻

　　这是奶奶留给我们的第一笔财富。它深深地印刻在我们家族的每一个人心中，并在我们世代传承中形成了一种较为稳定的道德规范和生活方式，成为我们的道德力量。

　　儿时的记忆里，一家人每日清晨早起。勤劳的奶奶收拾屋子，正直的父亲清扫庭院，温和的母亲生火做饭，我和哥哥读书写字。时至今日，父母每天5点钟还是准时起床，勤于劳作；7岁的女儿也是在不知不觉中养成了早起的习惯，喜欢晨读，专注的模样时常让我忆起当年……那时家里条件并不富裕，奶奶一直勤俭持家，日常所需基本都是自给自足，很少有额外的开销。奶奶时常告诉我们：生活不容易，要懂得勤劳和节俭，也要懂得珍惜。后来读"朱子家训"：一粥一饭，当思来处不易；半丝半缕，恒念物力维艰。更深刻体会到奶奶勤俭持家的深

意！有一次看见母亲不小心把米粒撒在院子里，父亲急忙低头一粒一粒地细心帮着捡了起来，这样的画面一直在我的脑海里重现。那时候只有过年，我们才会增添新衣，穿在身上，高兴得不得了。而现在各方面条件都好起来了，但我也时常告诫自己的孩子：勤以修身，俭以养德。很多时候物欲的膨胀容易让人迷失方向，殊不知化繁为简，褪去繁华，才会更容易照顾到人的本心。更何况"由俭入奢易，由奢入俭难"！勤俭节约作为中华民族的传统美德，对于我们家族来说，它既是一种持久的习惯，也是一种永续的力量。

奶奶端庄高贵，出身于一个庞大的曲姓家族。因为奶奶的姐姐去世早，族里事务都由奶奶接管。大事小情、红白喜事自是少不了她的主持。记忆里，家里的客人一直不断，无论哪家亲戚旁枝路过家门口，都会来探望她老人家，聊聊奶奶曾经给予的关怀和帮助，致谢离去。奶奶这种"温煦亲邻"的特点被我们很好地传承下来，无论身居何处，都竭尽全力去帮助自己身边的亲戚、邻居和朋友，排人之忧，解人之困。

二、以和为贵，孝亲敬长

这是奶奶留给我们的第二笔财富。人心和善、家庭和睦、孝敬父母、尊重长辈，这些家规一直是我们规范自己和家人行为的道德准则。

奶奶时常跟我们说：家和万事兴。只有家庭和睦，减少内部消耗，才会将日子经营好。一家人，相互体谅、相互包容、相互扶持、相互支撑，才能够把日子过得美满幸福。事过多年，母亲每每提及奶奶在世同住的日子，婆媳之间从未发生过口角之争，母亲说主要是因为奶奶和善可亲、处事公允。而这种"以和为贵"的相处之道又延续到母亲和现在的嫂嫂之间。奶奶说：与人相处，贵在和气，这既是一种做人的涵养，也是一种胸怀。在我的记忆里奶奶永远是端庄、心慈、平和的大家闺秀，一双明亮的眼睛充满智慧。每逢家里来了客人，她马上把围裙一抖，整理妆容、起身相迎，永远是梳的一丝不乱的发髻，整洁、干净的衣裙，和蔼、慈善的面庞，心如明镜般平和地处理人和事。奶奶"以和为贵"的行为方式为我们日后处理人际关系平添了一份宝贵的尊重、理解、宽容与和气。

说来也奇怪，我并没有看到奶奶是如何教诲父亲孝亲敬长的，记忆里的奶奶谨言慎行，多数时扮演的是倾听的角色。但父亲对奶奶永远都是毕恭毕敬、孝顺至极。想来是因长期的主事，掷地有声，使慈爱的奶奶平添了几分威严。父亲本身是个急脾气，做任何事情要求都比较高，哥哥如果没有达到标准，他会很严厉地批评，但如果哥哥躲在奶奶背后，他是从来都不会发火的，因为他担心奶奶生气。也因此，淘气的哥哥逃过了一劫又一劫。但也是在这样的过程中我和哥哥学会了在任何情况下都要尊重长辈、克制情绪、理智处事。事实上，"孝亲敬长"的做人原则在我和父母同住的八年里发挥了巨大的积极作用，更是在潜移默化中影响着我们的下一代。

三、自立自强，善济四方

这是奶奶留给我们的第三笔财富。"穷则独善其身，达则兼济天下"，奶奶一生坎坷，心中却沟壑万千。在最艰难困苦的日子里她独当一面，自立自强。生活中与人为善，广施恩泽，这也使她老人家成为我们精神世界里的楷模。

据说奶奶嫁给爷爷的时候，郎才女貌，相敬如宾。同样是地主家庭出身，爷爷不喜管事，好读书，是当年整个区县唯一的师范状元。也因此，奶奶即使在日后贫穷、拮据的日子里也不忘给我们创造条件读书、督促学习。后来爷爷当国兵献血时不幸感染去世，从此家道中落。奶奶一个人将三个孩子抚养成人，期间经土改批斗，由于成分不好，奶奶挨了不少"打"。每每说起这些事情，奶奶总会轻描淡写，一笑而过。尽管命运多舛，奶奶却将生活打理得井井有条。

20 世纪 80 年代初期，国家实行家庭联产承包责任制，我们家分

到了最不好看管的一块土地——一大部分都在村子里，没有人要，鸡、鸭、鹅、牲畜都会经常光顾、糟蹋庄稼。奶奶领着父母趟过"伊通河"到"龙岗山"上砍来小树枝，把整块地圈起来，恰土地肥力十足，后来成就了父亲县劳动模范的美名。父亲谈及此事总说：无论遇到什么样的事情，只要你想办法，不放弃，努力拼搏，即使是坏事也会变成好事！

乐善好施是善良、慈爱的奶奶深入骨髓的一种特质，因为奶奶广见博识，处变不惊，所以很多事情她处理起来都能迎刃而解。也因此，总有人来请奶奶主持大局。真的挺难以想象裹成三寸金莲的小脚走起路来怎么能那样轻快！只要有人来请她，十里八里地、翻山越岭、爬桥过河对她来说都不是件难事，她还帮着抚养了很多孩子，最长的有八年。母亲说：当年奶奶喂给孩子们的玉米粥是用小勺一点一点细心掂出来的玉米油。细心至极！

医卜之术是奶奶的长项，奶奶接生过无数个孩子，一天大半夜里，有人狂敲大门，喊着奶奶快去旁边的村子救人。奶奶急忙穿上衣服，父亲担心：听说去医院了，但医生接生不了，您若去了也不行怎么办？奶奶说：管不了那么多了，能保住谁先保谁。我趴在被窝里，感觉到气氛的凝重，一晚迷迷糊糊，早晨看到奶奶满脸倦意地回来——母子平安！若干年后，这家人还经常探望奶奶。"善济四方"是奶奶一生不变的情怀，它在我的父母那里得到了充分的延续，又间接地影响着哥哥和我，使我们的心灵深处总有一份悲悯与仁爱。

现如今，我和哥哥都已成家立业，但每每提及奶奶的治家有方和奶奶的为人之道，内心还是满生敬意。她让我们承载了祖祖辈辈对后代的希望，也承载了中华民族优良的民族之风！她留给我们的做人涵养，让我们找到自己内心深处不变的温暖，找到属于自己的真正的人生价值和秩序，成为我们不断前进的力量。

刚强严慈：父亲留下的爱

北京第二实验小学玉桃园分校教师　刘春兰

《山花烂漫》是父亲留给我最珍贵的一本书，这是以父亲的老战友、原武警部队副司令员黄英夫为原型的作品。

黄老把这本书送给父亲，希望让我们这一代人通过这本书了解红军、了解革命。父亲要求我们子女每人都要读这本书，说吃水不忘挖井人，我当时只草草地看了下内容提要。

2007 年 9 月父亲去世前曾嘱托，他不能去看黄老了，让我们一定去看。但是考虑黄老年事已高，我不知怎么告诉他父亲去世的消息，一来二去，错过了时间。2010 年 11 月 2 日，黄老因病医治无效在北京逝世。接到消息，我很内疚，才开始用心从头到尾把《山花烂漫》这本书读完。品读完这本记载红军战士在革命道路上成长的近乎传记的小说，我深深感到，父亲虽然没有留下丰厚的财富，但是却留给我们做人的道理。读这本书，就像又听到父亲朴实无华的话语；看到这本书，好像看到了父亲，我感到亲切，有力量。感谢父亲，感谢父辈，留给我无尽的宝藏。

以后的若干年，这本书一直伴随着我，促使我在工作和生活的道路上勇于担当，不怕困难，我的小家庭也在普通的生活中保持向上的阳光心态，珍惜今天的和平日子，用心感悟生活，拥抱生活。

对于下一代，父亲从不娇宠，他要求我们家男孩子，要么当兵，要么上大学，而且当兵必须入党，否则不得离开部队。我侄子当了兵，并

按照父亲嘱咐，不搞特殊，侄子新兵训练中受到嘉奖，第一封信就是写给爷爷的，汇报他的情况，侄子从军期间也不让我们去探望，从这些细微之处，体现了孩子对部队集体的热爱。陆陆续续，许多战士复员回家，侄子因为组织问题没解决，不敢提复员的事，直到在部队入了党，受到嘉奖，真正得到了锻炼，才回到地方。

我的儿子没有按照父亲的要求进部队或者进军校，当时父亲有点失望，后来看到孩子考入大学，心情才稍有好转。父亲去世后，我的孩子很有心，在大学毕业后不久，到国外继续学习，他希望九泉下的外祖父能够放心，没进部队的他依然很优秀。

作为父亲的子女，我们的工作都很普通，父亲从来不会为我们提供任何工作上的方便，正因为如此，我们在工作单位中，都能够单打独斗，勇挑重担，努力进步，提升自己。

父亲的生活态度乐观积极，影响着我们，每个子女的小家都很温馨，家庭之间、子女之间团结和睦。女儿孝敬公婆，儿子善待岳父母，我们得到认可，我的小家曾被评为模范家庭。

我的娘家，如同一个兵营，曾经的居住情况足以说明我们兄弟姐妹的团结友好。最初，父母和小姐姐一家同吃同住，小姐姐照顾父母；后来，长姐搬迁，周转过程中和小姐姐一家合住一年，同吃同住；父亲落实政策后哥哥从新疆回京，暂时和小姐姐一家同住一年多，同吃同住；为了防震，我和小姐姐一家合住一段时间。邻居们说我家就是一个兵营，住着流水的兵，而我们自己感受到的就是家的温暖。同吃同住，看起来简单，其实蕴含了我们每个家庭成员的包容和付出，蕴含了每个家人的良好品格，蕴含了我们家的良好家风，这种家风在父母去世后，一直传承。使我们和我们下一代都受益匪浅。

我们兄弟姊妹之间，包括我们的孩子之间，非常和谐，我们有"我爱我家"的家庭QQ群，生活上互相帮助，工作上互相提醒，我们有"家人"微信群，随时交流生活点滴，谁家有事了，大家一起帮忙。哪家有高兴的事，我们一起分享，每年的春节，我们团聚一起，组织家庭春晚，每家每户，每一个人，展示自己的歌唱舞蹈等才艺，奏响幸福家园的乐章。

我们的孩子都很自立，从不养尊处优，从不依仗家里的优势任意妄为，孩子们分别在编辑部、律师事务所、医院、信息技术部各个部门，承担不同的工作，而且都很优秀。

我们这一代就都是备受赞许的家庭，发展到下一代依然传承家里的好声誉，好家风，严格的家庭教育给我们带来了无限的快乐和自豪。

父亲留给我们的是精神财富，他一生充满传奇，留下了一本书，留下一种精神，告诉我们幸福来之不易，要知道吃水不忘挖井人，要珍惜幸福生活，要学会怎样做人，我们在父亲的教诲下成长，性格坚韧不屈，自强自立，家风至今依然被邻里传颂赞许。我们感激父亲，感激在我们成长的路上，父亲给予的精神引导、严格要求，我们永远为自己的父亲自豪。

一个家庭就是社会的一个细胞，家家有爱，社会才会安定团结，传承好的家风，是我们的责任，我们将秉承前辈的教诲和持家风范，把小家营造得更加美满，共同实现我们的中国梦，让家家有爱，人人幸福。

俺娘刘中荣

北京市实验职业学校教师　王爱武

一

个头中等，身材偏瘦，脸盘稍小，皱纹满面，目光柔和。

双手长满老茧，动作却非常麻利；裹着一双小脚，走路却比一般人都快。

一辈子没读过书，斗大的字识不了一升，却能用土方给人治病。

一辈子生了十个孩子，活了八个，全是自己一个人分娩、接生。

一辈子生活在沂蒙山区，老年五世同堂，安然度过钻石婚。

她，就是俺娘，刘中荣。1929 年冬出生，2013 年年初，84 岁的时候寿终正寝。

二

娘 18 岁过门，19 岁生我大姐时，爹参军在外，祖奶奶年迈帮不上忙，爷爷作为公爹更是靠不了前，三个小姑子还不懂事更谈不上帮忙了。娘就是这样从第一个孩子开始一个人分娩、接生。

娘说她一个 19 岁的毛丫头只是听祖奶奶和姥姥讲述如何分娩、接生，真正的分娩过程却只有娘一个人经受。好在娘聪明伶俐，属于一教就会的人。1993 年我夫人生产（在全国最好的医院之一——北京妇产医院），当时娘来帮着照看，她说，当年可没听说过还有这么好的条件，

138

那时谁也不拿分娩过程当回事，始终认为生孩子就是一个自然过程，顺产了什么事也没有，如果难产，孩子保不住或者大人孩子都难保，那都是自己的造化。

我母亲先后生了10个孩子，都是顺产，村里人都说母亲是有福之人。其实，顺产的秘诀就在于娘自身，娘一直处在劳动节奏之中，从不娇生惯养，直到临盆生产都在劳动，生孩子就成为劳动中的一个自然过程，身体活动开了，胎位正了，力气大了，生产自然也就顺了。说到底，坚持劳动的人是快乐的，是健康的，当然也是幸福的。

三

娘用实际行动成就了孝妇的美名。

在农村，说是男人养老送终，但男忙外、女忙内的分工习惯，其实养老送终的重任主要还是在媳妇身上。娘承担养老送终的第一位老人是俺祖奶奶，祖奶奶以84岁的高龄寿终正寝，没有人不夸这是娘的功劳。爷爷一辈除了在娘嫁过来之前已经过世的三爷爷四爷爷之外，爷爷和大爷爷大奶奶都是经过娘的悉心照料度过生命最后时光的。

我亲眼见到的是娘对大爷爷大奶奶的养老过程和对大奶奶的送终过程。因为没有儿子，爹娘作主将我过继给他们，但又怕我幼小的心灵留下阴影，对外却宣称"只划给大爷爷一份口粮"。当然，在那个衣食捉襟见肘的年代，多一份口粮少一个人吃饭和少一份口粮多一个人吃饭，那可差别大了去了，娘就是靠合理膳食、省吃俭用化解了矛盾。

大奶奶去世前后那段日子，爹正在进行"文化大革命"学习不能脱身，丧事办理对外主要由爷爷张罗，而对内主要是由娘操持。诸如擦屎端尿、做衣洗衣、做饭喂饭、茶饭待客之类，还有自家一大家子的正常打理，娘是忙里忙外，从未见她休息一刻。

爷爷和我们一直是一起生活的，娘对爷爷的孝顺是出了名的。每天早上无论多早，只要爷爷起床，娘就把加了糖的鸡蛋汤端上来了。爷爷

从不睡懒觉，就算冬天农闲的时候，也总是起早拾粪，锻炼身体。所以，娘也从来没睡过懒觉。爷爷身体一直很好，这有赖于娘的悉心照顾，一旦爷爷生病，娘更是照顾得无微不至。爷爷临走的那些日子，亲戚邻居都见证了娘作为儿媳妇的孝顺。爷爷因为摔伤加之胃病，他又坚持放弃治疗，躺了大约半年的时间，娘就坚持伺候，爷爷临终都是干干净净，这其中的甘苦辛劳可想而知。

村里的老人都说，娘不简单，一辈子送走了自己的五位老人，还帮着打理了村里的许多老人丧事，成为村里孝顺媳妇的楷模。

四

娘一辈子养活了我们兄弟姐妹 8 个，最大的和最小的差了 23 岁，但娘待我们的心都是一样的，这个孩子在这个阶段最需要什么，她就想方设法提供什么，不因为你能争就让你多占，也不会因为你能忍让让你吃亏。我从小喜欢学习，对吃的东西不在乎，但娘就觉得我吃得差，总是想方设法让我能多吃一些好一点的饭菜。等到我参加工作以后，娘觉得我的经济能力比弟弟妹妹好很多，也总是提醒我多资助一些给他们。姐姐们因为一些主客观条件限制没能上学或上学很短，娘就常常提醒我"你文化多，能帮就多给她们帮一些"。大姐的孩子比我弟弟还要大一岁，印象里娘生弟弟的时候，大姐也正是带孩子比较艰难的时候，娘还是打发三姐和我去帮着大姐看孩子，等到我和弟弟养孩子的时候她却不顾七十多岁的高龄，亲自帮着我们带孩子。

娘与村邻总是和睦相处，从未与邻居吵过嘴、红过脸。早年生活困难的时候，农村条件差，一年难见荤腥，因为爹在外面工作我们家家境好于邻居们，一旦杀猪宰羊或弄个猪头下水什么的，娘总会让我们给邻居们送过去尝一尝。对那些到我们家来玩的小朋友们更是见者有份，从不慢待。娘对邻居家有需要帮忙的事情总是热情伸出援手，特别是在老年时代，娘以村里少有的金婚、钻石婚老人的身份，为年轻人婚嫁忙前跑后。我们家因此很有人缘，一年到头总是人气很旺，特别是大年三十的时候，屋子都坐满了人，娘总是以烟茶果品热情相待。

娘的一辈子就是这样想着这个想着那个，总是从别人的角度想问题，而很少想她自己，活总是干在前头，而吃喝享受却总是放在最后。

五

2013 年年初，龙蛇交替的那个冬季是个异常寒冷的冬季，沂蒙山区罕见地达到了零下 20 度，而且天气变化快，容不得你去准备适应。在一个寒冷的早晨弟弟还是传来了母亲脑出血昏迷的坏消息……

我从北京赶到临沂脑科医院看望的时候，母亲仍然处在昏迷不醒的状态，几个兄弟姐妹都说呼喊娘没有什么反应。但是，娘听到我说"您二儿子从北京赶回来看您来了"时，她转动眼珠，眼睫毛频繁抖动。四天过后，我因工作要赶回北京，当我跟昏迷中的娘告别时，她的睫毛再次剧烈抖动，整个身体都在打挺，我知道娘即便在这样的昏迷中仍然像每一次送我走一样，舍不得我离开她。几天后，娘的病情恶化，脑出血并发肺炎，脑神经压迫加之陈年旧病一部分肺已经衰竭，且是不可逆的，我们兄弟姐妹才知道娘的身体其实早已经发生病变，只不过娘一辈子忍耐惯了，并未及时发现……

过度治疗只会让病人徒受痛苦。经过多方咨询医生，细致认真的病情分析，也尊重娘的意见（浅度昏迷时表达了回家的强烈愿望），无奈之下，我们一家商定给娘拔掉了呼吸机，接娘回到她生活了一辈子的农村老家。回到了熟悉的地方，呼吸到天然氧吧一般的空气，加之娘一颗强大心脏的支撑，娘竟然在吐出一堆痰之后，奇迹般地苏醒了，她睁开眼看到了她所有的子孙，虽然不能成句地说话，但可以蹦字，能喊孩子们的名字，娘满意地露出孩子般的笑容……

娘的好转只能说提供了一线生机，面对时而清醒时而昏迷的现状，我加紧按照一位医生同学的嘱咐实施护理，拍痰喂药喂水喂饭翻身……

一套动作下来，我发现娘的眼角悄然流下了眼泪。娘一辈子为子孙付出、做事，子孙未曾有过什么表示，而儿女为娘只做了一点点，娘竟然在昏迷中不自觉地流下了感动的热泪。

但是，不可逆的病变终究还是占了上风，脑神经压迫和肺衰竭还是无法阻止，高烧在持续，衰竭在发展，一辈子支撑娘劳作不息的强大心脏终于再也无法带动她的肌体，开始慢慢变弱，渐渐停止了跳动……

呜呼，我从此再也吃不到娘为我做的饭菜了，再也看不到娘送我到胡同口的身影了，再也听不到娘的问候和叮咛了！

娘啊，安息吧，操劳了一辈子，在天国终于可以安息了……

喊了一辈子娘，我不想改变这个称呼。我总觉得叫"母亲"过于文气，叫"妈妈"过于洋气，与那个裹着小脚、身材瘦削、满脸皱纹、充满乡土气息的亲娘刘中荣对不上！

娘土生土长的就是这个模样，一辈子的心血操劳全都雕刻在这个模样上，尽管娘一辈子从来不认得"刘中荣"这三个字，但她确乎就是俺娘刘中荣。

娘，叫着亲切，娘也听得亲切，在人间听惯了，到了天国也不显得陌生。

娘，安息吧，我们永远怀念您！

忆往昔　叹今朝

　　年幼时祖母离世，不懂伤情，未曾留下半滴眼泪；青年时外祖母病逝，略懂家情，痛哭流涕思念至今；成年后遇变故，明白家务，看父亲奔波于赤道南北，甚是心疼，却也无奈；现如今，三十而立，已然成家立业，一夜间，明白家事，遂感责任压人，心有戚戚焉。

　　我有一个大家，家里有着皇太后一样的厉害角色，但她却是个没有文化的，从农村走出来的，八级电焊工，那就是我的姥姥。姥姥是个厉害精明的东北老太太，妈妈爸爸又是双职工，整天忙到晚，加班加点，奶奶患病在床，爷爷早逝。当我呱呱坠地，照看我就成了摆在我父母面前最棘手的问题。但是，东北的老理儿是嫁出去的女儿就是外姓人了，姥姥是没有责任看管女儿的孩子的，而且家里要和大舅、舅妈一起商量，也就是舅舅为大。然而，出乎意料的是，姥姥站出来，主动做了舅舅舅妈的工作照看起了婴儿的我。要知道，舅妈已经大腹便便了，大姨的孩子也两岁了，照看了我，过不了多久就要迎来一个新的生命，大姨的孩子怎么就不管呢！姥姥却说："一个能看，一堆也能看。"现在回忆起来，我们四个表姐妹都是姥姥带大的，现在的人，一个孩子尚且需要六个大人费劲地养活，姥姥却将我们四个养得棒棒儿的，连一丁点的小事故都没有发生过。

　　我在姥姥身边待的时间最长，习得的习惯、品行最多，受的影响也最根深蒂固，今时今日爸爸逢人聊起我的品性习惯来，就会说："她呀！

最像她姥姥。"而姥姥留给我最深的，也是让我父亲叨念至今的——讲理儿，换句话说，爸爸原话是："她啊！最爱挑理儿。"

理儿，立人立世之根本。姥姥常说，有理走遍天下，人啊，不做无理的事。所以，今时今日，我待人处事也一直以"理儿"行事，但只得皮毛，努力行之吧。

记得之前在医院实习，棉签、碘酒、消毒剂可谓"手到擒来"。看着别的同事偶尔拿一些，自己慢慢也觉得无所谓，给家里备一点总是好的吧。一瓶碘酒、一包棉签、一管胶布，高高兴兴地回到家。周末家庭聚会的时候，还当作荣耀的事情向大家炫耀，姥姥不动声色。茶余饭后，姥姥悄悄坐到我身旁，问："你差那点吗？"我先是一呆，回答："不是。"姥姥又问："你家没钱吗？你爸妈差钱吗？"我面红耳赤，回答不上来。姥姥说："公家的东西不能占，一分一毫都不要贪便宜。偶尔一次，人家不会发现，时间久了，自然而然别人就会知道了，那怎么想你？你怎么工作？""我明白了！姥姥。"时至今日，姥姥的谆谆教诲我都铭记于心。

在为人处世上，姥姥也有她的理儿。周末是大家聚会的日子，孩子多，自然有比较，那时的我又是青春期，叛逆异常，可谓格格不入。大喇叭牛仔裤，小 T 恤，裤腰带长长地耷拉着，厚底鞋，那个时代真是谁看谁别扭！服装就算了，出口也是横着来的，谁都不吝。家里、学校没有什么要好的朋友，感觉很孤立。相比妈妈的横眉冷对，姥姥却用温柔的方式和我交流着，教育着我。"你们正年轻，美是应该的。你是不是感觉这样跟别人不一样啊？""你身边的朋友都怎么穿衣服啊？也这样？""他们说话也这么跟人交流？"……几个问题，言语不多，却让我有了一丝思考，当时不甚明白，但穿衣说话上却不那么乖张了。现在才渐渐悟出做人要韬光养晦，不露锋芒，也明白了"待人若即若离，处事不近不离"。

一个家有一个主心骨，一个家有一位掌舵人，一个家有一股风气，才会使里面的人有精气神去应对生活中的种种，就像一个国家有一个脊梁，她才能挺立，才能行走，才能进步，才不会坍塌。姥姥就是我们的标杆，姥姥的脾气秉性就是我们的家风，引导大家行走在理儿上，做人待物才能周全。

现在，我成家了，有了一个属于我的小家，虽然只有两个人，但这也是火星撞地球的结合。不同的家庭，不同的生长环境，养成的脾气秉性却又不尽相同，生活中难免有些磕磕绊绊，如何引领这个小家一步一步地前行，就要树立我们的家风，有了内在的指引，才能产生外在的前进。

望昨夜嬉笑怒骂，看今朝亭亭而立。

那盏昏黄的灯光

北京市西城区北礼士路第一小学教师　郑　杨

　　俗话说"家有一老如有一宝"，老人积累了一辈子的经验和人生阅历，在我们迷茫和受挫的时候往往成为了指路的明灯，在我们疲惫的时候他们又变成了温暖的港湾，姥爷就是我家的一宝。

　　我小时候姥爷常说一句话就是："是物不可损"，他常常把用过的包装盒留下，糕点盒子上的塑料绳留下，甚至烟盒、冰棍棒也会攒好多，有时候路上一块形状有趣的石头他也捡回来，屋子里堆的东西越来越多遭到姥姥强烈的不满，她说姥爷是破烂王。可是这些"破烂"却很受我们几个小孩的欢迎，每年假期学校都会布置一项做工艺品的作业，我的手工作品大部分都是姥爷用这些"破烂"帮我完成的。用烟盒做的迷你电视机、用废旧饮料瓶子做的花篮、用碎蛋壳拼的小鸡……这些"破烂"陪伴我度过了快乐的童年。

　　长大以后我离开了姥爷居住的城市，但每年的寒暑假我都会回去住几天，开始住得很不习惯，姥爷家的灯总是很昏暗，不像我在家似的开得灯火通明，姥爷还笑称我一回来家里的手纸就用得特别快……妈妈看出了我的不适，告诉我老人就是这样子勤俭惯了。随着年龄的增长我渐渐理解了姥爷，生在旧社会的他吃够了苦，这些苦日子他是永远无法忘怀的，正是那些经历练就了他勤俭节约的习惯。

　　姥爷生活中也是一个乐观的人，他退休后就开始自己练习书法，记得一年春节，自认为字写得不错的他拿着几副自己写的春联到早市上去卖，原本信心满满结果一副都没卖出去，最后打着喷嚏流着鼻涕回来了，全家都跟姥爷打趣，他却不恼，依然信心满满地说是别人没眼光。他在小区院子里开辟了一块地，种了西红柿、辣椒、香椿等蔬菜，丰收的时候我问他不怕被小区里的人摘走吗？他说谁吃不是吃啊，完全一副老顽童的样子。也因为他的性格好，一把年纪了在小区里还结交了一帮朋友。

最近我爷爷身体不太好，我们回去的次数比较频繁，一次姥爷语重心长地对我说："有空就多回来看看你爷爷奶奶，他们看见你们高兴。"我知道这话不仅是指爷爷，也指的他自己，人老了没别的什么期盼，盼的就是孩子们能多回来看看他们，陪陪他们。人老了也变得絮叨了，姥爷每次见我都会念叨起我小时候的一些趣事，小时候我总是很不高兴，觉得那是大人在拿我打岔，可是现在再听到这样的话，我都会一言不发地看着老人，一点都不打断，虽然已经讲了几十次几百次，但我就像初次听一样的专注，我知道那代表了他满满的爱。

如今我也有了自己的孩子，更能深刻地体会到姥爷的一言一行。在家风的潜移默化中我已经懂得了与人为善、勤俭节约，现在我也会教给我的孩子粒粒皆辛苦，交给他东西哪里拿的要放回到哪儿去，教他说话要看着对方的眼睛，教他要学会与别人分享，教他要懂得孝顺……好的家风可以教给我们做人的涵养，提升我们自身的价值，愿我的孩子也能早日领悟到这一点，把我们的家风传承下去。

漫谈"我家"的家风

北京市西城区椿树馆小学校长　李　晟

我爷爷到今年八月底就九十五周岁了，去年十月份不服老的他摔了一个跟头，一下子没缘由的自此卧床不起，但精神头依然很好，饭量也不错，说起话来底气十足，尽管耳背了，但眼神很好，借助放大镜天天看《北京晚报》《健康时报》。

因为老人家耳背又拒绝使用助听器，他听不清我们说什么，也就索性不听我们说，只说他想说的。每次回家去看他，他都不厌其烦地向我们讲述他的故事。

"文化大革命"中，他被下放到农村。他下地劳动也是一把好手，从不惜力，五十岁的他也是一个壮劳力。又因为有文化，淳朴的农民在农闲时就让他在生产队负责看管、出售木材，他为买主挑选易燃的烧火做饭用的劈柴，为买主挑选盖房的房梁，从不以次充好欺骗不懂行的买主，从不损公肥私让生产队吃亏，更不会慷国家之慨。

"文化大革命"结束后，他落实政策回到原建筑单位，继续从事建筑测绘工作，他负责测量，把控大楼建筑质量，建设单位非常信任他，说："有李工在这儿，我们放心！"每每说到这儿他都要爽朗地大笑几声，自豪地说，十八层的大楼从地基到楼顶儿，每一层我都反复测绘，我在那儿盯着，就不能有丝毫偏差。

讲完这些故事，他又会严肃地看着我们，叮嘱很多，比如一定要认真工作，不能偷奸耍滑，一定要踏实做人，对得起自己的良心，不能做有损于党和国家的事，并且表明因为从不做亏心事，活得踏实，所以长寿。一定要自力更生，一定要勤俭节约，不许铺张浪费，等等。他的嘱托很多很多，每次都是语重心长，每次我也都静下心来检查自己。

我爸爸是独生子，我们姐弟四人，我是老大，在椿树馆小学做校长，我大妹妹在海淀区的一所大学附中做语文教师，常年做高三班主任，是一名很优秀的教师，我弟弟在北京电视台做记者，我的小妹妹在公安系统工作，多次立功嘉奖。我们姐弟四人都家庭和睦，孝敬双方老人。这些也都是我父母引以为傲的。说到这儿，大家一定会说这都是受爷爷的影响，可我年轻的时候还不这样认为。

在我的记忆深处，姥爷对我的影响更大。因为我从小对爷爷就是畏惧的，爷爷单身几十年，对我们很严厉，从不给我们买糖果，只买学习用的书，每天都检查我们练字情况，写不好就要瞪着我们，大喊"重写!"年三十晚上看过人家放鞭炮就要回屋里写作文，很"烦人"。也正因为如此，我和爷爷的关系并不密切。我感觉姥爷疼我，他的话我愿意听。我的名字就是姥爷给起的，"晟"原意是太阳初升时的光，现引申为光明磊落的意思，他对我的期望寄托在我的名字里。

姥爷非常喜欢京剧和古文，要么给我们讲京剧故事，唱京剧名段，讲故事中的道理，要么就之乎者也一番，然后再用白话翻译一遍。"廉者不吃嗟来之食""每日三省吾身，为人谋而不忠乎？与朋友交而不信乎？传不习乎？""先天下之忧而忧，后天下之乐而乐"，等等。当然，姥爷对我要求也是很严格的，上小学时，每天放学也得到姥爷的房间中去读、默英文单词，读不准确，他会让我重读（姥爷略懂英语），默不出来就罚我抄写，但我不烦。在我小学毕业那年，姥爷因病走了，但他给我讲的道理深深地刻在我的心里，时常想一想，不断矫正我的言行。

姥爷走后，爸爸和妈妈又会经常提起姥爷曾经说过的话，讲过的道理，而且内容又丰富了，"学无止境""不比吃穿比学习""兄弟姐妹要互帮互爱""女孩也不能娇滴滴的，女孩更应该自立"，等等，并且爸爸

用实际行动教育着我们学习学习再学习。老话儿说"人到四十不学艺"，我爸爸是在四十一岁时因工作需要学习建筑预算，改行做建筑预算员，五十多岁时开始学习使用电脑，一发不可收拾，不但学会用电脑还学会了修电脑，现在七十岁的人了一面照顾我爷爷，一面又开始"研究"智能手机，他说是"活到老学到老"。

在爸爸妈妈谆谆教导和爷爷严厉的目光中，我长大了，做了光荣的人民教师，后来做大队辅导员、副主任、主任、副校长、校长。先后也经历了几个工作单位，周围的同事都对我有较好的评价，善良、包容、实干、认真、勤恳、正直，等等。也可能就因为这些优点，我得到上级领导和群众的认可，走上了领导岗位。

我一直没有认真思考过为什么我们姐弟四人具有共同的长处，简单地认为是爸爸妈妈挂在嘴边的"小树长了小树杈就得砍掉，否则不成材"的理论激励着我们，直到爷爷卧床经常叮嘱我们，我才认真思考，把爷爷、姥爷、爸爸、妈妈对我们的教育联系在一起思考，得出这样的结论：家风使然。爷爷用实际行动影响着爸爸、影响着我们，姥爷用道理教育着妈妈、教育着我们，形成了我们的人生观、价值观。爷爷和姥爷的人生观、价值观又是共通的，因为他们不知不觉地传承的是我们民族多年灿烂文化所孕育的优秀传统美德。

我的爸爸妈妈送走了姥爷和姥姥，又照料瘫在床上的爷爷，十分尽力，我们感受到我们要传承的还有"百善孝为先"。我们姐弟四人每周都抽出时间回家看望老人，和老人聊天，当然是听老人们"主说"。

我们及父辈也是不知不觉中用家风言传身教下一代，我女儿在小学三年级曾经写过一篇日记，题目就是《我为我的宽容而自豪》，写的是一位男同学在她的作业本上使劲乱画了好几个大道子，并且折断了她的铅笔尖儿，经过老师的批评教育，男生承认了错误，她没有让男生赔偿，结尾一句是我为我的宽容而自豪。大学二年级时学校重新安排宿舍，把门的床位没有孩子愿意住，她选择了那个床位，我问为什么，她说，"都不愿意去那个床位，七个女生不得打成一锅粥啊，我去了，就不用打架了"。我和她爸爸都很感动，但当她爸爸把这个故事讲给同事听时，同事们却都说"孩子多吃亏呀！"但我们坚信"吃亏是福"，大家和睦相处是需要包容和谦让精神的。

我们的下一辈慢慢成长起来，我女儿今年大学毕业，即将成为一名光荣的人民教师，现在西城区一所小学实习。她同样得到了领导、同事的肯定和孩子们的喜爱。这也是家风使然。

唯愿木兰永开我心

北京市第六十六中学教师　欧阳菁菁

今日和朋友聊起家风，突然让我想起春时陶然亭赏花时写下的一首打油诗："误入京城中，一去十余年。陶然湖水碧，堤岸草萋萋。有花正怒放，朵朵正娇艳。此美非吾有，唯思木兰花。"

花开花落，茶沉茶浮；心情积蓄，味道几何？每年京城的春天，公园里繁花虽盛，却总让我想起家乡的木兰花。想起小时候，母亲总是会对着那满院步步生姿的木兰轻叹，而对于我年少执拗而又幼稚的发问，就仅仅是拽着我的小手，回答说："你要做一株木兰花，淡然、冷静、坚韧。"

岁月流转，童年小镇的天不再蔚蓝，院里枝枝蔓蔓的葡萄藤早已经过岁月的洗礼而枯萎，石榴树也显出沧桑之色，唯有那一片木兰依旧傲然。转身进屋，也临摹起了父亲风格迥异却逸然的"行到水穷处，坐看云起时"的诗句，在书法的边框，也细细地雕摹着细小精致的木兰。母亲说这句话描绘的是木兰淡然的品性。于是，耳濡目染，尽管豆蔻之年的我只是肤浅以为做木兰一样傲然、娴静的女子。

埋首于书中的日子似乎渐渐将木兰花抛诸脑后，每日只知道函数几何，电力磁场，无心去欣赏春日的繁花，感受冬日的暖阳。只在接到大学通知书的一刻，蓦地发现，盛夏于我来说，似乎只是这么一个颇感慰怀和期待的季节。或春夜月明，或暗雨敲窗，我都无暇顾及，我只执著于自己的努力、自己的梦想。我早已无心去赏春，去看小院中的木兰花，它似乎渐渐远去。

又是盛夏，我和几位同学带着一丝慰怀，一丝骄傲，一丝兴奋踏上北上的征程。北方的夏似乎极为短暂，一晃而过，九月的天气早晚凉，午间很热。不少植物已经耐不住寂寞，纷杂鲜嫩的果子迷人眼，也有不少经不起寒的植物开始凋零。

传说中北京最美的秋天，我却丝毫未见，郁达夫笔下的秋天莫非杜撰不成？直至一日行至市郊，在黄风四起，落叶纷飞之中，有那么一排排的树木高大挺拔，令人仰视。走近看时，那是木兰花！虽然没有春日的绚丽，但是我还是认出了它！我的心一惊！

世间常有人爱莲，赞其出淤泥而不染，濯清涟而不妖；也有人爱梅，赞它零落成泥碾作尘，只有香如故；更有人爱牡丹，赞它丽荣天成，国色天香。而母亲不同，母亲爱木兰。莲花太过娇弱清纯；梅花太过孤芳自赏；牡丹太过华贵，只有木兰淡雅自若，去浮华尘世，从不极端。唯有木兰，在浮华的人间依旧不躁保持淡然，保持着自己的一份坚韧。在这多年求学生活中，在这匆匆的都市中，我却忘了母亲的期盼，只有自己来到京城任职的傲气，即使凉凉的秋风也让我无法清醒。此刻的木兰却安静淡然地在这肃杀的秋风之中伫立着，让我心动，置于心中。

转年春天，我再次来到这里，远远地，我看见了，满树洁白，幽姿淑态，别具风情。它，并未远去！是的，它，从未走远！春日的绽放，只为盛夏的慰怀！想想家乡春夜细雨埋首苦读之时；想想在大学第一天锁扣坏掉，只会打电话求助于父亲，却又坚定地拒绝他们的帮助时；想想初到北京，无处落脚，夜半时分在新街口的路边独自流泪，只是琢磨该如何安身时……种种艰辛与困苦，我都淡然度过了，今日再见怒放的木兰花，似乎正在告诉我，能够淡然坚韧地面对生活艰辛，就是一种圣洁的绽放！哦，木兰花从未远离我！也正是这份坚韧，是这份冷静，是这份淡然，陪伴着我度过那段岁月，陪伴着我直至今日。

那一刻我想起母亲，当年大学毕业后，本可留在武汉，但是她放弃了，又回到了故乡做了一名小学老师。她没有做富贵牡丹，也不想做孤芳自赏的梅，更未做丝毫不会变通的莲，做的是木兰。尽管当初也曾意气风发易自夸，却能不卑不亢回到家乡做一个真正有价值的老师。遇好事，欣喜但是淡然，遇不顺，及时解决也淡然。总之，心安。记住，戒骄戒躁，无论身遇何事，无论身在何方，淡然与坚持！有了淡然，便不会极端；有了坚持，才会拥有真正的快乐！

我行走于木兰之中。那一株株的木兰，淡雅洁白地傲立在那里，仿若一个真君子，什么都未曾惧怕过，只是淡然处之，坚持着自己，却过得那样的美好，天高、风清、云淡。

如今的我终于也拿起毛笔，在宣纸上轻描淡写地写出了几个娟秀的毛笔字，看着"行到水穷处，坐看云起时"几个字晕开的墨迹。故乡院中那片让人留念的木兰早已不在了。也罢，只要那满院木兰所带来的启示经过岁月的磨洗历练之后依旧刻于我们这些"鸢飞戾天"的孩子心上也就足够了。

今夜，让我清空杂乱的心，即使胆怯懵懂也要修正自我，留心中一种淡然与坚韧，沉醉于母亲的教诲，沉醉于我家的家风，沉醉于我家的木兰。我已不再思念它，因为它，根植心中，春来赏花，夏日慰怀！

随性、乐观的爷爷

中国科学院科技政策与管理科学研究所研究员　陈　安

又是一年一度的清明节了，这个节日让我想起我去世多年的爷爷。

爷爷叫陈河常，他的弟弟叫陈路常，都是"常"字辈的，看上去，曾祖父在为自己儿子起名字的时候并没有多费心思。记得在我上初中的时候，爷爷去看在学校做校长的父亲，恰巧父亲出差了，我陪爷爷说话，吃饭，晚上睡觉的时候他还对我说，除了名，他还有字和一个号呢，然后就说了一下，我却没有记住，心里还笑话爷爷，怎么还像古人似的，要什么字和号呢，而且自己还记得这么清楚——那时候的自己真小。

爷爷去世时我却不在家里。年前，妻子从香港回来过年，在北京停留不多久，就要返回香港，所以我们就没有回家，结果三年来没有见过爷爷的我就没能见上他最后一面。这几年因为我的事业需要自己不断地颠沛，虽然说不上流离，但是因为是刚刚要从一无所有到有些好的变化，心里不敢马虎，即使回家，也只是在父母家里待一到两天，再匆匆返回北京。哥哥曾经说让我回老家去看看爷爷奶奶，因为再不去看，以后就很可能看不上了，当时没有太留意，结果没有想到一下子就成了阴阳相隔，想着记忆中爷爷那佝偻着的背影，泪水不自觉地涌上我的眼帘，模糊了视线，这就是割不断的血缘吧。

爷爷和奶奶是两个性格完全不同的人，奶奶是个极端要强的女人，而爷爷恰恰相反，是个不愿意创业的男人，如果像现在这样能够有自由

恋爱的机会，我想爷爷和奶奶是没有机会在一起的，那么就没有我们这一家了。奶奶直到现在还经常埋怨爷爷不知道置业，非但自己过得并不体面，而且也没有给儿孙留下什么东西。爷爷的态度就是这些身外之物是不需要的，在这个问题上，爷爷非常看得开，正如佛经上说的，"有求皆苦"，所以爷爷是个很快乐的人，活到了 88 岁。

奶奶后来对爷爷的嫌弃到了无法和他一起住一张床的地步，不过爷爷并不在乎，仍然过得很快乐，哥哥说，爷爷弥留之际，却很清楚地问左右的儿孙，"你奶奶呢?"当时奶奶去了县城的姑姑家，不可能回来，也许没有打算回来，我想，爷爷也许在那时候对奶奶的思念到了无以复加的地步，以至于只是想到了奶奶，希望看着她在身边才能放心地离开这个世界。

爷爷不能算是个完整的农民，奶奶说本来我们家原来是完全有可能比较富的，结果爷爷非但不创业，也许还有些败家的行为，所以新中国成立后也只能是划了个贫农，而我的姥爷则是个非常会过日子的人，我妈妈家的成分就是上中农，我最初在填各种和家庭成分有关的表格中，填贫农的时候觉得还是很光荣的，等长大些，国家也不再像以前那么重视成分时，就觉得贫农还是很没有面子的，就有时填妈妈家的中农。

听父亲说，新中国成立后爷爷还作为农村的工商业户当过乡里的售货员，那时候的售货员和现在不同，其实有些货郎的意思了，因为农村都很穷，没有必要每个村都需要卖东西的，所以爷爷的工作就是流动的，等爸爸在小镇上有了一定的地位和影响，还去后来的供销社争取过爷爷的待遇，后来争取到供销社给爷爷每年不到 200 元补偿。爷爷一方面觉得自己从前的工作没有白做，另外也觉得自己的儿子有本事，为他争取了体面，心下很是高兴。我想，按照爷爷的脾气，也肯定有在街坊里舍张扬的情况。

爷爷也特别喜欢凑热闹，快七十岁的时候，爱上了看戏。我们都觉得，既然你的眼睛有白内障，看不清楚，就老老实实在家里待着吧，可是爷爷总是口里答应，从来不去实施，自己又偷偷去看戏去了，结果一次看戏后晚了回家时看不清楚，从一个坡上直接"走"了下去，还好摔得不厉害，但是也在床上待了一段时间。家里人说，这以后可不要再去了吧，爷爷嘴上说不去了不去了，但是身体好了以后仍然是照去不误。我还很困惑，为什么爷爷非要去看那些露天的戏啊，想听用收音机就是了，但是父亲说，其实爷爷也很寂寞，虽然在家里有吃有喝，但是儿女们都有各自的事情，他也就只有在看戏的人群里，内心的寂寞会消减些吧。

1997年过年的时候，我回了家，那一天也是镇上有戏，爷爷去看，看的时候觉得身体不舒服，就抓紧去我家，但是挪到胡同口了，却怎么也走不动了，想迈脚，脚却不听使唤，幸好我母亲刚刚出来，抓紧招呼我那来走亲戚的表姐，一起推着三轮车把爷爷放在上面，在屋里暖和了很久爷爷才缓过劲儿来。妈妈觉得那次够危险的，爷爷自己当时也不会说话了，能挪到家门口想来已经做了最大的努力。

爷爷去世的时候，他的弟弟也就是我的二爷爷已经去东北四十多年了，两兄弟很久没有见过面了，二爷爷也八十多岁的人了。在那时之前十多年，哥哥曾经和二爷爷家通过信，后来因为觉得信里找不到什么话说，慢慢地通信就中断了。二爷爷的出走东北和奶奶有着直接的关系，二爷爷本来就不是个本分的庄稼人，再加上他没有我爷爷的好脾气，什么都在意，而我奶奶则也是个个性很强的人，不久叔嫂矛盾就平地而起，且越来越大，最后年轻气盛的二爷爷带上自己的一家人选择了出走东北，而后很久没有和爷爷联系。爷爷和我们谈起这件事情的时候，总是说，你奶奶和你二爷爷两个人属相不合，所以老是打架，然后嘿嘿一笑。我想那笑声里是藏着苦涩的，我知道爷爷同时作为哥哥和丈夫的痛苦，两边都是亲人，都是需要爱护的，这事当时肯定让他伤透了脑筋。把矛盾的根源归结于属相不合，爷爷也是不想再回忆那些不愉快的岁月吧。

奶奶的脾气也使得她很难处理好家里的各种关系，包括和我老奶奶

的婆媳关系，在我印象里，老奶奶一直一个人在另一个小村居住，我学前的时候，妈妈还带我和哥哥一起去看过她，那时候非常穷，以至于她要特地去邻居家借了两个鸡蛋炒给我们吃。

老奶奶再不能一个人独自生活的时候，爷爷把她接回了家，每天亲自端水送饭，直到老奶奶去世。想来爷爷虽然不是个细心的人，也应该是个孝子了。

在爷爷最初得白内障的时候，爸爸曾经带他去看大夫，医生说老年白内障，没有什么好的方法治疗，动手术的意义也不大，我想这也是爸爸很大的遗憾，也就安慰爷爷说，毛主席晚年也是这个毛病，也是不好治。好在爷爷是个豁达的人，对于这个让人无可奈何的老年病症提起来就说，毛主席他老人家也这样啊，以求自我安慰。

爷爷也看书，我上大学的时候，爷爷多次和我说，哪天我能不能给他买一本《我的前半生》，他把"我"字读成陕西口音的"ě"，让我觉得很好笑，我问爷爷，你真要看吗？因为我怀疑爷爷是不是只是说说而已，后来爷爷又给我说过一次，我还是没有在意，再后来我发现爷爷有了这么一本书，我还以为他借谁的呢，结果是他自己去镇上买了一本，当时的我还要和爷爷抢着看呢，爷爷倒是同意借给我，但是小心翼翼地告诉我一定要保存好，过了两天，爷爷可能还是觉得不放心，就找个借口把书拿回去了。当时让我觉得爷爷怎么这样啊，不就一本书吗？现在想起来，觉得非常亏欠爷爷，连他买本书的愿望自己都轻易地蔑视了，更别说真的去给他买一本，现在再想去买却已经来不及了。想到这里，泪水再度涌出我的眼眶。

在我的印象里，好像爷爷从来没有年轻过似的，实际上，在我的孩提时代，爷爷也才60岁左右，今天的部级干部在这个年龄还不必退休呢。我都忘了那是哪一年了，我跟着爷爷去姑姑家，那时候表弟还没有出生，有一天爷爷带我出去玩，到了新华书店，我缠着他买东西，他很不情愿，就买了副石膏的象棋，当时可能不到2毛钱吧，这副象棋让我玩了很长时间。那天，爷爷还带我去了我姑夫的姐姐家做客，那是我第一次到了高层楼房里，好像有六层吧，我还在阳台上向外看了看，觉得很过瘾，那家的小男孩警惕地看着我，好在我是个怯生生的小孩，因为毕竟是第一次到这么大的县城去啊，没有也不敢去动他的东西。现在想来，爷爷真够没趣的，那是个什么关系啊，就轻易地去人家家里吃饭，也不带东西，好在孩童时的我对这些没有感觉，只留下了楼真高的印象，现在想来还非常清晰。

爷爷病危是在年前就知道了的，大爷开始没有太在意，等发现有问题时抓紧去找我爸爸来，然后张罗着去找医生，还好没有太大的问题，就委托医生每天去打吊瓶，我爸爸然后又回到了城里，过了年后，越想越觉得不对，然后又返回老家，开始在床前侍候爷爷的饮食起居。又过了几天，爷爷情况突然恶化，然后就离开了人世。我爸爸应该觉得欣慰吧，毕竟爷爷去世前爸爸一直在跟前。

在我印象中，爷爷对生命的基本态度是随它去吧的感觉，现在看来也许有点老嬉皮士的样子，尽管有时候爷爷也不断表达对生命的留恋，记得他跟我说过，"现在的儿女都不像以前那么穷了，也希望老人活时间长一些"，话语里让我觉得很是沧桑，在爷爷 73 岁和 84 岁的时候，他还关照儿孙一旦要说他是 74 岁和 85 岁，对这两个数字的忌讳也到了无以复加的地步。乐观的时候，爷爷说到自己百年后的事情，无所谓地让后辈一定要把遗体烧了，留把骨灰就行了，不愿意保留骨灰随便扔到哪里也没事，倒也符合他一贯的性格，可是在我家乡，土葬的陋习却一直存在，即使去火葬场烧成了骨灰，也要再把骨灰盒放进棺材里，所以爷爷去世后被放进棺材埋到了地里。

时间过得真快，转眼很多年过去了。爷爷，你在那边还快乐吗？希望你能永远像个老顽童一样。在这个怀念的季节，我情不自禁，带着泪光写了这篇文章纪念您，希望您能高兴。写到这里，泪水又在眼眶里了。

温暖传承话家风

北京市第四中学教师　王晓宁

　　那一天，接到公公病重的消息，我们连夜往家赶。一路上，平时话痨的儿子变得很安静，眼睛里满是忧虑。

　　其实公公的状况并不是出乎大家意料的事——老年痴呆将近 15 年，卧床也有 3 年多，多亏了老公在极好的医院，能够及时地运用世界上最先进的治疗和家人精心的看护，才维持到现在；协和精神科的专家都说这简直就是个奇迹！但逐年发展的病情还是越来越多地影响着大脑和身体，这次就是因为吞咽功能下降，导致食物呛到肺里引发肺炎，持续高烧；又因为他无痛感、无主诉而导致治疗延迟，后来又迟迟不见起色。

　　看着安静的变了个人似的儿子，我不禁感慨——其实，自他出生以来，公公就已经不认得他了，更甭说抱抱他、逗逗他玩儿了。但儿子对爷爷的这份情感，却如同长期看护过他幼年的长辈一样那么浓郁。从四五岁起，每次回爷爷奶奶家，他就知道帮着姑姑和奶奶照顾爷爷——帮助扶着爷爷下床站站，和奶奶一起喊口令让爷爷挪动步子，大家都忙的时候做个临时全职小看护，时不时地报告"爷爷把东西塞嘴巴里了""爷爷又把手里捏着的小球弄破了"……一看到奶奶给爷爷换尿布，就主动帮着扔垃圾，拿痱子粉；晚上临睡前主动帮爷爷洗脚，再长大了一些还能够和奶奶姑姑一起帮爷爷洗澡。儿子，仿佛从来就没有任何违和地做着这些事情。

　　作为妈妈，虽然我很为长期卧病在床的公公难过，也为日夜操劳的婆婆觉得辛苦，但对于儿子的懂事体贴，我看在眼里，喜在心里。细细

160

思量，所有这一切，其实都是家风如此。

嫁进爱人家里十几年，不止一次地感慨过家里的家风。外婆出身于江南大户人家，我过门时已 70 过半，一头白发如雪，从来梳理得丝毫不乱；永远带着微笑，脸上没有半分皱纹；一口吴侬软语总是婉转温存。一辈子从来没有出去工作过，独自带大 5 个儿女，在那个年代都至少念到中专毕业。晚年外公因脑溢血半身瘫痪，常年卧病，全靠外婆一人周全照顾。在我的印象里面，外婆家里没有一天有过病人的气味，里里外外干净整洁，窗前鲜花常换常新，外公每天都面色红润、雪白的汗布衣只有药皂淡淡的清香。而外婆自己，满头的银丝从来一丝不乱，朴素但清净的衣服上总会有朵栀子或米兰。即便外公状况如此，她待人接物依然从容，每次我们探访时，手艺精湛的她必做出满桌的家乡菜肴，色香味都让我记忆犹新。全家人更是床前屋后，簇拥欢愉。

我们婚后，由于爱人的爷爷家里有家族史，类似的境况很快降临，公公刚 50 多岁就被确诊为老年痴呆症。起初几年里，从最初的丢三落四，到后来的大小便不能自理，再到后来出门必须有人跟着，公公简直给全家不知惹了多少"麻烦"，婆婆的生活，自然也毫无悬念地变得一团糟。在那段混乱的日子里，我印象最深的是无论发生了什么状况，不管是当街处理大便还是把家里贵重的财物弄丢，婆婆都没有过一声埋怨，总是第一时间冲出去处理问题。几乎很难相信平时温言细语、十指纤纤的婆婆竟然可以这样淡定容忍，真是从心底里佩服。再到后来，婆婆除了得伺候痴呆的公公，还要照顾近百岁的老奶奶。同时，她还是当地京剧票友会的会长，繁忙程度可以想象。婆婆的生活，总是一个节奏：6 点起床，先换公公一宿的尿垫，为他洗漱，然后收拾家里卫生；7 点做自己的早餐，然后做公公单独的早餐（里面肉、奶、蛋、蔬菜、水果、营养粉等，营养搭配，一样都不缺）；自己吃完饭，给公公喂饭；然后和保姆一起把公公扶下床，强迫走路运动 10—15 分钟，再安置于轮椅上，洗换床上用品，出门买菜购置家里所需。差不多在起床三个半小时后，婆婆才终于可以有点自己的生活——去票友会唱唱戏。中午，再回家做午饭，公公的饭依然单做；给公公换尿布、运动、喂饭，把上午的工作又从头至尾重做一遍；晚餐亦如是。还有一日4次的药，下午中间的加餐，等等。等所有的事情结束，差不多总要到夜里10点以后，直到那时，婆婆才可以坐下来，翻翻当天的报纸，或回顾一下自己上课时的情景，11点多才能上床睡觉。而这样循环往复的生活，婆婆已经过了5年多，却从没听见过一声抱怨。有一次看着婆婆换尿布，那股强烈的味道熏得我忍不住皱眉，而婆婆，一边面不改色地换，擦干净，端来水洗，然后擦干、抹粉，所有的动作都轻柔而温存，嘴里还像哄孩子一样地和根本不能交流的公公说着话。

儿子去爷爷奶奶家拜望，婆婆有时候就会喊少不更事的儿子去帮忙，耳濡目染这么多年的儿子每每都能直接上手，本来刚刚还在客厅玩，即使是最心爱的玩具，都能够立刻停手，来到奶奶面前，毫无怨言地开始他的小帮手职责。开始的那一年，儿子才4岁。

在这样的环境里，儿子逐渐长大了，照顾爷爷便成了他每次回爷爷奶奶家的主要任务。他可以有事没事地在爷爷身边转转，擦擦汗、披披被子；把最近发生的事情讲给爷爷听，或者没事的时候给爷爷读读书。倒便桶、换尿布、帮爷爷碾药、喂饭……完全可以当个大人用了。

这次公公住院，儿子和我们一样，一天都在医院里，跟着一起忙前忙后。已经不能自主吞咽的公公只能插了胃管代替饮食，儿子便全权负责了公公打药、打饭、冲洗管子，并定时定点记录公公每两个小时的血压、血糖等。婆婆夸他做得好，亲朋好友都竖起大拇指称赞："看人家这孩子，才刚刚10岁，就能这样伺候爷爷了！"连医生护士都为他的细心、耐心、不怕脏不怕累忍不住叫好！而我心里知道，这一切，都是良好家风的温暖传承！

我们总说言传身教，父母是孩子最好的榜样。"孝敬父母，严教子孙；尊老爱幼，亲穆存心。"愿温暖家风，世代传承！

"孝" 链

北京市第八中学特级教师　赵　鑫

你不吃，我就不吃

"你不吃，我就不吃！"父亲故作生气状，放下手里的筷子。奶奶闭眼、摇头、点头、叹气，说："你先吃！我又不是没吃过。"争执多时，奶奶终于无可奈何地用筷子将一块红烧肉放进嘴里，用一颗牙也没有的上下牙床左右研磨咀嚼着，年过五十的父亲满意地看着，得意地笑笑，拿起筷子一起吃起来。奶奶不吃鱼，因为小时候被鱼刺卡过喉咙，于是在县城工作的父亲每次回家总会为奶奶买红烧猪头肉吃，红烧猪头肉30 年前是百姓家平常难得见到的美食。

父亲已经去世23 年了，奶奶去世也有13 年了，父亲劝奶奶吃饭的情景，像电影的特写镜头，深深地刻在我的脑海里，常常浮现在我的眼前，现在轮到我伺候病中母亲了，我也经常这么劝母亲。

人真是什么样的奇迹都能创造

看了我从微信上发的母亲包水饺照片，外甥发出这样的惊叹："姥姥恢复得真好，简直难以想象，人真是什么样的奇迹都能创造。"

母亲三年前忽然胃痛，查出胃癌晚期，只好将胃切去五分之四，手术没几天，身上各种管子尚没有拆除，又中风偏瘫，中风治疗稍有起色，千辛万苦练得能走几步路，却又摔倒跌断股骨头……连续数周只能

靠输营养液维持生命，身高 165 厘米的母亲体重只剩下 50 多斤，医院几次下病危通知，姨妈几次把给母亲送行的衣服偷偷带到病房。但母亲终于挺过来了，现在已能生活自理，体重也恢复到 87 斤，上周六居然和我们一起包起了水饺。我心里真高兴！于是拍了照片给姐姐发去。姐姐告诉我，她把母亲的照片给邻居看，邻居都不相信那是母亲，和母亲同期做手术的病友剩的已经不多了，没想到母亲竟然恢复得这样好！

母亲康复得好，除了现代医术的高明，最重要的是我们兄弟姊妹的照顾。

母亲做完手术，接着中风，身体极度虚弱，吃、喝、拉、撒全在床上，我们几个轮流照顾，每天按摩擦洗，由手术后每一小时翻一次身到两小时翻一次身，我们兄弟姊妹衣不解带日夜陪护，母亲在床上躺了一年半，身上总是干干净净，清清爽爽，身体一天天恢复了。母亲常对人夸："我是个有福的老太太，自己的子女照顾得好，更难得的是两个儿媳妇一个比一个好，都和自己的亲闺女一样。"

她说的是我爱人和我弟媳妇。

其中弟媳妇最为心灵手巧，做饭无师自通，自己经营的小饭馆生意兴隆，照顾母亲无微不至。要照顾上高中的女儿，又要照顾上小学的儿子，还要照顾重病恢复期的婆婆，弟媳从不喊怨叫苦。手术后中风恢复期间，胃只剩下茶碗大小的母亲每天吃六顿饭，弟媳总是按时按量准备好，母亲肠胃蠕动慢，消化不良，常常数天甚至一周还不能大便，弟媳多次用手帮助母亲抠便，每次想到这些，我都忍不住眼里发酸，我自愧连我这个当儿子的也不容易做到的，弟媳做起来却那么自然，每当想起这些，我心里就会油然升起对弟媳的敬重，感受到她那高贵而纯净的灵魂。

轮到我家照顾，为给母亲调口味，一周饭菜不重样，荤素搭配口味变换，有谁知道，我爱人平时不吃肉，甚至闻到肉味都恶心半天，为了母亲，我无法想象爱人是怎样忍受那平时闻不了的气味的。

也许，她们是跟我母亲学习的？因为我母亲照顾我奶奶也是三村五乡出了名的。父亲去世后，我们几个都先后离家求学就工，家里只剩下母亲一个，我们都希望她跟我们住，母亲也喜欢和我们住在一起。但家里有年迈的奶奶，虽然我还有两个叔叔两个姑姑，他们对奶奶照顾也好，但母亲说，照顾老人是应尽的义务，等奶奶百岁后再跟我们过。这一住就是十年，年轻时落下一身病的母亲独自在家奉养婆婆，辛苦孤单可以想见，家务小事尚能勉强，搬东搬西体力难支，有次母亲站在凳子上取东西，凳子倒了将脊柱摔断，自己躺在床上硬撑了半个月，也不愿告诉在外工作的儿女。当我们回家发现变矮了的母亲而百般询问时，才知道母亲骨折的事，摸着母亲已经变形钙化的脊柱，姐姐泣不成声，我心如刀割愧疚万分，但母亲却笑着安慰我们："这不是已经好了吗？老了矮点怕什么？还省衣服呢！"仍然不肯搬到我们的家里住，因为奶奶最和母亲合得来。奶奶到了最后时刻，特地让人抬到我们家正房里等待那最后的时刻，母亲知道，奶奶最信赖最倚重的是母亲。

妈，如果我将来成家了，搬出去了，你们怎么办？

大学毕业的儿子参加工作了，过上了朝九晚五的上班族生活，下班路上常顺路捎菜买饭，看我们下班晚，他就早早把饭做好等我们回家吃。我们夫妻也有意识地教他做家务，我教刀功，妻教火候，时间不长，儿子做饭做菜有点儿基础了，有时为了琢磨刀法，常常和我们争做饭的活干。

岳父年近80岁，心脏搭了四个支架，生活难以自理，岳母年过80岁，还得照顾岳父。我们将他们从山东老家请到北京，以便照顾。每到周末，周六我在家照顾母亲，爱人去帮岳父岳母处理家务，周日我们俩调换，有时遇上加班，儿子就承担起照顾奶奶的任务。有一天，我们一家人正在厨房里边聊天边做饭，忽然儿子对我爱人说："妈，将来我成家搬出去住了，你们怎么办？"爱人笑笑说："还能怎么办？我和你爸相互扶持呗！不是有相濡以沫的成语吗?"儿子说："住在一块儿吧，有不方便。不住在一块儿吧，更不方便！"我说："儿子长大了！知道心疼照顾爸妈了！"

我常常想起我的父亲，虽然父亲已经去世很多年了，父亲照顾奶奶的情景我永远不会忘；我愿意照顾母亲，无论工作多忙，每天晚饭后拿出点时间，陪母亲说说话，看看电视，我觉得是天底下最幸福的事；想起儿子的那句话，我欣慰儿子已经知道心疼父母了。

孝，不用讲；孝，只要做。

岁月编织和睦家风

北京市第三中学校长　石玲玲

学校校本课成果展示开始了。初一年级编织班的孩子们兴高采烈地展示着他们的作品：一条彩色的围巾、一件小狗穿的小坎肩、一双萌萌的手套……此情此景不禁让我想起了自己儿时的第一件编织作品——一双半指手套，当然还有教我第一次拿起编针和毛线的那个人。那个人已经逝去多年，但是每当我想起她，或者是与家人谈起她的时候，一种平和、温暖的气息总会扑面而来勾出我内心那份深深的敬意。

她，就是我的太婆，准确地说就是我母亲的奶奶，一个裹着小脚、穿着藏青色边襟褂子、拄着拐杖、瘦瘦的但很精神、从来不高声说话、有五个儿子和一堆孙子孙女重孙重孙女的老太太。

太婆每年在天气好的时候会轮流到儿子家住上一小段时间，成了家的孙子孙女们也会邀请她老人家来家里住。那一年秋天，太婆在我家住了三个月，家里也热闹了很多。一天晚上，妈妈帮太婆洗完脚，我帮太婆洗好长长的裹脚布并晾好后，看见她拿出了针和毛线，她说要帮我们姐弟三人织冬天的手套和袜子。妈妈笑着说，太婆您真棒，这么大岁数了还能拿得起针和线，不过家里孩子的东西都够用，不用受累了。太婆也笑眯眯地说，这是我的心意嘛。于是我说我想学，太婆就开始手把手耐心地教我了。这样我也逐渐学会了织手套、织围巾、织毛衣。在我成家后，我当然为家人都置办过这些"温暖牌"产品。这在热爱学习的70后职业女性里也算不容易了，而它们也因不可复制被永久性保存。

家　风

　　我曾经这样问过母亲："俗话常说'老了招人嫌'，为什么太婆这么老了，所有的人还都这么喜欢她呢?"母亲回答："太婆虽然出身家庭条件好，识文断字有文化，但对家里的人从来是温言细语、耐心柔和，可以说上敬长辈、下爱小辈，对家里的每一个人都能体贴关注，不计较得失。大家有什么心里话都愿意跟她讲，她总是耐心地听，温和地劝，但从不传闲话。谁有什么不明白的问到她，她也总是耐心细致地教，就说织毛衣吧，到你，太婆就教会了四代人啊。年轻的时候家里做买卖，太婆对街坊四邻及顾客也是如此，在整条街太婆以贤惠出名，我们这个大家庭也以和睦出名。"

　　印象中，三个月快满的时候，就不停地有姨啊舅舅啊到家里来"抢"太婆了。那时候感觉这种情形蛮好玩，成长后感觉好温馨，现在感觉好深刻：一把编针、一团毛线就可以将四代人编织在一起，织出和风细雨的温情，织出血缘之外的丝丝依恋，织出上敬下爱的和睦家风!

　　太婆去世的时候是披红的——五世同堂。

　　人生之幸，是能遇到知识与技能的良师! 人生之大幸，是能有生活良师的言传身教! 我想，我会努力把上敬下爱的和睦家风的编织课不仅开设在校园内的课堂上，更要开设在家里、在身边、在更多人的心里!

职业角色与家庭角色

北京市第十五中学校长　苏　冰

　　我的感情世界有一道闸门，一直没有打开——不是不想，而是不敢。因为那里有我尘封已久的记忆，有我失去母亲后始终不能释然的痛苦，也有耄耋之年父亲对母亲依然矢志不渝的怀念。今天，面对家风这个话题，我决心打开它。

　　我生活在一个书香之家，父母都是教师。即使用尽世界上最华美的语言，也不能表达我和弟弟成长中的幸福——五十五平米的空间里四处充盈着我和弟弟美好的梦想，那些潜移默化、耳濡目染的东西，在我的一生中都不断浮现。

　　世界上的每个人都承担着两个角色，一个是职业角色，另一个是家庭角色，两者的完美结合构成了我们生命中绚烂的生活。中国自古有"忠孝不能两全"的说法，但是我的父母却用行动诠释了职业与家庭两个角色可以兼顾——在校是教师，在家是家长和儿女。

　　父母都是要强之人，都是优秀教师。在他们繁忙的工作中，对两个孩子都关爱有加。虽然那个时代有普遍性的经济困难，但我从未感受到过，相反还因为经常吃到母亲包的饺子和馄饨而感到万分幸福，也不知道是不是这些好东西只给了我们。

　　随着我们大学毕业、工作、结婚生子，母亲又开始照顾我们的孩子，当我和弟弟的孩子上了幼儿园，母亲也退休了。因为母亲的帮助，我和弟弟都没有耽误自己的工作，还成了单位的骨干。

169

家 风

母亲本来该享受幸福生活了，但爷爷却患了食道癌，重担再次落在了母亲身上，在母亲的精心照料下爷爷没有受过什么罪，离开人世的时候也是安详的。随后90岁的奶奶又在重复这个过程，幸运的是，奶奶这个岁数还能自己下楼找人聊天，回家则享受四世同堂的天伦之乐。

我们多希望这种平静和谐幸福的生活一直持续下去，但万万没想到平静太短暂了，而我居然没有机会见到母亲最后一面……

母亲去世后，我们都劝父亲不要再被返聘了，父亲却说学校现在很需要他，他要坚持做完手中的工作。随后，70多岁的父亲照顾奶奶到整整百岁。

父亲今年已经82岁了，但仍然精神矍铄，对生活充满了信心。父亲非常爱学习，喜欢文学、体育、军事等领域，尤爱书法，工作日记一直用毛笔书写。

"乙未年春，雅兴抄录《兰亭集序》，铁画银钩，美韵俊迈，敬仰之余，感悟良多。余稚始学描红，少年习字至青年参加工作，尤以解放初用麻刷蘸白灰水在墙壁上书写宣传标语，受益匪浅。后因书写工具改变，多用硬笔行文，鲜用毛笔写字，此乃时代使然。20世纪80年代因工作之需，笔墨又有了用武之地。至20世纪90年代初，十余载尽情挥毫，各种字体，广习博采，收获颇丰。进入花甲之年，本可静心习字，但因绿化美化校园，莳养花木十载，加之侍奉老母，直至古稀之末送走百岁老母，鲜有进步。光阴荏苒，转眼间已到垂暮之年，谢幕之时，但无需叹息，时光赐予的良机，足以驰骋字海，奋笔疾书，于人生充盈。"

这是父亲在80大寿那年写下的文字。这既是学习的感悟，也是他的人生感慨。人生短短几十秋，父亲做到了职业、家庭、生活、爱好的角色兼顾，这样的热情和向上影响了我和弟弟的人生态度，我们也必将带着这样的情致去过一个有价值的人生。

为人子　止于孝

北京市西城区西四北四条小学校长　郝雅玲

除了春节，小时候的自己还爱过清明节，因为很多糕点是平时想吃都吃不到的。每年清明，爸爸妈妈总会准备各种各样的祭品去给外公外婆扫墓，回来我们就会吃到很多美食，那些美食总会馋得我们流口水。

我们从小跟外公外婆住在一起，是一个大家庭，两代长辈从来就没有红过脸，以至于我误以为爸爸是外公的儿子。外公骗我说爸妈的名字中间恰好都有同一个"瑞"字，更是让我信以为真。

外公曾参加过抗日战争，当时是骑兵，我家后屋曾经挂着外公盒子枪的枪套呢，是外公在"刀枪入库"时刻意留下的念想儿，当年就是我在小伙伴中炫耀的资本。但外公的脾气确实像军人般的火爆，大概是在部队管人管惯了，家里也要管东管西，有时我们都会觉得外公唠叨，但爸爸妈妈从来没有表示过一丝的不满和厌烦，总是主动承认错误。慢慢地我发现有时他们还会故意犯点小错误找骂，看到外公瞪眼骂人，有时他们还会相视一笑。我经常看到外公和爸爸因为下棋吵吵闹闹，有时因为爸爸下得太差吵，有时爸爸赢得太多也吵，根本搞不明白他们是在下棋还是在吵架。我曾经问过爸爸，"你们干嘛惹外公生气？"爸爸神秘地说："你外公离休了，还不适应呢，怕他憋出病来。"哦！原来他们在逗老小孩儿玩儿呢！从此以后我和姐姐也经常给外公找"活"。"外公、外公，我的鞋带开了不会系。""外公、外公，我的小辫子散了。"看到外公无可奈何的样子，我们总被逗得哈哈大笑。

　　后来外公因为肝腹水住进了医院，看到外公高高鼓起的肚子，我难过得直掉眼泪，但爸爸妈妈从没有在外公面前流过泪，他们总是想方设法让外公舒服些，花尽心思给外公做好吃的，妈妈甚至为此辞掉了自己的工作。爸爸妈妈照顾外公很用心，外公虽然病得很重，身上始终干干净净、体体面面。后来外公的病已经非常严重了，好几次他自己拔掉了点滴和氧气，冲着爸爸妈妈吼："你们不孝顺，为什么不让我好好地走？"这时候我都会看到爸爸妈妈的眼眶是红红的。

　　爸爸妈妈的一言一行，给我留下了非常深刻的印象，长大后我曾问过爸爸："侍候外公外婆你就没有埋怨？"爸爸说：你爷爷奶奶去世很早，我体会过"子欲养而亲不待"的痛苦，和父母在一起的时间其实很短，好好珍惜这段美好的时光，以后回忆起来是一件很温暖的事！是啊，我就曾看到爸爸在和外公下棋的桌子前默默地发呆。

　　爸爸说的话深深地印在我的脑子里，让我永远无法忘记，以至于在很多年后，我已为人母，当我的爸爸满头白发时，我对爸爸尽孝竟成了一种习惯。爸爸75岁那年突然中风，我和姐姐守在父亲床前寸步不离，为父亲翻身按摩、端水擦身竟没有丝毫的羞怯和嫌弃。每当身心疲惫的时候我的眼前都会浮现出我和爸爸生活中的点点滴滴：夏天爸爸单位发汽水他从来舍不得喝，看着我们喝时嘴边的微笑；教我骑自行车在车后跑时鬓边的汗水；婚礼上父亲握着我的手把我交给爱人时眼边的泪花……每当想到这些，我就会觉得我的付出赶不上父亲的万分之一，我阻挡不了时间的流逝，也遏制不了病魔的侵蚀，只有让父亲在有限的时间里过得安详和快乐，只有在这个时候我才更能理解父母对外公外婆无悔的付出。

　　后来父亲因为中风损伤了脑神经，有时甚至连我们都不认识了，我们还是在他面前跟他有说有笑，爸爸情绪好的时候还会搭个腔，哼一声，情绪不好的时候理都不理我们，但我们一直坚持这样做，我和姐姐商量好，即便爸爸不认识我们了，我们也要让爸爸看到我们的笑脸，让他知道世界上有人爱他关心他，让他即便是在那个我们不知道的漠然的世界里也不会孤独和害怕。八年后爸爸平静地离开了，在这八年里虽然有苦有累，但更多的是反哺带来的幸福感。

如今我已进入不惑之年，每当和女儿一起走在马路上，女儿总是自然而然地走在我的左侧，但凡遇到好吃好玩的总要给我们带上一份，每当看到这些，我总感到非常的欣慰。

著名法国作家罗兰曾说过："环境给一个人的影响，除有形的模仿以外，更重要的是无形的塑造。"可见家风作为家庭无形环境的重要性，而父母的一言一行对孩子都会产生潜移默化的影响，融入我们的血髓，成为一家人的共同的印记。

爸爸，花开正艳

北京市西城区康乐里小学教师　邹晓静

爷爷就是个爱花之人，他很喜欢摆弄花花草草。他总是停留在花间，顾盼着，搜索着，凝视着，神色中不时透出惊喜和欣慰，花仿佛给了他无限的精神源泉。

爱花的人也爱自己的生命。爱到最后，他也成了一枝花，暖暖地开在家人的梦中。

爸爸说："爱花的人是心地善良的人，是热爱生活、崇尚自然的人，是真诚、有责任心的人。"

爸爸也爱花，他会亲自带着我和弟弟一起养花。

爸爸的小院里一年四季都开着花。朋友来家中玩，先闻到的便是扑鼻的花香。阵香袅袅，暗香攒动。

春夏之际，满园五颜六色的花，照耀着整个房子。玫瑰、太阳花、蝴蝶兰、长寿花……有的我是叫不出名字来的，但爸爸都知道。

秋冬也不乏色彩。满院柿子和海棠是花的奉献，是爸爸汗水的结晶。我们的心则随着花的成长绽放。

爱养花、爱生活、珍爱生命，像花一样带给人们以美好，是我们的家风传承。

爸爸对花的照顾很殷勤，他是个称职的园丁。他告诉我：他每次浇花，内心都非常安静和祥和，看着细细的水雾将叶面洒湿，叶儿像吸了墨水的宣纸，厚重了，绿得更有神韵了，这时的心情是放松的、舒畅的。此时，人与花，没有隔阂，没有禁忌，只有真诚和坦荡，只有相知与相悦。

做人也是这样。爸爸常常教导我对待朋友、同事，也应该是坦荡的心，欣赏的心，这样自己心情也是愉悦的。爸爸跟我说这番话，自是有他的道理的。我是一名教师，不仅要面对朋友、同事，更要面对可爱的孩子们。带着欣赏的、平和的心去审视每一个孩子，会带着爱，带着真诚，体验并享受与孩子们相知相悦的快乐，这样的感觉只有我们"园丁"明白。

今年的寄宿班不同以往，班上很多顽皮的孩子，单亲的孩子更是难教育，接班伊始，每天有处理不完的问题，我的脾气没来由地暴躁起来。周末一回到父母的住处，就不由地跟爸爸发起牢骚，我叨唠几个男孩子不写作业，抱怨别的班孩子如何好，自己却没赶上……爸爸微微蹙眉，问我："静，爸爸送你的花开得好吗？最近有没有精心照顾它们啊？""真的没时间，爸，太忙了我！""哦，难怪！走，跟我去花园看看。"

跟着爸爸走到后花园，和爸爸蹲下身来，压压这枝的土，修修那枝的叶，听爸爸娓娓道来："你爷爷让我养花，说是修身养性的，年轻时不明白，直到花开满园，我方悟到你爷爷的心思。离休前，我在单位面对的诱惑太多了，相对摆在我面前的抉择也太多了。烦躁时，这些花让我心静下来，看着满目的绿色、满眼的生机，你会感到生活的美好、充实与幸福。人面对花时，心是纯净的，花的语言或许有不同，但它们都是在告诉我们生活的美好，珍爱眼前的美好，才不会走错路。"我慢慢咀嚼着爸爸的话，又听到爸爸说："你要懂得去爱护花。它们是娇嫩的，它们是无语的，像小孩子一样，不会表达。花用颜色、气味、形态表达它们的情绪。懂花的语言，才能与它们对话。小孩子不是也如此吗，懂他们，爱他们，就会看到幸福，没有抱怨。"爸爸站起来，意味深长地看着我。我惭愧地低下头，明白了爸爸这一番话的深意。爸爸笑了，戳了我的头一下，我抬起头来，看到爸爸温柔的眼。"所以我让你也养花，知道吗，养花的人心是平和的、柔软的。"

妈妈来花园叫我们回屋吃饭，听到了爸爸的话，也笑了："你爸爸爱这些花啊，跟疼孩子似的，他会经常夸它们，'小家伙们，你们真够精神的啊！快快长啊，漂亮的小家伙！'你说它们哪听得懂啊！""谁说听不懂，它们听到赞美长得更快了！花懂人的语言，只要你倾注了爱！"爸爸嗔怪妈妈。

"只要你倾注爱！"爸爸的话让我茅塞顿开，爱花的人更懂得爱吧！生活中不能缺少爱，人的心中更不能缺少爱。

晚风吹来，我再次伫立在爸爸的花园里。暗香涌动，晚风飘逸，那些清幽花草此时显得那么与众不同。从它们身上，我看到了纯真，看到了关爱，看到了生命的真谛，心情豁然开朗。这也是爷爷、爸爸他们爱养花的原因吧！人生如花，人生的过程就是花开的过程。在生活中，欣赏和自己一样的花，倾听那花开的声音，见证花的成长，与花一起舞动生命的旋律，沉淀躁动喧嚣的心灵，静静享受生命之美，感受生命存在的真谛，践行生命的葱茏，是老一辈人的深刻感悟吧！

满园的花开得真艳，我能听懂他们的话。我会像花一样，给我的孩子们以美好，让他们也像花儿一样灿烂。

爸爸的花儿开得如此灿烂，我相信，它们会永远绚烂多彩。因为，它们开在我们每一个人的心中。

影响篇

家风是塑造孩子的无形力量

北京第二实验小学教师　冯　勉

　　昨天我见到一位毕业生，他是我工作第一年的学生，今年已经三十多岁，成家立业，刚生了一个胖儿子。聊天的时候，他问我："我们小时候和现在的学生有什么不同？是不是现在的孩子比我们聪明很多？"我想了想，说："可能从见识、知识面会比你们多一些，但是也缺少很多营养。缺的这些应该是在六岁前已经在家庭中就汲取的，应该由父母家庭给予的。"这也许就是我们所说的家风的一部分。之所以这样说，确实是有感而发，在工作中感到家庭教育在孩子成长中的作用太大了。

　　我的家庭比较特殊，我爱人长期在国外工作，每年有很短的时间回国探亲，孩子从五岁开始到现在（他已是 19 岁即将上大二的学生了）十多年来一直是我自己一个人带孩子，孩子和爸爸的交流更多是电话和现在的微信视频。这十九年中我们到底给了孩子怎样的教育？

　　打开电脑想找找素材，我找到了儿子在高中时候写的一篇作文，题目是《劳动之美》，我摘录其中一部分：

　　　　如今，无论是走在街头，还是打开各类网站，你总能看到一种广告的身影，"10 天保你考过大学四级、托福、雅思、GRE……"如此云云，层出不穷。似乎，在我们现代人的眼中，如何缩短劳动的过程，才是"成功"的关键，才是"王道"，"劳动"似乎也不那么美了。

"劳动"美在哪里呢?"劳动"原来只是生产生活的一部分,为了生存,我们必须劳动。而劳动,就不免要费力,而"劳动之美"也就在人此时的态度之上,一种勤劳,一丝不苟,一种乐观向上、积极的处世态度,感染周围的人,让人为之一振,也就成为一种美了。

仔细一想,我们华夏儿女自古以来还是勤劳、热爱劳动的。中国自古就是以农耕为主,用自己的双手插下每一株秧苗,播下每一粒种子。劳动,就是我们的生存方式,人们勤奋耕种,享受着自然的馈赠。而到了现代,改革开放给中国带来了无限的机遇与挑战,人们的钱袋子鼓起来的同时,也发现了一些"致富的捷径",看到了"不劳而获"的可能。人心浮躁,急着用钱买来速成的果实,因而,辛勤的劳动过程,他们等不及,"金钱可以买到一切",劳动,似乎就不那么光荣与美好了,省略它,成了"智慧",成为了"生产力"。

梁漱溟说:"成物者同时亦成己。"一个人在打磨美玉的时候,其实就是在打磨自己的内心。劳动,就是我们打磨自己内心的过程。一位农夫能在耕种中使自己更顺应自然,随和淳朴;一个木匠能在打造物件的过程中使自己一丝不苟,精益求精;一名教师也能在培育学生的过程中,反思自己,体察人成长中的善与恶,从而使自己变得更加智慧……我们若摒弃了劳动,那我们就丧失了提升自己的机会,劳动带来的,就是让我们在经历中感悟与提升,变得向上、勤奋,这便是劳动的魅力,劳动的美之所在吧。

劳动,用时间如流水般浸润着我们的心灵,我们若去避开它,便是一种愚昧,我们的社会若也逃避劳动,便无从提升,无从进步。用勤奋的劳动来充实、提升自己吧,因为劳动会让你变得向上。

愿劳动之美长存,带我们走向美好的未来!

看到这篇文章，我才恍然觉得儿子已经长成为一位阳光向上的青年，他对自己、对生活和社会有了一份深刻的思考，也有了一份责任和担当，这不就是我们从小对他的期待吗？有句话说，今后想培养什么样的孩子，今天就给孩子什么样的生活。

幸福，与担当有关。

担当，就要学会背负起家庭的责任，与家人分担苦与乐；还要肩负起社会的责任，做一个有良好素质的公民。

记得儿子在三岁的时候，每天跟爸爸坐班车去幼儿园，有一天下大雪，坐班车的人多，爸爸要抱着他坐在腿上，他死活不干，非要自己坐一个位子。回家后，因为这件事第一次也是唯一的一次挨打，屁股上留下了笤帚的印记，也让他记住公共汽车上不能只想着自己坐。从那以后，只要一上公交车就马上坐到大人腿上，再到后来，乘地铁上公交从来不去抢位子，即使坐着也经常给老人让座；在地铁站看到拿着行李箱的人主动跑上去给予帮助……我还是一个"严父"，我希望孩子能成为一个有担当的人。儿子三年级时有一次因为贪玩忘了数学卷子要签字，第二天跑到办公室让我签，我不但没签还罚他当晚回家抄卷子，让他记住这次教训，学会对自己的学习负责。当天晚上，夜已深了，他在灯下抄着卷子，我坐在旁边静静地陪伴他。后来他在一篇作文中写道：这个静静的夜晚，当看到劳累一天的妈妈坐在旁边陪我一起受罚时，我懂得了妈妈的另一种爱，也懂得了要做一个对自己负责也要帮妈妈担当的男子汉！

这一点在他上初中的时候得以体现，他在初一时担任班里的卫生委员，一干就是三年。在这个过程中他也曾想到不干了，因为别人都不愿意当卫生委员，每天放学都要留下，太费时间。我说："别人不愿做的事情你来做，男子汉多受点累不是坏事，吃亏是福。不过要真是能力问题另当别论。你自己决定吧！"没想到他竟然坚持下来了，即使到了初三准备中考学习最紧张的时候，他也坚持放学后把班级卫生搞好才走，在他和全班同学的努力下，他们班的卫生始终保持年级第一。后来他考上了本校高中，在班级工作意愿栏里毫不犹豫地又填上了"卫生委员"几个大字。去年，他去了加拿大多伦多大学，多国学生合住的公寓里，也是勤收拾厨房，打扫公用房间的卫生，得到室友的赞许和友谊。

家风，是塑造孩子的无形力量，正像习主席所说，家风更是"国家发展、民族进步、社会和谐的重要基点"。为了每个孩子的幸福，为了每个家庭的幸福，为了我们国家和民族的幸福，每个家庭任重而道远！

致 然 然

北京市西城区宏庙小学教师　尹凤霞

然然：

你好！

我记得，你出生一周后，因为睡眠时间比同龄孩子少，妈妈要经常抱着你，那时我已经开始腰疼了。随着你一天天地长大，在不会走路的时候，还需要妈妈抱着，有时妈妈胳膊疼、腰疼，但是我想：有一天你长大了，就不再需要妈妈抱了，所以，我要珍惜现在的时光，疼痛和劳累算不了什么。

现在你已经6岁了，开始懂些事情了，爸爸妈妈也希望你珍惜现在的每一天，合理安排自己的时间，安排好学习时间、读书时间、休息时间、锻炼时间和做家务的时间。

学习是为了以后的幸福生活，读书可以丰富你的思想，兴趣让你找到快乐，锻炼让你拥有健康的身体，做家务可以培养你的自理能力，这些都决定着你以后的生活是否幸福。

你可能有些不明白，爸爸妈妈总是对你说，你听我们的没错。现在你还小，就应该听我们的意见，因为你经历的事情太少了，脑子里的知识也很少，你很难作出正确的判断。

你现在丰衣足食，可你是否想过那些穷困潦倒的人；你每天要做很多的事情，有时你会感觉到累，但是你要知道无所事事，更加可怕。

爸爸妈妈虽然对你的学习有要求，但是并不是那种逼着孩子学习、排满课外班、不让孩子玩的家长；我们也不是让孩子任意玩耍、对孩子毫无约束的家长，因为以上这两类家长都不是好家长。让你的学业太重，会对你的心理和性格造成坏影响，而不对你进行约束，任由你自由成长，你就会像小树苗一样长歪，最终长不成参天大树。记住，你现在是一名小学生，学习是你的责任，你要思考怎样才可以提高你的学习效率，提高自己的学习成绩。

爸爸妈妈希望你珍惜和我们在一起的时间，随着时间的流逝，我们终将老去，直到有一天离开，所以我们要一起珍惜每一天。记得你没出生前，爸爸想给你起名叫杨笑颜，希望你天天快乐。爸爸希望你有健康快乐的心理，这比什么都重要。这也是爸爸妈妈一直以来，尤其是在你小的时候，关注的问题。让我们高兴的是，你的心理素质确实不错，这是十年来我们最大的收获。我们还看到了你每天一点一滴的变化，你的每一点进步不仅对于你，还是对于我们，都是很大的收获。

你拥有什么品质很重要，这决定了你是一个什么样的人，今后会和什么人交往，物以类聚，这决定着你今后的朋友，甚至你长大后会找到什么样的伴侣。在放学后，你经常和妈妈分享学校的事情，妈妈很高兴。

最后，我想对你说，你现在所做的一切，都是在给你以后的人生打下基础，你现在可能体会不到它的重要性，因为现在是耕耘阶段，是成长阶段，等你长大收获的时候，你可能才会有更加深刻的体会吧！

爸爸妈妈
2014 年 12 月 16 日

让经典与家风同行

北京市西城区黄城根小学教师　王永红

我是一名一线的老师，每天和孩子们打交道，从孩子的身上折射出来的家庭教育现状给我深切的感受。

一、家风对一个孩子的影响至关重要

家庭是社会的细胞。一方面，任何一个人都在一个具体的家庭里成长和成熟，其人格形成与他所处的家庭环境密切相关。另一方面，凡事要有"风"和"规"，一个家庭，如果没有正确的良好的风气和规矩，就不会和睦，和谐。习总书记说，国无德不兴，民无德不立。国家的兴盛，家庭的兴旺，总有一种力量在传承，这种力量就是家风。

我在有40名学生的班上做了一个关于家风的小调查："你的家里有家风吗？如果有是什么？你怎么看你的家风？"调查的结果是，有28个孩子说有家风，或者说虽然没有明确的家风的内容，但父母对某些方面要求是有的。

看着学生们写的——

有的具有时代气息：学会独立、乐于分享、要低调做人、高调做事、做事要有原则；

有的关注身体：11点前必须睡觉；

有的是做事的道理方法：做事就要坚持；做事绝对不能突破底线，不能犯原则性错误，讲礼貌。

看到学生家风的具体内容，不由得发现我们的家风在不断地与时俱进：古代讲究的是孝悌，仁义，在自己小时候，父母讲的大多是勤俭、谦让，现在则更多追求独立、奉献、分享、乐观。

但有 12 个孩子即约 30 ％的学生表示"没有家风"，或父母对自己没有什么要求，或说不知道。当我看着这些孩子的名字时，我很震惊地发现，他们在行为习惯和人际交往上都或多或少地存在着问题，这怎能不引起我们的思考啊。家风的形成与延续，关乎一个家庭乃至整个社会的发展，所以，我们每个家庭、每所学校，以及整个社会都应对家庭教育给予高度重视，促进家庭良好家风的形成和培养，为青少年在学习如何待人接物、言谈举止等方面奠定基石。

二、从教材中寻找家风教育的素材

学校是家风建设的土壤，我们的班级，我们开展的活动，我们带领孩子学习的内容，就是土壤中的肥料。翻开我们的语文课本，在那一篇篇文质兼美的文章中，我们不难发现家风教育的故事，作为一名语文老师，我认为自己有责任与义务在教学中渗透美德教育。

《落花生》中，许地山的父亲告诉他们"你们要像花生，它虽然不好看，可是很有用，不是外表好看而没有实用的东西。"所以让许地山明白了"人要做有用的人，不要做只讲体面，而对别人没有好处的人了"。取了"落华生"这个笔名，以此来勉励自己要做一个具有"落花生"品格的人。

《白杨》中，一个扎根边疆的建设者，把自己的儿女也接到边疆，希望他们也扎根边疆，建设边疆。在通往新疆的火车上，他告诉孩子们，路边的"白杨树从来就这么直。哪儿需要它，它就在哪儿很快地生根发芽，长出粗壮的枝干。不管遇到风沙还是雨雪，不管遇到干旱还是洪水，它总是那么直，那么坚强，不软弱，也不动摇"。既是在说白杨的特点，又是在潜移默化地教育儿女。

《梅花魂》描述了一个侨居国外的老人对一幅墨梅的珍爱,他的眼中,梅花有坚贞不屈的气节,是我们中华民族精神的象征,代表着他对祖国深切热爱和眷恋之情,这爱也深深地影响着他的孙女。

在教学中,老师在品味语言文字魅力的同时,把这种情感也传递给学生,使学生领悟长辈的要求、家长的行为对孩子的成长是有重要影响的。

三、让经典走进每个孩子家庭,促进家风与经典同行

中国历代留下了经典著作,是经过了上千年时间的荡涤冲洗沉淀下来的,是我们宝贵的精神财富,也是我们教育的资源。

因此,家长会上,宣讲阅读的意义,把推荐孩子阅读的书目,在家长会上展示给家长,鼓励家长带孩子阅读。

开展大量的阅读实践活动,鼓励孩子阅读的同时,把家长引入学生的阅读生活,带动家长参与学生的阅读过程。我们校方和班级全体同学的家长建立了微信群,每学期都会让家长晒晒孩子制定的阅读单,在这个过程中,家长就会相互影响,不由自主地关注了孩子的阅读情况。晒完书单,我还引导孩子制定个性化的自主阅读表,并把好的设计晒在家长群里,鼓励孩子学习和修改自己的阅读表。鼓励孩子和家长讨论自己的阅读心得与感受,家长会总结孩子的阅读情况是一个必不可少的内容。

又如现在用手机录制音频很方便,我们在读《三国演义》的时候,鼓励学生讲一个三国故事,录下音频,每日播放。本学期,我们在读《红岩》这一本书,每个孩子负责录制15页,全班串成了《红岩》整部书的音频,既受到了革命理想的教育,又体验到了成就感,也使我们的家长越来越关注孩子的阅读内容。

我们还开展了一个活动,也非常有意义,就是班级推荐"留在家长记忆中的一本书"活动,孩子采访家长,让家长的阅读经历推动孩子的

阅读，留在家长记忆中的那一本书，一定是家长记忆中的经典，对他们的人生有着影响的经典，通过家长对那一本书的回忆引发学生对美的向往与追求。

下面引用几段孩子与家长探讨"留在家长记忆中的一本书"的记录：

学生一：爸爸最喜欢的一本书名叫《福尔摩斯探案集》，这本书写得很好，场景惊险，情节跌宕。读完这本书后，爸爸还告诉我一个道理：定论不要下得太早，要经过充分的实践后再下结论。

学生二：妈妈最喜欢看的一本书是《平凡的世界》，妈妈说："书中的主人公孙少平在如此艰苦的环境下还能坚持自己的理想和信念，让我很受感动，我觉得他这种执著的精神震撼了我。"

学生三：《撒哈拉的故事》令母亲难忘。在富有情趣的一篇篇故事中，妈妈自然也发现了三毛的许多品质。从白手起家，到用废品涂鸦装饰自己的房间，最后拥有一个圆满的家庭，三毛那积极乐观的生活态度一次次地打动着母亲，并激励着她像三毛那样善良、勇敢、乐观与坚强。

学生四：妈妈从小就读了《三毛流浪记》这本书，书中的三毛生活得十分艰苦，但他却不失天真。在上海的流浪生活，他不停努力，坚持生存下去。

多么令人感动，孩子在了解家长记忆中的一本书时，或与家长产生共鸣，或持自己不同的小心思，这都在情理之中。惊喜的是，家长与孩子之间互动式的阅读交流，让彼此发生思想碰撞、情感交织，最终受益的焦点便自然而然地投射在家庭和睦上。

在论语中有一段文字，记载了孔子是如何教育他的儿子的。据《论语》记载：有一天孔子独立于庭院之中，默默静思，其子孔鲤快步从他身边走过，孔子突然叫住孔鲤问："学《诗》乎？"鲤回答："未也。"孔子说："不学《诗》，无以言。"孔鲤退而学《诗》。又有一天，孔子又独立于庭院中，孔鲤快步走过其侧，孔子又叫住他，问："学《礼》乎？"孔鲤对曰：

"未也。"孔子教育他："不学《礼》，无以立。"于是，孔鲤退而学《礼》。

孔子是一个思想家、教育家，他为什么要让儿子孔鲤学《诗》呢，因为《诗》是文学，是雅言，在孔子的时代是言出必行的话题，能够显示出自身的修养。而礼仪则是为人处世必须精通的各种人情往来的礼数。"天道有序"，每个父母不管是用具体的规则，还是用自己的言行去潜移默化地影响孩子，都应该明白一点，社会必须有合理的秩序，教给孩子必须熟知的道理和礼数，这是对孩子的保护。

我们中华民族 5000 多年的灿烂文化所孕育的许多优良的传统，家风是中华民族传统美德的现代传承，在经典阅读中促进家风建设，让经典与家风同行，这比单纯的说教更具"润物细无声"的效果。

我的第二次成长

北京市第八中学附属小学副校长　温建荣

"妈，妈妈——"女儿在书架旁大声叫道。我边走边说："整理个书，干嘛这样大呼小叫的。"女儿惊奇地说："我的红蜻蜓丛书还留着呢!"

这是去年接到大学录取通知书后我们一起整理书和学习资料的一幕。

是啊，从女儿出生到现在随着她的成长，书架上的书也在不断地增多。从看图识动物到红蜻蜓丛书，从童话、寓言故事到上下五千年，从青少年百科到名家名著……这些书像一颗颗珍珠，串起了女儿成长轨迹，也成就了我的第二次成长。

记得小时候，家中兄弟姐妹四个孩子，生活实属艰难，一本草纸印刷的《铁道游击队》《两个小英雄》这样的小人书一个院的孩子要轮流看、反复看，自己买书阅读是太奢侈的事情! 当时我就想，等我有了孩子，我希望，我可以给他读书的环境，家里有随手可拿的书籍!

在女儿还没有出生前我已经购买了《看图识动物》《看图认水果》这一系列的大彩页插图的书。记得女儿刚出满月我就开始抱着她看图认各种动物：爬行类动物、飞禽类动物、哺乳类动物……这色彩艳丽的图画也吸引着我的眼球，所以一有时间就和这个看似听不懂、看不懂的小娃娃一起认动物、看水果。爷爷、奶奶风趣地说："这丁点儿大的孩子能看得懂吗？"当时对这方面的了解不多，但是我觉得这样耳濡目染一定也能有效果。就这样，每天晚上在固定的时间我们一起看书，女儿听

我讲故事。慢慢地，女儿每天对故事的期待就转成了对书的期待，因为我经常告诉她：等你自己认识了那一个个小蝌蚪一般叫"字"的东西时，你想看什么故事都可以了。女儿的胃口被"吊"足了，对书便充满了无尽的渴望。在和女儿的阅读时刻里，我也在弥补着自己儿时的缺憾。

女儿识字较早，大概 2 岁左右就开始接触识字，电视广告、街边门牌、路边的宣传标语成了我的活教具；三岁半已基本能够自己阅读，四岁后，我最常带女儿玩的地方就是西单图书大厦，让她对书的世界有个感性的认知。在那里我们选出一篮子书席地而坐，时而轻声讲解，时而让她自己慢慢翻看，《小猪噜噜》《拇指姑娘》这些有意思的故事深深地吸引着女儿。看到孩子有爱不释手的书，就买回家来再次阅读。"书中自有黄金屋，书中自有颜如玉"，在书中孩子认识了许多良师益友，从他们身上感悟到很多为人处世的道理。

中国的语言文字极富魅力，有时我看到一些词句优美的章节便与女儿一同感受、分享。遇到精彩的句段我会和女儿一起有感情地朗读，充分感受语言修饰的美。小学的时候，当她读完金波老师的《想念红树林》一书后，女儿深有感触，知道了词语经修饰后语言更是美丽大变身。她说《想念红树林》里的每一个字都像是会唱歌，足以说明她已感受到了语言的神奇魔力。

虽然孩子喜欢读书，但是我也不把太多的精力和时间都花在读书这件事上。因为不能忽视了身边的花草鸟虫，忘了日升月落。古人说"读万卷书，行万里路。"接触大自然，多出去走走，增加一些旅行的经验，也是非常重要的。我们到博物馆探寻恐龙的发展；爬云台山、三清山感受山的情怀；登首尔塔鸟瞰首尔全景；去宝岛台湾看美丽的阿里山和日月潭……在我看来，世界是一本奇妙的书，人生是一本厚重的书，需要我们花很多时间去慢慢阅读。

阅读是一种滋养，是一种耳濡目染，是一种潜移默化，是润物细无声地默默耕耘。在阅读的陪伴下女儿已经成为一名师大英语系的学生。

现在，她不仅大量阅读了《世说新语》《诗经》等传世的中文书，还购买了很多英文原版名著，《长腿叔叔》《玩偶之家》《傲慢与偏见》《自由论》等这些原汁原味儿的名著，激发了她学好英文的决心，她说要学好英文成为一名好的笔译，翻译出更好的书籍来让更多的人了解外国文化。

书籍有一种强大的教育力量。阅读不仅能吸引孩子，还能激发孩子对世界、对自己的深思。正如莎士比亚所说："生活中没有书籍，就像没有阳光；智慧中没有书籍，就像鸟儿没有翅膀。"培养孩子的阅读兴趣，让孩子喜欢上读书，是家长献给孩子最好的礼物，也是家庭教育成功的一个重要标志。

我们这个三口之家在秉承父辈"清清白白做人，老老实实做事"家风的同时，阅读也算得上是我们的家风吧！感谢女儿，在和女儿的阅读中成就了我的第二次成长！

随文附女儿的一篇随笔与大家分享！

古文之美

2013 年 10 月

我觉得在语文的学习里让我觉得最美的大概就是古诗文了。

古文的美，美在语言的精练、韵律、骈散结合和变化灵活。

现在的文章，写得精练又能传达出完美效果的少。但是古诗文可以。它可以在紧要的时候恰如其分地描写出各种场景，精练又充满遐想。每次阅读时都有身临其境的感觉，而且当心态不一样的时候看到的景色和产生的心情也不一样。因此我觉得古文就是一幅活生生的图画。

古文的韵律感和骈散结合也是我觉得充满语言美的部分。在朗朗上口的同时可以向人们传达那么多的意思。这要有多么好的语言感觉才可以这么押韵。我觉得对词汇量严重缺乏的我来说，押韵简直是个难事。每次想要装装风雅的时候不是没有韵律感就是意思没

有传达出来，而且几乎大部分的古文都是有好多典故的。这需要多么大的阅读量和多少年的积累才可以啊！所以古文也是充满了沉淀的。

古文的美丽也在于变化灵活，很多时候在强调某种感情的时候都会用意思相近的词。就如同李清照的"寻寻觅觅冷冷清清，凄凄惨惨戚戚"这原本没有什么特别情感的词，在重叠之后就变得情感强烈而富有冲击力，更是美在经过千年沉淀下来的文化精华和思想感情。古文其实并不会因为千年的沉淀变得僵硬呆板，反而透着一股灵动劲儿。虽然有格律，有韵律在，却并不会因这些八股的规矩变得生硬固执，反而因为这些规矩的存在更加衬托了它的灵动飘逸。

其实一开始我也没有这么多喜欢古文的理由。只是因为开始特别喜欢李白和陶渊明。记得李白的《侠客行》中有一句让我印象深刻"十步杀一人，千里不留行。事了拂衣去，深藏身与名。"我觉得李白的诗豪放洒脱，自由不羁却又浪漫美丽。他那不受拘束的想象力和精炼简洁的语言结合得那么完美让我产生了憧憬。陶渊明的桃源、田居都充满了悠闲自得和恬淡的情感。就比如那句"采菊东篱下，悠然见南山"虽然我也体验过田园的生活，但是从来没想过原来平淡的生活可以这么美丽。况且大多数的文人都是清高孤傲的。他们大多都有着不事权贵世俗，不与白丁往来的态度。但是他们通过文章而流露出的内心世界和深寄于景的情，这些都让我感觉到那别样充满了情感美的美丽。也可以让我们在生活中抛开名与利，享受文人们透过文章而在我们心中建造的那一片净土和返璞归真的一份轻松自由。

大多数的古文都爱用典故。像什么"非谢家之宝树，接孟氏之芳邻。""梦入神山教神妪，老鱼跳波瘦蛟舞。""庄生晓梦迷蝴蝶，望帝春心托杜鹃。"等等。虽然只用了寥寥数字，却在通过典故的寓意生动形象的把自己的情感完美的结合之时，为我们讲述一个又一个有意思的故事。

我觉得阅读古文就是跨时空的沟通。通过古文，你可以听到作者的讲述和作者的经历与感受。每次读完古文就像是穿越时空去古代旅游。而每读一篇你都可以感受到几千年文化沉淀下来的语言魅力和精华。沉潜入每一篇文章去读的时候，空气仿佛凝滞了，文化仿佛穿越了千年的时间，液化成了一滴滴的露珠从文章中滴落润养着内心。

也许有很多人说读不懂古文。可我觉得这也是古文的魅力所在。没错，正是因为读不懂，古文不够直白，可以说很是含蓄，它似乎高傲到不愿意对不理解它的人吐露半个字。可是一旦你多读几遍或者读的文章多了，你就会发现它很热情。它会把它的全部世界都展露出来。让你好好地看个够。就是这种看似外冷而实际内热的神秘感深深地吸引了我。越是读不懂越忍不住多看几眼。只要看懂了一点就更加抑制不住地想看下去，继续了解古文中的世界。在越来越了解的过程中，古文的美就会像陈酿的酒、幽花的香，一丝一丝缓慢又丝滑地飘到心里。看得多了，你就会发现古文就像一个美人，不论是送别时凄切哀婉的她、沙场中英姿飒劲的她，还是笑隐于山水之中的她都美得那么得体。

其实，古文真的很美。

家风——恕

北京市宣武回民小学教师　袁一平

宽恕是中华民族的传统美德。唯宽可以容人，唯厚可以载物。宽恕指的是宽大有气量，原谅和不计较他人。"海纳百川，有容乃大"，我们的生活需要宽容，我们更需要学会"宽以待人"。大到国家小到家庭及家中的每个人，宽恕同样是必备的道德品质。

我们小家庭中的新人员就起名字为"恕"，寄托了全家的美好追求。"如"为依照、遵从；"心"为内心、心情、心小篆境。"如""心"为"恕"，意为内心柔顺、善良，即富有同情心，能够站在他人立场为他人着想。本义为恕道、体谅。不知道是否得益于这个"恕"，女儿自小就善解人意，能为他人着想。深夜喂奶孩子就悄悄地寻觅奶头，摸着黑吃个饱，瞪着大大的眼睛巡视着漆黑的房间，慢慢地进入梦乡；她从不哭闹，也不要求开灯照明。让忙碌了一天的爸爸、姥姥得以休息。女儿生病了，高烧使得她全身通红，鼻息粗重，全身无力。可是懂事的她从来也不哭闹，无论是喂药还是扎针都极力配合。

"恕"为"如""心"，也可理解为遵从善良之心：为人处世，不执着于自己的利益，容易原谅他人的过失，故"恕"有原谅，宽容之意。"如"又为假如、如果。心里多想一些假如、如果，以己度人，换位思考，用自己的心去推想别人的心，如此，就能多一份宽容，多一些宽恕。孩子渐渐长大了，我们全家在教育时最关注孩子的包容力。不仅吃百家饭，穿百家衣，还时常在孩子的生活中渗透分享的理念。孩子摔倒了，我们扶起她来不仅关注她的伤势，同时还会关心地板，小桌的伤情，一同安慰。幼儿园里孩子们出现了问题，做家长的常常会本能地保护自家孩子，而忽视双方孩子的心理感受。我们全家就一致坚持三个原则：一是吃亏是福，让孩子把心事说出来；二是"没关系、没关系"，询问加道歉；三是寻找解决方案，避免不愉快再次发生。这个方法非常好，幼儿园里我家女儿的朋友最多。

将"恕"视作从女、从口、从心。"恕"从"女"表示与女人的特性有关；"口"为言行。"恕"是女人的口与心。女人往往心性柔顺、善解人意，所以"恕"是因为女人内心的柔弱、善良而产生的行为。"恕"是一种解人意、通情理的举动。这方面我们的感触最多。现代社会环境中"小小女汉子"到处都是。外表的柔弱早已不是女孩子的美了。那女孩子应该怎样培养呢？我家的原则就是"容纳"，以善良之心包容，以宽恕之心接纳。在教会女儿包容接纳时，我们家的每一个成员都做好榜样。

首先，我们接纳女儿的一切，尊重她的个性特点。哪怕是面对孩子的缺点问题，我们也是一起想办法，绝不指责批评。顺其自然的教育使她自信快乐。

其次，我们接纳家庭成员间的理念习惯差异，特别是教育理念。彼此开诚布公、交流探讨、达成一致。让孩子得到和谐一致的信息。

最后，我们面对社会环境的复杂采取的方法是汲取正能量。教孩子辨美丑、懂是非。一个懂得宽容的人，会体察他人的内心世界，诚心帮助他人，心胸开阔、与人为善，因而受人尊敬。生活经验一次次告诉我和孩子：善于宽容，利人利己。"恕"是一种境界。一个人真诚地宽恕别人的过失，他的境界就上升了一个层级；一个人学会了宽恕，他就掌握了一种自我提高的有效方法。

我的小家得益于"恕"，希望这和谐的元素可以使身边的人更加舒服！

自信自立成就未来

北京市西城区五路通小学教师　辛　颖

独生子女的衣来伸手、饭来张口早已司空见惯。由日常生活上的惰性和依赖性而引发的行为和心理的依赖，已经成为孩子成长发展的重大阻碍，也成为当代家庭教育的重要课题。

我的儿子翟梓纲总体来看是个懂事，也省事的孩子。他性格温和，既积极上进，又善于平衡心境，不死钻牛角尖。孩子的这种性格使我们做家长的很是欣慰，这也是在当今这种竞争日趋激烈、压力日趋加大社会环境中的较佳选择。面对这样的孩子，该通过家庭教育帮他添加培育哪些秉性，是我们一直努力思考的问题。

通过阅读一些儿童教育书刊，以及与孩子的老师、我们的同事朋友交流，我们摸索出以下几点：

首先，培养自立自信的个性。创造机会让他独立完成一些力所能及的事情。这里的力所能及，不是按照一般意义上认为的孩子该做能做的事情。从儿子出生起，我们就秉承以平等的态度对待他，他是和我们一样有思想，有喜恶的人，而非只供成人左右的小童。在他幼儿园阶段，去餐馆就餐、乘坐出租车以及与邻里的简单交往我们都让他当主力，让他自己判断情况，自己给出对策。在家庭日常生活中也不因为他是小孩子而忽视他或照顾他。比如和他一起出门，我是不记路的，还要请他提醒应该携带的物品，以让他养成记路乃至对整个行程负责的态度。日积月累、潜移默化，他基本养成了不依赖，独立思考，独立实施的态度。

这种习惯推广到学习，以及处理他自己一些爱好兴趣，他都能以负责任的态度对待，不会自暴自弃、半途而废。这样既让家长省心，又是对他未来负责。当他独立走上社会，我想他有这些积累和积淀，会比较快适应环境，遇到不如意，会直面问题，解决问题，不会嫁祸于人，产生的心理落差也会小些。

其次，培养持之以恒的个性。小孩子是禁不住新奇诱惑的，也是最难善始善终的。在好奇心的驱使下，他们常常今天想做这，过两天又想做那。家长也由于没有精力没有耐心而任由其忽左忽右。我儿子也不例外。他兴趣爱好广泛，好奇心又重。为应对他的这种特点，我们商量了一致的对策：每次他心血来潮，想做一些事情时，都尽量给他讲清楚事情的关键，帮他分析利害，最后在对待态度上达成共识，是体验一下、感受一下，还是要严谨认真对待。如果只是蜻蜓点水般的体验，那我们也不会过问太多，他自己也可以用随意的态度对待。如果我们共同认为，这是一件善始善终的事，那就会不客气，必须坚持到底。因为在孩子阶段，掌握知识是重要的，但和习惯培养相比，显然后者更重要。我们会对他提出明确要求，可以当不成第一，但一定要尽力，更不能虎头蛇尾。在这种思想指导下，我们和孩子一同走过了艰辛的过程。比如说学习奥数。学习过程中的枯燥，以及对耐心的挑战都较大。这些孩子感受到了，作为家长我们也感受到了。期间，真的是弦绷一线，只要我们和孩子中有一方放弃，可能也就草草结束了。但是过程中我们和孩子共同努力，坚持住了。不为成名成家，只为磨练坚强的意志，为让他感受到数学之美。

最后，以快乐为方向。对于任何事务，如果不明确方向，那就意味着要走好多弯路，教育孩子亦是如此。结合我们自己的感受，我们始终明确，作为个体，儿子人生的目标应该是感受到尽可能多的快乐。培养快乐的能力，一直是我们贯穿始终的教育航标。我们教育他学会重视过程，不以成败论英雄，这样可以少受是非纷扰；我们让他尽可能培养对于轻松娱乐的兴趣。我们顺其自然地发展他，小学一、二年级时，同龄的孩子有的都在读古典名著了，可他还热衷于《米老鼠》一类的书刊杂志。对此，我们没有选择拔苗助长，而是在家中准备了种类丰富的图书，让他自由选择。随着年龄增长和学校老师的引导，他现在也喜欢捧着厚厚的大部头了。但他读得更多的还是童话类。我们觉得，想象能力的缺乏是中国现代人的共性，童话中神奇的发展情节对于孩子想象能力的激发和引导颇为有利。既然他喜欢，就随他去吧，何况他还从中学到好多生活常识和道理。不感兴趣，就是硬塞给他名著，他也消化不了。喜欢就好，快乐就好。

孩子成长之路很漫长，教育之路也没有止境。教育所能提供的仅是机会，而非结果。只要我们在教育孩子的过程中，掌握和运用正确的方法，培养孩子健康向上的性格，孩子也一定会给我们一个满意的回报。

亲子和　事事整

近二十年的教师生涯，让我感受到了太多的家庭教育的问题。其中最急需解决又很难根除的一个问题，就是亲子关系僵化的问题。表现在现实生活中，就是不管父母怎么说，孩子就是不听；或者是，只要父母一开口，孩子就嫌烦；为躲避父母的唠叨，学生待在学校里迟迟不愿意回家，等等。多年的教育经验告诉我，如果亲子关系不融洽，亲子之间不能良好地沟通，拥有再好的教育理念也没有用，家庭教育也就无从谈起。

明代学者王永彬在《围炉夜话》中说过一句这样的话：立身之道何穷，只得一敬字，便事事皆整。

我套用一下这句话：家教之道何穷，只得一和字，便事事皆整，或称其为：亲子和，事事整。

通常我们形容一个家庭的美好，用得最多的一个词是"温馨"。但在我的经验里，"温馨"一词在大多数中国家庭里只存在于孩子上中学之前，有的甚至只存在于孩子上小学之前。

孩子上了小学或中学之后，随着一次又一次的考试，能称得上"温馨"的家庭越来越少，尤其是上了中学之后！初一刚开始还好一些，只是抵触、言语不和，到了初二、初三之后，家庭矛盾不断升级，严重的甚至摔门、离家出走。

这是一个非常可怕的现实！最可怕的是，这个可怕的现实还在持续

上演！

不知从什么时候起，中国的大多数父母随着孩子的成长，慢慢地失去了一种能力，那就是欣赏孩子的能力。欣赏孩子的能力的失去让良好的亲子关系也失去了保障。

我对家长重复强调过这么一句话：每一个孩子都是可爱的，认为孩子不可爱的老师从某种角度上来说是有问题的；同样，认为孩子不可爱的家长也是有问题的。

孩子刚刚出生的时候，我们觉得孩子的一切都是可爱的！我们上班非常辛苦，每天都拖着疲惫的身躯回到家里，但孩子不懂这些，他饿了就哭，甚至，你的动作稍微慢一点，他还打你！但那一刻，孩子的哭声在父母眼里是世界上最美妙的音乐！甚至，你认为他打你都非常可爱！你会说："你看，他长本事了，还会打人了！"那个时候，我们做父母的会忽略孩子的一切而认为孩子可爱，是因为我们每天都看到了孩子的变化、进步与成长。按照这个逻辑思考下去，我们的孩子一天天长大，知识越来越丰富，视野越来越开阔，变化越来越大，按理说，孩子应该是越来越可爱才对！现实生活中却恰恰相反，孩子越大越让人烦！

父母越来越不欣赏孩子的原因有很多，但主要有两条。第一条是：现实与期望的差距。望子成龙，望女成凤。每一个父母都期待着自己的孩子未来能够如何如何，可是低头一看，孩子的学习分数很难看，与期待中的未来有一段遥远的距离！这个时候，家长往往就受不了。第二条是：面子。家庭条件越好，社会地位越高的家庭，这个问题越严重。在自己的同事或好朋友之间，孩子的岁数相当，同在一所学校，或同在一个班级，自己孩子的学习成绩不如朋友的孩子，总觉得抬不起头。尤其是领导，在单位我是领导，他是被我领导的，居然我的孩子的成绩不如他的孩子，我就更受不了。此刻，父母往往失去了理智，人性的一面被愤怒扭曲，等待孩子的往往是咆哮与巴掌！时间一长，在父母眼中，孩子变得一无是处，父母就慢慢失去了欣赏孩子的能力。

有一名初三的学生，有一次在家里做一个化学实验，制造一种有毒气体。为了保证家人的安全，他特意把实验地点选择在卫生间。整个实验的过程都很顺利，但最后在收器材的时候，不小心把器皿打碎，整瓶气体溢出。他赶紧打开门窗，疏散家人。整个故事发展到这儿就结束了，本来没有什么特别的地方。但事后，这位学生写了一篇文章，记叙了这件事情的经过，他在文章中写道，那天，他差点把全家人给杀死了！他突然感觉到生命是如此的脆弱！他在文章的最后写了这样一句话："在这个事故频发的时代，人活着就应该为自己鼓掌！"

这句话出自一位 14 岁孩子的笔下，如果这句话出自一位 40 岁人的笔下，将是何等的掷地有声！

后来，我在很多场合，跟我们的家长说，我们的孩子活着，就应该为他们鼓掌，我们的孩子不但能活着而且还能健康地活着，我们就应该为他们感到骄傲！

更何况，我们所有的教育者作为过来人，我们清楚一个事实，一个人的未来事业发展与这个人小学或中学时代的考试分数不是直接的等号关系。一个人在未来能不能成功，并不取决于这个人在中学时代某一门课得满分或不及格！既然，道理这么清楚，我们做家长的怎么就会在孩子的分数面前失去理智，让愤怒扭曲了人性，让自己失去了欣赏孩子进步与成长的能力呢！

所有的父母需要三思！

孩子在考试分数很低的时候，心里也很失落，他的自尊和自信受到了严重的挑战，这个时候，他需要家长和老师的鼓励与帮助，帮助他重新找回那份微薄的自尊，以及那份岌岌可危的自信。

有一次，我上语文课讲评试卷。我说，今天咱们讲评试卷，大家看一下，第一题错了的同学举手！有几位同学举手。我接着说，凡是错了的同学给自己鼓掌，然后笑一声！全班同学哄堂大笑，一片掌声。这时有一位同学站起来，很认真地说，李老师，您太损了！我们这道题都错了，您还让我们笑，还让我们给自己鼓掌！我当时非常严肃认真地回答了这位学生的问题。我说："某某同学，你看，这道题你错了没有？错了！过一会儿老师讲完之后，你是不是就会了？会了是不是就进步了？进步了为什么还不开心！"

如果每一个家长都能这样发现孩子的点滴进步，我想，我们一定能够重新找回那份失去已久的欣赏孩子的能力。

家庭教育是一个永远说不完的话题，但家庭教育的前提是有一个良好的亲子关系，否则，再好的教育理念都无法实施。

四中有一个学生在文章中写过一个这样的故事。他的父亲早年去世，母亲靠干体力活养活自己。每天，母亲干完别人的家长都无法承受的重体力劳动之后，拖着疲惫的身躯回到家里，唯一的娱乐活动就是坐在一张破旧的沙发上看没有声音的电视。他们家的电视没有声音，并不是因为电视坏了，而是常年静音！他在文章中说，我的母亲干的工作比别人的父母辛苦，就连唯一的娱乐看电视都不能像别人的父母一样放松自由，因为怕影响自己的学习，母亲把电视静音了，静音意味着母亲不能自由地选择自己喜欢的电视节目，而是只能被动地选择有字幕的节目。

这是一个带有点悲情的家庭故事，但这个故事背后却闪烁着让人振奋的，家庭成员之间彼此理解、配合默契的亮色！母亲对孩子付出的每一点爱，在孩子心中都泛起了一片爱的海洋！这样的家庭不需要刻意去谈教育，因为这样的家庭是温馨的！

《朱子治家格言》中有这样一句话：家门和顺，虽饔飧不继，亦有余欢。家庭成员之间如果能够和睦协调默契相处，即使吃了上顿没下顿，饿着肚子，也有属于这个家庭每一个成员之间的快乐！

想去很多地方　想回的只有家

北京市第四中学特级教师　刘　葵

妈妈有一个老同事，患了老年痴呆症，单单记得妈妈的电话。每天都会打电话来，总重复着一句话："该开会了，快去上班吧。"每回妈妈都特别耐心地告诉她："咱们退休好久了，不用开会上班了。"然后嘘寒问暖，陪她说会儿话。在钦佩妈妈的耐心的同时，觉得那个阿姨好有福啊，有妈妈这样一位善良的朋友。

爸爸妈妈一辈子都与人为善。他们干了一辈子工作没有大富大贵，但收获了真诚的友谊。老两口彼此携手，从容坦荡，每天高高兴兴。不焦灼、不急躁，不怨天、不尤人，内心特敞亮，轻松干净清爽。我觉得人能幸福，最重要的就是拥有一颗健康的与人为善的心灵。在给妈妈80周岁的纪念册留言上我写上了这样的话："您付出了诚与爱，自然收获了晚年的快乐与幸福！愿我们能像您那样心安理得地变老，祝您福寿安康！"我想与人为善该是要传承的家风吧。

我现在是老师，孩子们成长的过程中常常有很多的隐秘是我们所不知道的，我也常惴惴于自己分享的经验到底是不是可以真正解决他的困惑与困难，但我想让他知道，在绝望、无助的时候，有个人是可以求助的，她愿意接纳、陪伴、倾听、分担他的苦痛。

最近我们在写题为《种子》的作文，陈修远同学写道："我读过这样一个故事，讲一位偷窃大王回到故里，去他的父母家借一顿饭吃，他的老爹老娘自然已经不认识这位阔别几十年的儿子，在他亮明身份后，

他的老爹咬着牙，叹息着叫他离开，意思自然是不愿有他这样的儿子，但爹的心总是软的，接着又恳求他改过。这时候，这位偷窃大王说：'爹啊，罪恶的种子小时候已经种下，现在锄来不及了。'"

偷窃大王的这句话我常想起，走在街上，看着各色的人，我就想起这句话，他们哪里是一群只有现在的人呢？分明不过是童年的种子结出的果实罢了。

人人把国家民族的希望放在少年身上，以为他们自会长成参天大树，殊不知成年人的一切微小的举止都会在少年心中埋下种子，少年长大，渐渐与埋种人越来越像——种下一粒烂种子，用贪婪、冲动、愚昧、仇视、嫉妒、算计灌溉它，自然，贪婪、冲动、愚昧、仇恨、嫉妒、算计的种子就会生发，让猥琐、自私、野蛮越来越蓬勃。

人们常想希望就在下一代身上，"下一代"在哪里呢？下一代心中的种子无时无刻不在播种，如果不改变此刻，我们将永远无法改变未来。

这是高中生眼中、心中的家风传承，家长能否率先垂范，真的影响深远。这让我想起另一个故事：班里的一个男孩子曾在作文中这样提到他的父亲：小时候，这个男孩非常胆怯，不敢在生人面前说话，他的父亲就把他带到人来人往的天桥上，然后父亲站在人堆里，带领着他大声地喊："我来啦！"引来无数人驻足观望，用这种方式锻炼胆量。去年，在年级诗歌朗诵会上，这个男孩从容镇定地一个人站在舞台上，朗诵《天狼》，当在众人面前演绎一片荒芜中凄厉而坚定的狼嚎时，我会把他的勇敢智慧的父亲的影子与眼前这个高大自信的男孩的形象叠加在一起，热泪盈眶。

这位父亲知道在未来独自面对这个世界时勇敢自信的重要，所以用心地在儿子心里埋一颗无畏的种子。

还记得在一次家长论坛里一位母亲的发言，她有一个先天听力不足的女儿，这个女孩生活在同学中阳光极了，要不是她带着一个小小的人造耳蜗，你甚至看不出她有何异常，能想见这个家庭曾怎样战胜绝望和摒弃怨怼，用乐观的态度给予自己的孩子以支持和陪伴。高二的时候，女孩说，她想做公益，母亲说好，但你知道吗，做公益要么付出金钱，要么付出时间与精力，你打算怎么投入呢？这位母亲带动女儿加入到一项公益活动中，要求女儿作出自己力所能及的公益计划，使自己的公益行动不致半途而废，并鼓励孩子再难也要坚持到底，让孩子体会全力投入可能会面临的困难，并想办法去克服它。

这位母亲知道恒心的重要，因此在女儿心中种下坚持的种子。

其实我们都知道对于每一个个体更深入和持久的教养是来自家庭的。我们会从优秀的家长身上汲取教育的养料，会发现他们有共同的特点：比如夫妻恩爱和谐，孩子的阳光心态来自父母平稳和谐的关系带给孩子的安全感，孩子自然会对他人更信赖与亲近。比如家长有长远的眼光和生命的格局，更重视孩子心灵的成长，而不只是看眼前的成绩，不是止步于满足孩子的物质需求，家长自己或工作中有追求，或生活中有情趣，能行不言之教。再有，就是尊重孩子，给孩子充分的信任，支持孩子的尝试，与孩子沟通顺畅。

家庭和学校的关系应该是共谋的关系，方向是一致的，让孩子有一个幸福的人生。在关注家庭层面上，学校也是可以做一些积极的引导的。帮助孩子了解家庭，促进家庭成员间的沟通。

家风家教　惠及社会

北京市西城区三教寺幼儿园教师　徐蕴雯

"子不教，父之过；教不严，师之惰……"，《三字经》作为中国古代儿童教育的基础篇，沿袭了数百年，作为"人之初"初行初为的第一课，为中华民族的精神传承，为华夏大地的人文复兴，发挥着举足轻重的作用。

然而，近年来我们通过新闻看到，对老不尊、过不思悔等问题比比皆是，甚至触碰人类道德底线的恶劣现象也时有发生，这不得不让我们在愤慨之余进行反思。忽略道德的法治社会到底行不行？放弃品德的基础教育到底好不好？没有家规的国法有没有人怕？

记得小时候，我们同样犯过不闻不知的错误，都曾经因为顶撞长辈、吃饭敲碗、毁坏别人东西等问题受到过严厉的惩罚，从而使这些从小树立的道德准则至今不敢违反。那时候，如果孩子发生当众说脏话、跟别人要东西，甚至在同学家玩到饭点不归都有可能背上"没家教"的骂名，父母脸上也不光彩。以上这些家规家教，似乎在当今早已忽略不谈了，更多父母认为这都是生活小事，长大后自然会明白；有没有报名参加英语培训班、智力开发是否到位才是头等大事，孩子"输在起跑线上"才是对人生最大的影响。

没有规矩，不成方圆。我们可以试想，如果一个没有行为规范的孩子，即便聪明绝顶、才学兼备，到底能不能适应未来工作岗位的要求，能不能与同学、同事处理好人际关系；一个没有约束力甚至总想打破规范的孩子，能不能脚踏实地地工作学习，完成领导或老师布置的工作和作业。这些显然是不可能的。那么，在社会不看好 80 后、90 后、00 后的舆论中，我们有没有思考过，这些孩子不被看好的问题是什么？不是不聪明、不是学历低也不是能力差，而是行为约束、自强自立的外在表现与之前几代人差别较大。其差别的根源正在于时代赋予的独生特定环境给家庭注入了过多优越条件因素，形成了重学教、轻家教的偏重形态，从而导致在脱离家庭、融入社会后，出现的焦灼现象、逆反思想和畏惧心理，以及个别不稳定、不踏实的暂时性观点。事实证明，自我约束、自强自立的不足，会延长适应社会的过渡期，而且这个时期往往是焦虑的、恐惧的、不自信的和不稳定的。

教育责任不完全依靠于学校和老师，父母才是孩子的第一任和终身受益的老师。婴儿从出生后，除了生理上有微小的差异外，本无太大区别。家长给孩子提供的环境、灌输的思想，在孩子学会观察、模仿的那一刻就起到了言传身教的作用。如果我们播下爱的种子，收获的就不会是恨；如果我们栽种的是孝敬父母的树苗，长成后不会留下遗弃孤老的阴霾；如果我们从小就注重家庭教育的规范和习惯养成，孩子在未来自然能够理解和接受道德法律、规章制度的约束。这样的家庭教育、这样的孩子，才是父母所期盼的、对社会有贡献的。

"玉不琢，不成器。人不学，不知义"。对于家风家教而言，规范意识的树立对他的成长是有一定帮助作用的，小到收拾玩具、礼貌待人，大到和睦相处、助人观念，都能够帮助孩子树立规范、遵守规范，通过参与家务劳动和分工，树立主人翁意识和家庭责任感，从潜移默化的家教中学习和感受家风家规。这样才能够在未来更快适应学校和社会生活，为社会注入和谐因素和正能量，并将中国化的文化精神传承下去。

家风——孩子成长的基石

北京市西城区曙光幼儿园教师　姜　飞

子女的身上，都有着父母的影子；一个人的言行，体现了家庭的素养。劝人行善积德，力行勤俭有为，那些积极向上的家规祖训，渗进了我们的文化，影响着社会风气。作为幼儿园教师，我思考关注更多的问题是家风给孩子的成长带来了什么？

一、家风是孩子的道德发展风向标

中央电视台 2014 年春节期间搞了一次关于"你家的家风是什么"的调查。上到白发老翁，下到几岁孩童对家风的理解都不尽相同。有的重视传统，比如一位老人提出了勤俭节约，尊老爱幼；有的务实质朴，比如一位工人提出"树要皮，人要脸，做人要做好的人，别叫人家看不起。""不啃老，不坑爹"。还有童言童语，比如有小朋友提出"家风是坚决不能泄露家人信息。""认真完成作业，考个好成绩。"可以看出，家风影响了每个人，代代传承。有研究表明，1 岁半以后道德认知开始萌芽，2 岁到 5 岁的道德认知完全来自周围环境影响，对道德的判断源于行为的结果和成人的权威。由此看出，成人对孩子的道德发展会产生巨大的影响。家庭是孩子成长最主要的环境，因此可以说，家庭的氛围直接影响着孩子的道德认知发展。也就是说家风在一定程度上决定了孩子的道德判断和价值观，是孩子道德发展的风向标，对孩子的一生具有非常重要的作用。

二、家风是潜移默化中形成的家庭氛围

在央视的采访中，我印象最深刻的是一个孩子的回答。他说："家风就是爸爸每个星期天打我一次。"这个答案，让人忍俊不禁，同时也让作为教育者的我感到痛心。打能打出良好的家风吗？我不禁思考，作为家长应该如何树立家风？提起家风，我们还能够想到家规、家训。家规是一种家族的行为准则，达成共识的家规会用文字记录下来。家训是长辈对晚辈的训诫，通常以口口相传的方式来传承。而家风与这二者有别的地方就是，家风更多时候并不是一种口头约定或成文的准则，它是上辈人对下辈人的言传身教，是在潜移默化中形成的一种家庭氛围。所以良好家风是家长的榜样作用，是家长的行为示范，而不是口头对孩子的要求，更不是打骂出来的。在幼儿园的工作使我接触了大量的孩子和家长。从一个孩子的言行和家长的举止上，我就能够判断出这个家庭处事风格和独特的氛围。也正是这些独特的家庭环境造就了孩子们不同的性格和品质。给我印象最深的是一个叫木木的小朋友。木木在幼儿园很听老师的话，在各种活动中表现都很积极，但是和小朋友在一起时他总是会挑起冲突。经常有小朋友向我告状。我去调解的时候，木木又总表现出很委屈的样子。我猜不透木木的想法，于是就和木木的妈妈沟通，从他妈妈那里我了解到，木木的爸爸对他十分严格，在家里爸爸提出的要求只要木木做不到，爸爸就会非常生气，有时还会打骂木木。我一下子知道了其中的缘由。木木在幼儿园的行为不就是在复制爸爸吗？爸爸在家经常用强制甚至暴力的方式来使木木服从，木木爸爸的严格要求使得木木很注意遵守老师的要求，但同时木木也学会了爸爸的沟通方式，想使同伴服从于他就要强迫或使用暴力。这样看来，我不能再去责怪木木，他只是在模仿爸爸，而并没有意识到爸爸的方法是错误的。其实我也能够理解像木木爸爸这样的家长，他们非常希望自己的孩子出人头地，学有所成，不溺爱孩子。但是我们应该意识到身教重于言教，当我

们给孩子提要求的时候，自己却违反，做不到，那么孩子也不会遵守我们制定的要求，反而还会学习大人不好的言行。因此树立家风不能停留在口头，家长一定要用言行来影响孩子。

三、家风需要父母共同建设

说到家风建设，还想先说一个小故事。有个叫彬彬的女孩子，在老师的眼里她总是聪明懂事，但她自己却总是流露出不自信的神态。每当她想要做事的时候，总是会先看看老师，得到老师肯定的眼神后才会去做。在活动的时候，也总表现得犹豫不决。和小伙伴玩到最开心的时候，如果发现老师在看她，她就马上收回自己的动作，然后回头看看老师的反应。当我与彬彬家人沟通时发现，彬彬爸爸妈妈对彬彬的态度完全不同，爸爸对彬彬呵护有加，百般疼爱，妈妈对彬彬则比较严格。这样父母不一致的态度导致家里没有统一的家风，彬彬的不自信也源于此，同样的事在爸爸那里可以做，但在妈妈那里却不能做，这样使得彬彬在做事之前总要先看大人的眼色，因为她不能确定她想做的事情到底能不能做。如果爸爸妈妈言行一致，对彬彬的要求也一致，形成了良好稳定的家风，那么我想彬彬一定会有很强的自信心，变得热情开朗。由此，我们可以看出家风需要全家人一起努力，达成一致。除了家人的言行一致，对孩子的教育一致外，我认为形成良好的家风还可以采用以下几种形式。第一，为孩子讲述家庭故事：父母为孩子讲述他们对自己童年同伴的经历回忆，孩子在了解自己祖辈、父辈的生活经历的过程中潜移默化地会传承。第二，通过某些家庭仪式来稳固家风，例如节日聚会、生日聚会、家庭日等，为孩子营造爱的氛围。家庭仪式让有些时刻形成惯例，让孩子感到浓厚的家庭氛围。

家庭教育是一个连续的过程，它的每一个细节都带着家庭风气的影响；而家庭风气不是想出来的，是由家庭中每个成员的生活和自己的操行创造出来的。如果成年人的言谈举止有失规范，即使是精心研究出来的教育方法也无济于事。只有正当的家风，才能给未成年人创造良好的成长环境，良好的家风是孩子终身的财富。所以，每一位成年人都要把握好自己的言行，为子女的成长营造良好的家风。子女的未来其实就掌握在成年人的手中。

少成若天性　习惯成自然

北京市西城区中小学劳动技术教育中心教师　王春燕

诺贝尔奖获得者在巴黎聚会。有人问其中一位："你在哪所大学、哪所实验室里学到了你认为是最主要的东西呢?"出人意料,这位白发苍苍的学者回答:"是在幼儿园。""在幼儿园学到了些什么呢?"学者答:"把自己的东西分一半给小伙伴们,不是自己的东西不要拿,东西要放整齐,吃饭前要洗手,做了错事要表示歉意,午饭后要休息,学习要多思考,要仔细观察大自然。从根本上说,我学到的全部东西就是这些。"这位学者的回答代表了到会科学家的普遍看法,概括起来,他们认为终生所学到的最主要的东西是从小家长和老师给他们培养的良好习惯。我觉得我们一切的教育,都应该归结为养成儿童的良好习惯,每个孩子的幸福都归结于自己的习惯,有了良好的习惯就有了好的教养。

一、小习惯成就大未来——习惯的重要性

英国著名教育家夏洛特·梅森说过:"我们个人都是习惯统治的生物。""不管你愿不愿意费心思培养孩子的习惯,习惯总是统治着孩子们99%的生活。""儿童的习惯造就了他成人后的性格。"美国心理学家威廉·詹姆士说:"播下一个行为,收获一种习惯;播下一个习惯,收获一种性格;播下一个性格,收获一种命运。"意思就是要从日常生活中的小事开始,培养孩子良好的道德行为习惯,使其逐渐形成良好的性格,最终会给孩子带来美好的命运。用青少年研究中心主任孙云晓的话

说，就是"习惯决定孩子命运。"他为什么这么说呢？1995年，研究中心做过148名杰出青年和115名死刑犯童年的教育研究，研究发现，杰出青年集中体现出六种人格特点：一是自主自立精神；二是坚强的意志；三是非凡的合作精神；四是鲜明的是非观念和正确的行为；五是选择良友；六是以"诚实、进取、善良、自信、勤劳"为做人的基本原则。这些优良品质都是从小时候拒绝诱惑，认真完成作业、独立做事、打抱不平等一些小事做起，逐渐形成的。而115名死刑犯从善到恶也绝不是偶然的。他们较差的自身素质和日积月累的诸多弱点是他们走上绝路的潜在因素、罪恶之源。他们的违法犯罪均源于少年时期，他们中30.5%曾是少年犯，61.5%少年时有前科，基本都有劣迹。研究结果认为，最终能成功的人所具有的特殊品质中，良好习惯和健康人格起着决定性的作用，而智商并非主要因素。由此看来，给孩子金山银山，不如培养孩子的好习惯。

二、好习惯要养成

培养良好习惯不只是为了成才，更重要的是为了孩子成人，学会做人、做事、学会学习、学会生活，在一定意义上说成人比成才更重要。有的孩子讲文明、懂礼貌，人见人爱；有的孩子流里流气，人见人烦。孩子养成不良习惯贻害无穷，坏习惯就像病魔缠身一样，使你成为坏习惯的奴隶。总之，养成教育可以使孩子修养更高，行为更规范，成为一个有教养的文明人，它为孩子成才奠定了良好的基础。因此，作为家长应该充分认识到良好行为习惯培养的重要性。孩子是父母的希望，是祖国的未来。作为父母，努力培养孩子良好行为习惯，就是送给孩子最好的礼物，也是留给孩子最大的财富。如何培养孩子的良好习惯呢？

1.目标明确

家长在培养孩子良好习惯的时候，一定要根据孩子的年龄特点，提出相应具体的要求，这样孩子目标明确，知道什么时间、什么场合该怎么做。尤其是年龄小的孩子，如果家长要求仅仅是条款、概念，孩子就无所适从，不知道具体该怎么做。

2. 抓关键期

孩子年龄小的时候，特别是婴幼儿时期，可塑性很强，比较听话，容易训练，从小养成的习惯也最为牢固，可以持续一生，所以培养良好习惯要从小抓起。

研究表明：幼儿期（3—6 岁）、童年期（7—12 岁）、少年期（13—16、17 岁）都是行为习惯养成的重要时期，特别是幼儿期和童年期更为关键。

3. 尊重孩子

在习惯养成中要充分尊重孩子的权利，让他们发挥主体作用。外因只有通过内因才能起作用，成人的引导与帮助是必要的，但只有唤醒孩子心中沉睡的巨人，教育才能成功。尊重孩子的主体地位，首先要相信孩子有接受教育的能力。如果管得过宽，限制太死，保护过度，实际是向孩子传递了"你不行"的信息，不利于孩子积极性的发挥。在相信孩子接受能力的同时也要正视孩子的接受能力。如果"拔苗助长"，急于得到结果，而忽视过程，则同样是违背孩子的生长规律，是一种扼杀行为。尊重孩子，就要尊重孩子生长的需要和时机。尊重孩子的主体地位，还要深入了解孩子，根据孩子的天性来培养习惯。比如，孩子是内向的气质，你却偏要把他培养成外向的人，这是非常难的，也只能让孩子痛苦，父母难受。因为气质是个性心理特征中受先天生物学因素影响较大的部分，只能改善，难以改变。尊重孩子的主体地位，还要用适合孩子的方法去培养孩子。因为孩子的年龄不同、个性不同、生活环境不同、智能组合不同等，对孩子进行习惯培养时就要考虑采用不同的方法，才能得到孩子的认同，取得理想的效果。

4. 不断强化

习惯是经过了反复的练习而养成的语言、思维、行为等一些方式，是条件反射长期积累的、反复强化的一种产物。习惯有什么样的特征呢？习惯是一种后天性的，带有稳固性和可变性，它是自动性和下意识性的，还有情景性这样一些特征。习惯是一种不需要专门思考的，也不需要努力的下意识的动作。当习惯形成以后，总是因一定的情境而启动。美国专家研究提出：培养一个习惯需要 21 天。但要真正达到自动化的程度需要 3—4 个月甚至更长的时间。也有专家指出，习惯的培养可以分为三个阶段：第一阶段是约束阶段，也是不自觉阶段，即确定了习惯养成的目标以后，在外力的约束、督促和教育下，不断强化而形成最低层次的习惯。这是养成习惯的第一步，通常需要 1—2 周时间。第二阶段是适应阶段，也是自觉阶段，即经过第一阶段之后，开始成为一种自觉行为，要靠内部的自我监督，有意识地坚持多次重复形成习惯。这时心理已经基本适应，坚持不是很难，但这个阶段最容易半途而废，要有意志努力，这个阶段通常需要 4—5 周时间。第三阶段是自然阶段，也是自动化阶段，这时达到了类似本能的程度，不需要监督，也不需要意志努力，变为自觉行为，也就是成为行为习惯。这个阶段通常需要 3—4 个月时间。简单地说，习惯无论是依靠外部力量的正面诱导或督促而形成，或者是基于主观意志努力而养成，都是通过对行为的不断强化而形成的。

以良好阅读习惯为例，孩子很小的时候，我们都会和孩子一起看图书、识字、读画报、讲故事，甚至和孩子在走路的时候、坐公交车的时候，会有意识地去让孩子读一读、说一说店名、站名，这都是一种阅读。但是，当孩子读书以后，这种亲子间的共读就没有再延续下来，因为家长认为这种义务和职责都应该交给老师了。其实这种观点是错误的。学校是传授一般学科知识为主的场所，除此之外，阅读享受是很难在学校得到满足的。像每个家庭饮食一样，我们吃饭要有主食、副食，对于阅读而言，学校给予孩子的是主食，家庭给予的是副食。主食当然很重要，但副食更让人喜欢。我是这样做的：

1.固定时间，养成习惯

比如说每天睡觉前和女儿一起读书，读 15 分钟也好，半个小时也好。开始我读一段她读一段，也可以由我来读。和孩子读书其实也是一种情感的交流，一起和孩子度过一个个美好的夜晚。

2.做好准备，有书可读

对于一些脍炙人口的故事，孩子总是听不厌的。我有意识地准备一些优秀读物：《爱的教育》《做人的故事》《运气真好》《草房子》……边读边讲，加深对故事的了解，提高理解能力。

3.激发兴趣，生动活泼

给女儿读书时，设法调动她的积极性，让她参与。如我和女儿读到一个《勇敢的小刺猬》，讲小刺猬的妈妈病了，让小刺猬自己寻找食物，这其中它会遇到什么困难和挫折呢？我就让女儿自己来猜测，在讲故事过程当中培养孩子阅读的兴趣和想象力。

4.坚持下去，不要中断

我想，如果我们都能够坚持做下去，让孩子在休息眼睛的同时，也能够获得丰富的知识，同时母子间的感情交流也更和谐，我们的生活也会更快乐和更充实。

5.宽容耐心

每个孩子都有进取心，你想要孩子认同你的意见，一味地要求或命令，有时效果反而不好；如果站在孩子的角度去考虑问题，体谅孩子并给他们改正错误的机会，就很容易达到好的教育效果。

据说纽约地铁站治安一度混乱，最严重的问题是小偷和抢劫现象时有发生。历届政府都采取很强硬的措施，但无论惩罚措施多么严厉，犯罪率仍旧居高不下。安东尼奥就任纽约市长以后，采取的办法不是武力，而是在地铁站里播放贝多芬、莫扎特的古典音乐，结果发案率创历史最低，地铁秩序有了很大改善。安东尼奥采取的是"拯救"而不是"制裁"，这两种不同的方法给人的感觉是不同的。拯救一个人的灵魂，要比任何手段都高明有效。坏习惯的纠正也要讲究方法，但不同于拯救和制裁，而是用宽容代替惩罚，给孩子以尊重、宽容和耐心。

6. 前后一致

在习惯养成的过程中，一个重要的原则就是要始终保持一致，不要轻易允诺孩子改变习惯。一旦有了例外，已经养成的好习惯就有可能丢掉，而不良习惯反而容易乘虚而入。因此，父母不要因为自己心情的好坏，对孩子的要求有所例外。一旦孩子养成了某个坏习惯怎么办？培养好习惯时是用"加法"，逐步养成；那么纠正坏习惯就要用"减法"，循序渐进，逐步改正。

最后，希望家长都能找到教育自己孩子的有效途径和方法，培养孩子的良好习惯，塑造孩子的健全人格，为孩子铺就一条走向成功的大道。

路不行不到　事不为不成

北京市第一实验小学特级教师　甄　珍

家庭是社会的细胞，一个人人格的形成和自己所处的家庭生活环境、文化背景密切相关。家风是我们立身做人的行为准则，也是家庭成员代代相传的一种习惯，是几代人共同坚持遵守的一种约定，是家庭文化的基因。

"生活教育"也是陶行知教育思想的精髓。他曾经说过：要想让孩子成为什么样的人，就去让他过什么样的生活。

我对此感同身受。我从小生活在一个充满爱的家庭里，父母对我们姐妹三个虽然疼爱有加，但又非常严格，特别是我的父亲。

出生于20世纪30年代的父亲儿时读的是私塾，所以，对我们的教育也比较传统：女孩子要知书达理，优雅端庄，"路不行不到，事不为不成"是父亲给我们提出的做事准则。后来我才知道这是出自《增广贤文》中的一句话，意思是说，路不走不可能到达目的地，事不去做怎么可能办成呢？遗憾的是，我出生的年代，正是"文革"初期，这些流传千年的，充满中华传统思想和智慧的典籍都被当作糟粕批判了。但是父亲依然像他的父辈教育他那样，在特殊的年代用特殊的方式——言传身教——将这本蒙学读本中的思想传递给我们。

小时候，我和妹妹同在一所学校上学。一次，学校举办运动会，妹妹报名参加跑步比赛。那个时代学校场地都很有限，跑步训练经常由体育老师带着学生在胡同里进行，柏油马路就是跑道。一天，妹妹放学回来闷闷不乐地告诉我们，不想参加跑步比赛了，因为训练太累了，何况比自己跑得快的同学还有不少呢。听了这话，父亲不动声色地说："今天上体育课了吧？""因为跑步姿势不对被老师说了吧？"妹妹狐疑地点点头。父亲接着说："今天我办事回来，正好看见你们在胡同里练习。你那跑步的架势像只小企鹅，当然跑不快。如果姿势对了，速度就快了。不信，咱们试试去！"我和妹妹欣然跟随而去——平时父亲工作比较忙是难得有机会陪我们活动的。最后，在老师和父亲的指导、鼓励下，妹妹逐渐掌握了正确的跑步姿势，坚持参加了运动会比赛，还取得了不错的成绩。她捧着奖状，得意地让我们一家传看，最后到了父亲的手里，他只是说了声："挺好的。"接着，父亲又意味深长地告诉我们："学会一个本领比拿名次重要；形成坚持不懈的品格，比一张奖状更有分量。"我们似懂非懂地点点头。随着生活经验和人生经历的不断丰富，我们渐渐懂得了这样的道理：人不仅要志存高远，还要脚踏实地，为之付出努力，执着地去追求。我也越来越深刻地感受到它分明就是我们一家做人的准则、做事的法宝和父母治家的秘诀，更是我们的家庭基因。

在这样的家风影响下，我们姐妹三个渐渐长大了。我成了教师，那个当年跑步像企鹅的妹妹成为了医生。工作几年后，我又考取了北师大儿童心理研究所的教育管理专业，一边工作，一边继续学习深造。尽管遇到困难不少，却也从来没想过放弃。

有一年的冬天，父亲被诊断为肺癌晚期。这个消息对我们全家来说无疑晴天霹雳。从此，我开启了白天上课，夜里和妹妹轮流陪床的模式，我因此想放弃寒假里在北师大集中学习的计划，这事很快让父亲知道了，他生气道："你从小就知道'路不行不到，事不为不成'的道理，怎么越大越糊涂了？继续读书，是为了更好地教书，这点道理不会不懂吧？既然选择了学习，怎么说不去就不去了呢？我不用你天天陪，该上课上课去！"最终，我拗不过父亲，坚持完成了学业，也陪他走完了人生的最后一程……

　　父亲走了，但是他把良好的家风传给了我们。"路不行不到，事不为不成"这种做人的准则不仅影响着我，也把它潜移默化地影响着我的孩子，还有我那一届又一届的学生们。

　　家风是我们自身成人、成才的基石，也是教师专业发展的必需，更是在国家发展过程中有着不可估量，无可替代的作用。所以，我们有责任在搞好自己家庭建设的同时，身体力行，带动每个学生，影响更多的家庭。因为一个老师会影响几十甚至几百个孩子童年的成长质量，也影响着这些孩子的父母和他们家庭当中家风的形成。我会继续用它激励自己和我的孩子、我的学生们，用脚踏实地的努力，实现自己的人生梦想，而这一切汇聚在一起，就能实现伟大的中国梦！

家风：立身做人的财富

北京教育学院宣武分院教师　付　雁

成功的人士身上有一些共通的品性：善于学习和思考、积极进取和创新，力求把每一件事情做到极致。这是在平凡的工作中脱颖而出的底气。

这种底气来自于良好的家风。

小时候，家里生活很困难，父母要上班还要照顾奶奶和三个孩子，他们只能非常节俭，运用自己的聪明智慧努力创设良好的生活条件。我们家的家具都是爸爸按照家里的空间设计制作的，客厅的床和沙发背都是可以折叠的，白天是客厅，晚上睡觉用。家里的门帘盖布都是母亲亲手刺绣制作的，我们从小穿的衣服、鞋子，从里到外都是母亲买来便宜又实用的布头设计缝制的，还巧妙地利用了不同布头的图案相似性进行对接。由于他们的勤劳和节俭，这个不富裕的家庭总是给孩子带来许多惊喜！

因为爷爷的早逝，父亲过早地挑起了家里的重担，虽然只读过两年书，但他却是自学成才的"工程师"，退休之后依然还在深夜里赶画图纸，帮助航天部赶制精密零件。

我的妈妈勤劳善良，包容大气，自己受苦受累而少有埋怨，遇事总是为别人着想。邻家有一位刁钻刻薄不讲理的奶奶，母亲也总能与她交谈，帮她做家务，还经常送去好吃的东西。即便这样，还是爆发过冲突，妈妈还是像什么事也没有发生一样，一如既往关爱她，甚至在她生

病时，半夜爬起来，和爸爸一起带她去看病。当弟弟突发阑尾炎住院手术时，这位奶奶居然端着饭菜送到我和姐姐面前。妈妈告诉我们："真爱是可以感动人心的！"这句话一直记在我的心底。

还记得有一次放暑假，妈妈上中班前准备好野菜馅和面，让我和姐姐继续包包子，我当时因为贪玩就给姐姐出了个主意，包一个巨型大包子，结果根本蒸不熟。妈妈严肃地批评了我："做事一定要脚踏实地，不能耍小聪明。"

想想过去，其实我的父母从来没有为我提过"高大上"的要求，但他们的教诲却像涓涓细流浸润着我的成长！虽然他们很平凡，很普通，却用自己的方式诠释着家风的朴实内涵，把最珍贵的品质悄无声息地传给了我。

家风是个人优良品质和习惯养成的基础！是我们立身、做人的财富！有了良好家风的孕育，我们才能自然地融入到以后的学习、生活、工作以及各种各样的社会环境中。因为良好风气的本质内涵是一样的，当我们表现出良好的风范时，就能自然地融入环境，并和环境交互作用，影响带动周围的人，成为传播者、受益者。

动画与手机引发的风波

北京市第十三中学校长　蔡冬梅

　　教育工作者往往会同时具有作为家长和老师的双重身份，有时候甚至会认为，如果教育不好自家的孩子，则不足以成为更多孩子的老师，但是，真作为母亲的那些岁月，我却还是和女儿产生了多次冲突，其中一次是动画片引发的问题，另外一次则是手机带来的冲突。

　　三四岁的孩子都迷恋动画片，作为家长的我又认为有一些动画片确实不太适宜这个年龄段的孩子看。在女儿四岁的时候，我决定只限定她看我指定的动画片。女儿很乖巧，欣然接受了我的决定，津津有味地看着我指定的动画片。可是，有一天，女儿突然说："妈妈，我恨你，你不让我看动画片，在幼儿园，小朋友说的事情我都不知道。"简单的对话让我真的很震惊。在我的头脑中一直有一个错误的认识就是这个年龄段照顾好饮食起居是头等大事，亲情胜过理智。其实不然，任何阶段与孩子必要的交流、有意识的培养与引导都是必不可少的。从那时起，我学会了走进她的世界，看她喜欢看的动画片和影视作品、吃她喜欢吃的零食、玩她喜欢玩的游戏、看她推荐的书。

　　我们常说教育要入心，我们只有知道孩子的心真正在想什么，才能去打动他。

　　孩子日渐长大，开始沉迷于手机而不能自拔，甚至影响到学习，但是，她又对于自己沉溺于手机而头头是道，比如"与同学进行交流""为了不与社会脱节""查阅相关的学习资料""了解相关信息"等，都是她

使用手机的理由，似乎所有的话都在理上，当然，也在这些理由里刻意忽略玩游戏、聊天等事情。

经历了动画片风波的我，经过再三考虑，决定"赌"一把。

我与女儿做了半年的约定，在这半年内对于其使用手机不做任何干涉、对其学习不做任何干涉，前提是相信她能够协调好上网、游戏、学习之间的关系。在这半年时间里，我也动摇过、我也气愤过、我也焦虑过，甚至还要面对家人的质疑和压力。但是半年时间我坚持下来了，我的所谓的"放纵"换来的是女儿成绩在年级下滑近一百名。拿到成绩后我们做了一次长谈，不具备很强的自控能力是女儿对自己作出的判断。当不能自控时希望借助外界来控制，这是她自己提出的解决办法。女儿为了保证效果还自拟一份协议书，内容如下：

为了甲方（女儿）更好地学习特此拟成此协议：学习期间电子产品由乙方（妈妈）保管：

第一，智能手机将由只能打电话发短信的老年机代替；

第二，周五晚至周日可发还给甲方 iPad，于周日晚上收回；

第三，特殊情况（旅游、假期等）可归还电子产品，开学前一天收回；

第四，假期时，必须在写完大于二分之一的作业的情况下才发放电子产品。

在接下来的时间里，她逐渐习惯了手机不在身边的日子。

家庭教育，其主要教育场所是在家庭生活中，其主要教育主体是具有血缘关系的家庭成员首先是父亲和母亲。亲情可能会使我们混淆一些界限，比如把照顾饮食起居等同于教育，认为家庭教育可以不讲究方式和方法。家庭教育也是需要技巧的，需要我们家长的智慧。家长要有权威但不能专制、家庭要讲民主但不失原则。

一个人从出生、童年、青年到成年，都离不开他的家庭，他的性格特征、道德素养、为人处世、生活习惯、世界观、人生观、价值观，无不带有其家庭的影子。尽管在其今后走出家庭、走进学校、走进社会，会有一些调整，但是多少都会有一些家庭的底色。底色打不好，就会影响整幅画的效果。因此，为孩子们打造一个良好的成长空间吧！

家国篇

忙碌的背影

北京师范大学实验二龙路中学教师　时　郁

爸离开我已经整整十年了，这十年的思念也一天天地化作轻烟消散，有时他的声音竟有些模糊了，有时甚至于想不起来他的面貌，只记得他工作时忙碌的背影，这背影总能给我无限的感动，激我奋进、促我前行。

爸是个军人，一个测绘部队的技术员，平凡而又普通，但从我记事起，他就在生产一线忙碌着，我常常看到的只是他的背影。每天他总是在我睡眼蒙眬时就开门离家了，而晚上又常是我们吃完晚饭，把饭热了又热，最终困得上了床，才听见他迈着沉重的步子走进家门。母亲每每询问他工作情况，他只是低声说："这批图要得紧，又得加几天班了！"

有一年冬天，姥爷病重母亲回老家了，爸匆匆忙忙地给我们做完晚饭从外面锁了门就去加班了。西北冷到零下 20 度，晚上天黑透了，北风呼啸着一次次冲破了玻璃的阻挡，横冲直撞地灌进屋里、灌进我们的被窝里，雪粒子打得窗户噼里啪啦直响，胆小的妹妹听着这风声吓得睡不着觉，哭着说："姐，爸什么时候回来呀？我怕风把房顶掀了。"我也是又怕又气，在心里把爸埋怨了几十回："就你积极，人家爸爸下了班不是给孩子做好吃的，就是带孩子堆雪人了，你倒好，从没陪我们玩一回，前年答应的雪人，今年还没堆起来！"新仇旧恨交织在一起，我一气竟从屋里面把门给闩上了。没一会儿，困意笼上心头，伴着呼啸的北风和雪打窗棂的阵响，我和妹妹安然入睡了。

天明了，一夜风雪，我赶忙起床喊爸给我们做饭，才发现门闩得好好的，这一夜爸竟然没回来，我又急又怕，踩着积雪跑到办公室去找他。一进办公楼，看门的叔叔生气地说："你这个淘气的丫头，昨晚你爸忙到 3 点多回去，你怎么从里面把门闩上了，他敲门你没开，又怕敲得声大了吵醒邻居，只好冒着雪回来加班，现在还在办公室呢！"我心头一震，轻轻地推开办公室的门，才发现他披着军大衣伏在桌上睡着了，胳膊底下还压着一张曲线纵横的地图，桌上的烟灰缸里也满是烟蒂……

爸从未告诉我他的工作状况，也从不在我们面前炫耀他获得的荣誉，直到我长大了才在衣柜的深处翻到了他的奖状和勋章，但他用忙碌的背影给了我最好的教育。

四十岁时，爸转业到地方做了地图印刷厂的厂长。我本想来到大城市爸总该放下工作陪我们好好地玩一玩，哪里想到，他在城市工作的二十年间，留给我的依然是忙碌的背影，只是这背影不像年轻时那般挺拔罢了。

地图印刷在 20 世纪 80 年代是一个手工技术活，没有电脑、没有激光照排技术、费时费力、全凭人工，加班更成了爸的家常便饭。地图质量不达标要返工，国产印刷机质量不好要维修，晒图热度不够要调整，事无巨细、点点滴滴，一个两层十多间房的小印刷厂，他不知道一天要跑多少趟！联系业务、山南海北、创造绩效、不辞辛苦，那些曾经在他笔下静止的曲线，都变成了他脚下的路途，他不知道一年要跑多少地方！

1992 年夏天，我已经是一名大学二年级的学生了，放假在家和爸的交流少而又少，只是看着他从早到晚的待在厂里，妈身体并不好，他也很少照顾，我不由心中有几分怨气。

"你一辈子把自己交给了公家，你给我什么了，给我妈什么了，你还管不管我们了？"妈又一次病倒后，我把所有的火都发在了爸身上。

"公家的事总要有人管的,我是厂长,我要对职工负责、对自己的良心负责!"

"你对我们负责吗?"

爸无言以对,只是回身拿了雨伞走出家门,外面乌云密布,热浪随时能把人身体中的水分蒸发殆尽,一场暴风雨就要来临。晚上9点多雨下得越来越大,空气一下子清爽起来,妈已经睡了,我正在读张爱玲的《十八春》。突然我听见爸在喊我下楼,原来雨太大图库进水了,他正满院子找人帮忙搬图纸呢!我第一次参与了爸的工作,第一次看到他和工人一样扛着一包百斤的图纸在楼上楼下奔波的背影,第一次听到他指挥大家转移图纸时沉稳而坚定的声音,第一次知道他工作的艰辛和劳累。雨依然如注地浇下来,图纸在大家的努力下大多安全转移了,抬头看爸,他脸上雨水和汗水交织在一起,那乌黑的头发何时已两鬓染霜,那浑厚的声音何时已沙哑浑浊,那高大的背影何时已臃肿微躬,爸老了,但不老的是他对工作的热忱。

爸直到离开都没有教育过我要怎样做人、怎样工作、怎样生活,他只是为公家用心做着他那份平凡的事业,称不上伟大与崇高,但他忙碌的背影总能带给我无限的感动,因为那背影中饱含着对事业的执著追求和无私敬业的精神。

现在我也在教师岗位上工作了整整二十年了,从中专到大专,从初中到高中,从河南到北京,从昌平到西城,路途坎坷,困难重重,有时真想放下所有压力,去寻找自己内心的闲适与宁静,才发现我早已习惯了紧张忙碌的工作节奏,早已习惯了全身心投入的工作状态,早已习惯了对学生负责的工作态度。我不知道无私敬业算不算爸的家风,只想让这种精神在我的身上发扬滋长,在平凡而普通的工作中投入所有,对得起学生,对得起自己的良心!

选　择

北京市西城区育翔小学教师　王　冠

　　静静地沏一杯香气四溢的绿茶，看叶子在杯中迅速旋转着下沉，最终又归于平静。四下出奇得静，只有指尖敲打着键盘的声音，显得越发格外清脆。昏暗的灯光下，一首老歌，几张泛黄的旧照片，时光交错，依稀早已远去的记忆渐渐地被唤醒——那些我们都曾经历的，却又不尽相同的独家记忆……

　　2003 年的春夏之交，一场没有硝烟的战争悄然打响了。仿佛一夜之间，一种闻所未闻的新型病毒开始以最温柔的方式企图残忍地吞噬着北京城。在这个本该举家出游，享受难得的浪漫春色的时候，整个城市却变成了一座空城，一片死寂。"SARS"成为了人们口中的高频词汇，每天电视上的疫情通报都不停地刷新着前一天的感染人数。"还没有找到有效治愈的方法"，"一旦感染，死亡率很高"，这些沉重的声音猛击着人们的心脏。厚厚的大口罩紧紧包裹着人们惊慌失措的表情。当死亡的恐惧突然摆在面前时，人们悲凉和无助……

　　一天，父亲早早地做好了饭菜，草草地嘱咐了一句："等你妈回来，你们先吃，别等我。"不等我回应，便听见一声沉闷的关门声，照例去医院照顾生病住院的奶奶了。临近天黑的时候，我没有等来归家的母亲，却等来了一个电话，始料未及。"别等我了，我回不去了。接到医院指示，我奉命带领整个病房进驻部队医院，待命接收非典患者。"刚刚说话异常干脆的母亲突然顿了顿，接着说："你……好好的，好好复

231

习。"电话那头远远听到一阵催促声，母亲便匆忙挂断了电话。我怔住了，半晌不知所措。我想问母亲难道您不知道我此时即将面临人生大考，在这岔路口需要您在身边陪伴吗？我想问母亲难道您不知道奶奶还在医院躺着，等着您去探望吗？最重要的，您不知道您这是去送死吗？可是，这些我最终都没有说出口，我知道这些话也许能让母亲犹豫，让她退回到安全地带。可她是一名医护工作者，其实，她根本没有其他选择……

我把这个重大消息告诉了父亲，父亲好像心里早有准备似的，点了点头，"嗯"了一下，便没再说话。我只是从第二天早晨茶几的烟灰缸中布满的烟蒂推测出父亲可能一夜没合眼。从那天起，我便只能从父亲的只言片语中得知一些母亲的情况。父亲每天下班后一如既往地照料病重的奶奶，只是随着疫情越来越严重，父亲每天进家门前都会小心翼翼地把在医院穿过的衣服脱下来先去消毒，生怕把病毒带给我这个面临大考的孩子。父亲隔三差五也会在母亲难得的小憩时骑着自行车飞奔到医院，隔着栅栏只为看一眼母亲。

我的情绪始终是复杂的。看着疫情通报中医护人员感染的人数与日俱增，我内心陷入了深深的焦虑中。每天都盼着收到母亲平安的消息，哪怕只是短信中那寥寥几个字"我很好，勿念。"这几个字足够神奇，它们能让我一颗一直悬着的心踏实片刻。诚然，我在心里也有一些埋怨母亲。班里的同学在这个紧要关头都有父母陪伴左右，这么久了，我却不曾等来母亲的一个电话……

不多久后的一天，这答案被揭开了。在相隔近一个月后，我终于见到了她！我的母亲上新闻联播了！那天，母亲穿着厚厚的防护服接受记者的采访，隔着防护服，我竟然很难辨认出那是母亲的声音。那声音略带嘶哑，但是却能够明显感到她在努力地打起精神说每一个字。

当记者问到她这么久没能见到自己的亲人，后悔来到"非典"一线吗？我听到的只有一句简短却十分坚定有力的回答："不后悔，这是我的职业!"

……

北京城终于迎来解禁的日子,我和母亲团聚了。在落英缤纷的玉渊潭公园,我听母亲给我平静地讲起她在"非典"病房的日子。一群有职业信仰的战士坚守着阵地,为了能让其他战友少一分被感染的危险,能尽可能多一点时间留给那些垂死挣扎的病人,十几个小时不吃、不喝、不眠便成了稀松平常的事情。然而就是这样,身边还会不断地有人倒下,从治病救人到了等待自己的同事救治……

时至今日,母亲在娓娓道来那段往事时更多的是骄傲,我能从她说到动情之处时闪动的泪光中读出难以名状的骄傲。过去这么久了,每每提及,母亲仍然难以释怀对我们这个小家的亏欠。在我心里,其实这早已荡然无存,无须再说了。我的母亲,只是一个普普通通的小人物,在灾难来临之时,却让我第一次如此近距离地看清了人性的高贵。那个夏天,虽然我在人生的关卡失去了父母的荫蔽,却得到了弥足珍贵的精神洗礼。母亲对职业的信仰就是我们家最好的家风,我心悦诚服地传承着母亲对职业的信仰,一个寻常的小家对国家最朴实无华的馈赠和厚爱。

那一年,在我的同龄人都还在为填写高考志愿书瞻前顾后时,我却坚定地写下了"师范"两个字。

敬业爱国：我父所执

北京市第七中学校长　王文利

　　家风是家族成员代代相传的行为规范。它浓缩了一个家族的价值观，是一个家庭赖以生息和繁衍的精神支柱。由于家庭是国家和社会的基础单位，因此家风的传承在某种程度上就是民族文化的传承。

　　我的父亲是一名享受国务院特殊津贴的"有突出贡献的科技工作者"。在我成长的历程中，父亲用他的身体力行传承着爱国、敬业、守纪的家风。

镜头一："别忘了，你生活了九年的地方还有一群穿不上衣服的孩子"

　　1987 年的暑假，高三毕业的我憧憬着美好的大学生活。一天晚上，父亲对我说：你在密云生活了 6 年，还没有看到密云的全貌，明天你跟我下乡吧，去看看密云的偏远地区是什么样子。第二天凌晨，天刚蒙蒙亮，迷迷瞪瞪的我被父亲带上了汽车。一路上，处于半睡眠状态的我隐隐约约听到父亲和他的同事一直在讨论着农业种植的技术问题。汽车一直绕着密云水库的盘山公路蜿蜒前行，直到日上三竿，我们才到达目的地——一个靠近公路的大山里的小山村。车刚刚停靠在路边，五六个孩子便好奇地围拢过来，对着车子嬉闹着指指点点。父亲叮嘱我注意安全后，便跟随三位村民往村子深处走去。我被周围清新的空气和葱郁的大山所吸引，缓慢沿着公路溜达着。未曾想，那五六个孩子嬉嬉哈哈地跟随在我后边。我停下脚步，招呼他们过来。但走在最前面的一个约莫七八岁的男孩子却猛然停下脚步，其他孩子见他停下后，也都迟疑不前。我上下打量着这个七八岁的男孩，他从上到下一丝不挂，手里拿着一根木棍，时不时挥动着驱赶周围的蜜蜂等小虫，被阳光晒得黝黑的躯干上条条肋骨清晰可见，本来不大的脑袋在他细长身躯的映衬下显得硕大无比。他先是带着那群孩子远远地看着我，然后便开始与那群孩子边用木棍指点我边说着什么，还时不时发出笑声，仿佛在研究一名外星人。我心想：真是没礼貌，天气虽然热，也不至于不穿衣服呀！不一会儿，见我站在原地不动，他们终于无趣地往村子里跑去，边跑边用赤裸的脚丫挑起尘土向空中飞扬。

晌午时分，父亲回来了。只见他头戴草帽，裤腿高高地挽到膝盖上部，小腿上沾满了泥土，鞋却在手上拎着。想起刚才那群赤脚的孩子，再看看父亲的模样，我略带嫌弃地说道："瞧您跟个老农民似的，也不穿鞋，不怕扎脚吗？"父亲一边将手里的塑料袋递给我，一边将鞋扔到地上，随手掸了掸满是泥巴的脚丫子，就将鞋穿上了。"哎呀！你的脚全是土，也不穿袜子，太脏了！"我大惊小怪道。父亲若无其事地说："没事，脚太脏了，不穿袜子了，回家洗完再说吧！""唉！不穿袜子穿鞋，多难看呀！刚才那群孩子也不穿鞋子，那么大了，光着屁股，也不嫌难看，您怎么跟他们一样呀！"我嗔怪道！父亲叹了口气，语调低沉地说："唉！他们倒想穿衣服呢，哪里有呀！在这个村子，衣服给女孩子穿，夏天男孩子不穿衣服，是为了节省，有衣服也得留着上学时穿，有的是因为买不起衣服。你在密云生活了九年，都是在县城。我今天带你来，就是想让你知道，密云还有这么穷的地方。为北京供应储蓄饮用水，密云修了水库，占了很多耕地，水库附近有很多村子，这里人们的生活还没有彻底解决温饱问题。你马上就要上大学了，别学城市里的孩子。应该好好学习，别忘了，你生活了九年的地方还有一群孩子穿不上衣服。"

此后的大学四年中，每当我想沉溺于都市生活的灯红酒绿时，父亲那句"你生活了九年的地方还有一群孩子穿不上衣服"的话便回荡在耳边，这句话督促我在四年大学生涯中尽好一名学生的本职——好好学习。

每一名社会人都要承担相应的社会责任。俗话说：心有多大，舞台就有多大。一个人只有将自己的命运与国家的、民族的命运联系在一起，那么他才能有更大的勇气与动力去克服成长路途中的各种困难。在我刚刚踏入成人行列的时候，父亲用一句"别忘了，你生活了九年的地方还有一群孩子穿不上衣服"的话，将社会责任意识注入我的内心，这句话成为我日后克服各种困难、抵制各种诱惑的动力之源。

镜头二：父亲的背影

小学三年级时的一个雨夜，我被楼外的滚滚雷声惊醒。电闪雷鸣和滂沱大雨让我有些心悸。突然，门外传来急促的关门声，透过玻璃窗，我看到外屋穿好雨衣的父亲已经打开门急步走进雨夜。常识告诉我，一定是哪里发大水了，父亲一定是到发水的村庄看庄稼去了。第二天凌晨，还在睡梦中的我被开门声惊醒，是父亲回来了。只见他拖着沉重的脚步走进屋内，深色宽大的雨帽下面一张苍白的脸写满了疲惫。他缓缓地脱下滴着雨水的雨衣，一屁股坐在椅子上，将头靠在椅背上，半晌才缓缓从兜里掏出手绢擦拭他的眼镜。母亲见状，赶紧为他熬了一碗姜糖水并为其准备了早餐。早餐过后，大约七点钟，父亲拿起书包准备出发。母亲略显责备地说："一夜没睡，又没人查岗，今天上午还不补觉，上什么班呀！"父亲什么也没有说，转身走出家门。望着他微驼的背影，我知道，父亲的背影一向挺拔，今天他确实累了！

走上工作岗位后，特别是走上领导岗位后，夏日雨夜后父亲的背影一直在警醒我：作为一名管理者，需要自律！需要恪尽职守。渐渐地，自律与敬业尽职成为一种习惯。在我的行为影响下，还是学生的女儿非常自律，小小年纪的她已经知道为自己的学习负责。

父亲用实际行动践行着恪尽职守与责任担当的价值观，并将其传承给我，而在我的言行影响下，女儿也渐渐形成自律与承担责任的意识，并将其落实到日常生活的点点滴滴。就这样，恪尽职守与责任担当成为我们的家风，代代相传。

父亲　我的丰碑

北京市育才学校教师　叶　萍

我的父亲，我的丰碑！

我的父亲生于 1932 年，今年已经 83 岁高龄了，虽已过古稀之年但依然精神矍铄、硬朗豁达。

父亲中等身高，一生体重没有超过 50 公斤，体型消瘦却不乏苍劲之感。父亲有一双炯炯有神的眼睛，深邃而坚定。他洞若观火、见微知著、真诚热烈、坚韧豪迈。常被他的老友们戏称为"一双鹰一样的眼睛……"。

父亲颇具风骨、意志坚定、勇于担当、敢为人先。

在"文化大革命"期间，父亲作为四清工作组成员负责调查几宗案件。其中有一宗较为复杂，内容大致是：土改的时候有一名张姓人氏杀人入狱多年，后因表现积极，多次立功而提前刑满释放，释放后因迫于社会舆论的压力，提前出狱的他并没有回到家乡，而是从此隐姓埋名、远走他乡，之后便杳无音信、不知下落了。无巧不成书，这个村有一个人与此人同名同姓，后因出了问题而自杀身亡。乡里汇报材料的时候就将前一人的资料一并合到了他的身上，他即成了有杀人记录被判入狱，释放后又犯事畏罪自杀的罪人，成了当地十恶不赦的反面教材人物。他的家人处处喊冤、反复申诉，到处上访理论，均无人问津，也无人相信，反倒成了政治打压、舆论攻击的对象。因为这个案件牵涉时间长，案情复杂而资料欠缺，最终被搁置了下来，成了历史遗留问题。没想到，在父亲负责的多个案件中就包括了这一宗。接了任务的父亲顺利完成了其他案件的审查和结案工作。最后将全部的精力放到了这个案子中。仅为这个案件收集资料就前后整整花了两年的时间，父亲几乎是住在了这个村庄，通过挨家挨户的走访，查找各个时期的不同资料，努力还原着这两个人的生命轨迹。真可谓：天道酬勤，功夫不负有心人，在接手这个案子的第三个年头，父亲最终查清了这两人各自的真实情况。客观、真实地还原了这两个人不同的人生轨迹。还事实于公道。案件公布的那天，当事人的家属跪在父亲脚下，泣不成声、悲喜交加。多少年来的冤屈绝望与苦痛煎熬使他们百感交集、泪如雨下。他们紧拉着父亲的手向父亲表达他们全家人此生无以回报的千恩与万谢……这个故事我零星地听妈妈和老家的亲戚聊天时说过许多遍。后来经过我多次反复的追问，父亲才简略地将当时的情况说与我听。整个的过程其实远比我知道的曲折复杂、惊心动魄多了。末了，父亲目光忧郁、话语沉重地对我说："我们的一生无法避免失误和错误，但不能无视失误和错误，应该尽一切可能避免或减少失误与错误，并尽一切力量努力纠正失误和错误！"这些话不仅灌进了我的耳朵里，更嵌铸于我灵魂的界碑之上。

1988 年，县里将在乡镇工作的有声有色的父亲调到县农业生产资料公司任经理。初到新的岗位，父亲满怀激情、充满期待。到任后第二天，由主管副县长主持召开了全体公司大会，介绍人事调整情况和下一步工作开展方向。一百多人的会，请假的有二十多位，会议进行到一半有多人借故提前离场，会开到最后，会场成了菜场，抽烟的、嗑瓜子的、聊天的什么都有。此次会上，父亲没有多说话多表态，只是默默地将一切看到了眼里。

散会后的父亲没忙着回家吃饭，而是忙着拿了一本笔记本便挨个部门了解情况去了。

经过三天的了解走访，父亲的笔记本清楚地记录下了以下文字：全公司共有在职员工 196 人（公司里 140 人，基层仓库站点 56 人），临时

工 55 人，退休工人 108 人。其中，退伍军人 10 人（最高职位营长，荣立过一等功 2 次），县里干部子女 8 人，亲属家眷 6 人……换成父亲的话，这样一个单位，这样一群员工，怎能不乱不散呢？谁能把谁看在眼里？放在心上？

可谓是："一看二问三切脉，四下处方病根绝！"通过深入的走访和了解，父亲清楚地掌握了公司的基本情况。公司人才集聚、藏龙卧虎，有记账不用算盘的清末老秀才，有参加老山战役的英雄，有万元户，有祖辈均名噪一方的手工艺匠人……

如何才能成为这样一群"人才"值得信任和靠近的人呢？父亲陷入了深深的沉思。

"爸爸，您是怎么做的？"我急切地追问父亲。

"我从一屋不扫何以扫天下的行动开始的。"父亲微笑着回答道："从我踏进公司大门的一刻起，我其实就看出了公司的问题了。值班室没人值班，大门却敞开着，满地堆着烟头和垃圾，椅子东倒西歪……进了楼道，到处停放着凌乱破旧的自行车，还有住户随便晾晒着的衣裤，堆满楼道的废旧生活用品，随处可见的痰渍和垃圾……还有开会时的各种各样的现象，爸爸就心里有数了。"

"改变一种方法很容易，但是转变一种思想和观念是非常艰难的，而且我刚刚调来，大家不了解我，也就很难信任我。所以，说话不如做事，命令不如行动。从第三天开始，我就六点起床，一手笤帚，一手簸箕开始从我住的宿舍门口向停车场的中央扫去……"父亲的脸上荡漾着幸福的笑容，继续讲着。

"开始一个星期，没有人加入到扫地的行列，但是，我感觉到大家对我的态度都变了，有主动问好的，有站在门口观望的，去食堂吃饭，有挨着我坐一块儿搭腔说话的。大约是第十天吧，我像往常一样开始从四楼扫着地往下走，忽然听到了二楼也同样传来扫地的声音，等我扫到二楼时，看到了你王爷爷（老秀才）提着笤帚和簸箕正等着我呢，我心里别提有多温暖了，我们并肩一个台阶一个台阶地一直扫到了停车场，然后洗了手一起去食堂吃早饭，这个早上我们成了忘年交，彼此聊了许多许多，我还向王爷爷请教了很多的问题。之后的事你都知道，我就不多说了……"

听到此，我才恍然大悟，原来我所看到的一切：江川县生资公司整洁干净的办公大楼；繁花锦簇鱼儿悠游的小花园；洁净温馨的食堂；井然有序的庞大停车场；每天每个员工自觉自律在早晨六点开始一手簸箕一手笤帚默默地从自己的宿舍扫地到公司的中央广场时，一聚首，一抬头，笑容恬淡而温暖问安后留一片硕大无比的洁净与温暖各自默默散去时的场面……原来，是父亲倾注了满怀的热忱与心血才换来的！

时至今日，已过不惑之年的我，每每回忆起儿时在父亲身边度过的每一天每一刻，每一分每一秒，不禁潸然泪下，恼恨小小的自己没有今日的能力，去解读屹立于我身边如此伟岸、如此丰盈、如此清明、如此刚毅的伟大父亲……

今天，我将父亲挂在嘴边八十多年的"至理名言"一一记录并与大家共同分享：

你爷爷说——

"田埂倒了能修能扶，人格倒了就妄想再修再扶。"

"世间没有千年的活人，只有千年的声誉！"

"没有打扫卫生的习惯，就没有整理思想的习惯！"

"好环境坏环境都是人制造的！"

"财帛如粪土，仁义管天下！"

"君子走四方，小人寸难挪！"

……

我的爷爷，我父亲的丰碑！

我的父亲，我的丰碑……

站出来，让祖国挑选！

北京市宣武师范学校附属第一小学教师　刘家伟

　　"站出来，让祖国挑选！"——在一所知名学校的校园里，这几个字显得特别醒目，没有华丽的辞藻却气势磅礴，震撼心灵。

　　看着这几个字，我想到了我的父母。年轻时父母在航天部工作，参与研制火箭发动机。当年正值风华正茂的父母和他们的战友们毅然放弃北京的生活来到群山环抱的秦岭，一干就是三十多年。那里真是山沟呀，我家屋后就是一条大河，对面就是一道悬崖，条件非常艰苦。1976年地震，人人都往外跑，我的父亲却跑进办公室抱出重要的资料；1982年安康特大洪水，泥石流冲毁了我的家，可是父母每天从早到晚在厂房铲冲进去的泥土，加班加点地进行研制工作……童年的记忆中，地震、泥石流重大自然灾害经常光顾我们的山沟，我们一些职工子弟就住在学校操场的帐篷里，白天自己玩儿，而我们的父母都在厂区里，顾不上我们。"工作的需要！""祖国的需要！"是我们经常听到的话，这句话也深深扎根在我们幼小的心田。

　　祖国三十五年大庆，正上中学的我有幸参加广场翻花，可是暑假要加强训练。我犹豫了，暑假我要回陕西看父母呀，我已经一年没见到他们了！可是训练怎么办呀？"当然要参加训练！参加国庆，多么光荣，这是祖国的需要！"长途电话的那一头，父亲发话了。我留在了北京参加训练。十一那天，我和同学们站在广场上胜利完成翻花的任务。

　　"妈妈，十一六十年大庆，我们学校有在广场翻花的任务。老师挑上我了！"看着兴奋的儿子，我仿佛看到了上中学的我，"咱们定了暑假要出国旅游呀，已经交了钱了。"我不忍打断他。

"不行！暑假要训练，为了预防禽流感，学校要求参加翻花的同学不许外出！"

"那交了钱呀！"

"没关系，退我一个人的钱，损失不大。你们去吧，我在学校参加训练！"

"你一直想去那儿呀！"

"没事儿，我以后机会多着呢！六十年大庆，学校挑上我，多有意义呀！祖国需要嘛！"

喜欢旅游的儿子竟然毫不犹豫地拒绝这次难得的出国游！九零后儿子的爱国心一点不输六零后的我！暑假我在旅游的途中经常接到儿子的电话，讲述自己决定正确的骄傲，讲述训练的兴奋！

临近国庆，夜里彩排下雨，我很担心弱小的儿子生病。"没关系的，这点儿困难算什么呀，姥爷说了，'祖国的需要'就要服从祖国的需要！"

"站出来，让祖国挑选！"——现在侄女进入这所学校。当父亲听说学校的口号是"站出来，让祖国挑选"，连声说好，"就要这样，好好学习，祖国需要的时候，就站出来，让祖国挑选！就要这样！"

看着父亲，这位头发已经花白的老航天人，"为了祖国的需要"是他一辈子的信念，在条件艰苦的秦岭山区工作，在航天战线上奋斗了一辈子。"为了祖国的需要"也成了我们这户普通人家的家风，普通人家不变的信念——为了祖国的需要，站出来，让祖国挑选！

从家德到学德

北京市第三十五中学校长　朱建民

"第一，世界上最有力的论证莫如实际行动，最有效的教育莫如以身作则；自己做不到的事千万别要求别人；自己也要犯的毛病先批评自己，先改自己的。第二，永远不要忘了我教育你的时候犯的许多过严的毛病，我过去的错误要是能使你避免同样的错误，我的罪过也可以减轻几分；你受过的痛苦不再施之于他人，你也不算白白吃苦。总的来说，尽管指点别人，可不要给人'好为人师'的感觉。"这是摘自《傅雷家书》的句子，是著名翻译家傅雷先生写给儿子的家训，不少人称其为"影响中国的家书"。

家庭支撑着许多人一生的行走，家风家训则是助力的重要工具。我也毫无例外是深受家庭影响的人，虽然父母只是普通的职工，没有才情去提炼隽永的家训来承情载道，但是他们在日复一日、年复一年的点滴行动中，对我完成了起步阶段的熏陶与影响。在我人生的底座上，镌刻着父母言行背后的德行。

我的父母敦厚淳朴，他们工作勤奋、吃苦耐劳、勤俭节约、为人诚恳、尊老爱幼。父母从小就教育我们兄弟三人，要先学会做人再学做事，要做一个勤奋、感恩、知舍得、有责任心的人。这使得作为长兄的我，从小就养成了勤勉、自立的个性——6岁起我就能够独立给家人做饭。而今，我任校长将届16年，也承担了一个校长的职责。这一切都得益于从小在家庭中父母对我言传身教的塑造，得益于"家德"对我耳濡目染的影响。

在中国现在这个经历了多次风波迭起的时代，一方面，家长在家庭生活中不能以身作则，给予了孩子不良示范；另一方面，家长不重视家德建设，把教育孩子的任务全部交给学校，我们的家德正走向衰落，尤其是每个人得以存活并在世上游走一生的引擎——价值观或者叫信念，以及思维的方式，它是无法教授的，它只可能被感受，被影响，被指引。如果教育工作者无法对家德施加积极影响时，"学德"就必须跟进。我在三十五中学倡导"五字德行"，即"勤、孝、礼、善、诚"，希望能够像父母对待自己的孩子一般对待学生，让"五字德行"也能在学校这个大家庭中继续传承、发扬光大，涵养孩子们的一生。

"勤"，勤奋、勤勉。中学时代的我是学校团委委员，保管着班级的门钥匙。每到冬天，我总是第一个到班里把炉子生好。那个时代的煤球是紧缺物资，配额发放到各个班级，我经常会将还没有烧尽的煤球回收，把煤灰和成泥再做成煤球留作备用，希望能够用有限的煤球为大家点燃更久的火焰，在寒冷的冬天为老师和同学们带去更多的温暖。

"孝"，孝敬父母、尊重师长。十岁那年春节，母亲由于脑供血不足住院，家中打扫卫生、拆洗被单的任务一下子就落在了我这个老大的肩上。打扫卫生没有多少技术含量，认真仔细就行，可是重新拆洗被褥这个活儿，以前只见母亲做过，自己没有实践经验。拆的时候我怕自己记不住，先用笔记下来，等缝制的时候再按照相反顺序进行。就这样，我一个人把全家人的被子都拆洗了一遍。母亲在病床上听说这件事后，泪眼模糊。

"礼"，知礼、懂礼。从父母身上我学会了感恩、明礼，他们一直叮嘱我，滴水之恩当涌泉相报。常怀感恩之心的人才能成为明礼之人，他的生活才有广泛的社会价值，他的人生才有超越个人的高尚目标。

"善"，善良，行善，至善。我一直教导三十五中的学子要向上、向善。三十五中是北京市慈善义工协会的第一家团体会员，学生们通过义工协会这一平台去服务社会，比如帮助遭受特大暴雨的学校重建，春运期间在火车站提供志愿服务，到落后地区学校支教，自主开展义卖、义演活动，用行动为他人、为社会提供力所能及的帮助。

"诚"，诚实，守信，这是做人做事的标准，也是做人的底线。鲁迅先生曾经说："伟大人格的素质，重要的是一个诚字。"孔子也教导弟子要"言必诚信，行必忠正"。

家庭之于人的影响为何如此至深至远？一个重要的原因在于父母对于子女不求回报的深深的爱、浓浓的情，印证了"亲其师信其道"。身为校长，我希望能够把父母对我人格的内化塑造和行为的外在引导提升到学校育人的高度，希望"五字德行"能够育人留痕，在学校蔚然成风，为社会塑造和培育出更多德才兼备的人才。

在给步入学校的学生们提供良好的学德教化的同时，加强良好的家德熏陶也是势在必行。在这个对阅读浅尝辄止的年代，一本原本无意传播却下自成蹊的《傅雷家书》能够有一百万册的销量，受到广泛热捧，我心甚慰，但愿这是世人重新审视后的认知回归。

给生命涂上爱的底色

北京第二实验小学校长、特级教师、国务院参事　李　烈

　　我们小学教学楼前有这样一座雕像：一位女教师用前额抵着一位学生的前额，四目相视，亲切地交流，教师眼里满是欣赏与期望，学生眼中则充满着信心与敬意，幸福的微笑洒满她们灿烂的面庞。雕像底座上镌刻着一个烫金的大字，校园里众多名家和师生书法作品中唯一一个我亲笔书写的字——"爱"。

　　那是 18 年前的一个星期日，王川老师打来电话："校长，雕塑已经安装好了，可我觉得底座上有些空，写上几个字就好了。"

　　"噢，那就找个书法家或让咱们的书法老师写吧。"我答道。

　　"我觉得应该是您来写。"

　　"不可能！"我斩钉截铁地回答，"这不是我的风格！更何况我也从来没有练过毛笔字！"

　　"这座雕塑是您的创意，制作'小样'的过程中您又一次次把关修改，可以说这是您的设计，反映着您的思想……"

　　禁不住电话那头雕塑制作者王川老师的一再坚持，我来到了学校。手持蘸满墨汁的毛笔，"写什么呢？"我问王川。

　　"写什么都行"。随着王川落下的话音，未加思索的我提笔写下了瞬间出现在头脑中的这个字。

　　几天后，一位来学校开会的中学校长指着这个字对我说了这样一句话："李校长，你真敢写，竟然敢在校园里写这个字！"……

"爱"，这个在当时还多被狭义理解的字，的的确确在此之前还从未有过单一出现在哪所学校校园最显眼的位置上。但它却是做了二十多年教师的我心灵深处自然迸发出来的生命之音！是有着无限内涵、凝聚着人类最强力量的生命之魂！

如果说爱是一种与生俱来的本能，那么它开始时一定是一种狭隘的情感。初生的婴儿抓到食物为什么总是先放进自己口中，然后才学会送给别人？我相信爱需要培养和教育，爱需要感悟和理解，爱更需要能力和智慧。

在我的记忆里，爸妈都是非常独立而又要强的人，并且都极为善良，从未见过他们与人争吵，倒是时常看到他们帮助或救济别人。尤其是心灵手巧的妈妈，不仅变着花样为我们姐弟四人每年编织新毛衣，还总是热心地教给街坊四邻的阿姨婶婶，或为我们织新衣的同时为邻家孩子也织上一两件。我清楚地记得我们所认识的、不认识的周围很多阿姨婶婶都非常喜欢她，一有空闲时间就来找她学活、说话。

常被邻居围住的妈妈，并没有因此冷落了我们，精心照料的同时给予我们的是百般的温暖与慈爱。然而，不懂事的我却曾经让妈妈大大地生了一回气。

那是爸爸调到北京工作的第一年，妈妈带着我们姐弟四人生活在承德。每当爸爸从北京回家的时候，总要给我们带些好吃的、好玩的。盼爸爸回家已成为我童年一个做不完的梦。一天，爸爸回来了。这次他给我带来的是一双我从来没有见过的、漂亮的、晶莹剔透的塑料凉鞋。我别提有多喜欢了，我立即为它起了一个梦幻般的名字——水晶鞋。

也许是粗心的爸爸忘了我正是长个的年龄，也许是我的脚丫实在是长得太快了，总之我的脚已无法塞进鞋子里，家里的其他人也根本无法穿这双"水晶鞋"。晚上，妈妈和爸爸商量以我的名义，把鞋子送给邻居家一个经常与我玩耍的小妹。

听到爸爸妈妈这个决定，我紧紧抱住"水晶鞋"不放，爸爸妈妈做了半天工作也没有改变我的主意。当爸爸承诺下次从北京回来再给我买一双更好看的"水晶鞋"时，我才勉强点头同意。

但是，当我眼看自己心爱的"水晶鞋"穿在邻家小妹的脚上，看她像个骄傲的小公主一样蹦蹦跳跳，脸上洋溢着幸福的笑容时，我的心瞬间被大部分女孩在这个年龄都可能发生的妒忌占领了，突然大哭起来，嚷着闹着要把鞋子要回来。

妈妈听到我的哭声，急忙从家里跑了出来，强行把我拖回了家。开始时妈妈还耐心地给我讲道理，可我根本一句也听不进去，依旧狂哭不止。此时，妈妈真的恼怒了，她的表情由于失望和恼怒变得让我都不敢认了。妈妈平生第一次也是最后一次在我的屁股上狠狠地打了一巴掌。

当天晚上，妈妈走进了我们的卧室，因为挨打而感到委屈的我把脸转到另一边装睡。妈妈坐在了我的床边，用她那柔软的手把我的脸转了过来。我睁眼看着妈妈慈祥的眼神，不争气的眼泪又一次不听话地涌了出来。

妈妈此时已经没有了愤怒和失望，她耐心地开导我："妈妈知道你喜欢那双鞋，你穿上那双鞋会非常好看，但那双鞋太小你不能穿。那双鞋你只是喜欢，但穿在邻居家小妹脚上就不止是喜欢了。她家生活比较困难，小妹的妈妈爸爸没有钱给小妹买，今天你看到了，当小妹穿上那双鞋时，她是多么高兴、多么幸福呀！"

我看到妈妈的脸上那幸福的满足感，好像得到鞋的不是邻居家的小妹，而是妈妈自己。对于这一点，我当时真的感到很奇怪，也有点不明白。妈妈用一种更柔和的语调接着对我说："小烈，妈妈告诉你，小妹的高兴，不仅是拥有了一双漂亮的鞋，更是通过这双鞋感受到了我们对她的爱和关心。应该说，她的幸福感觉是你给的，是你用一双鞋传递了你对小妹的爱。其实我们每个人都喜欢别人爱自己，但得到爱的前提是我们首先要爱别人，你只有爱别人，别人才能爱你。妈妈知道你是一个有爱心的孩子，把东西送给更需要的人就是爱别人的表现。告诉妈妈，你喜欢别人爱你、关心你吗?"听到这里,我似懂非懂地点了点头。

妈妈接着说:"如果你喜欢别人爱你、关心你,那从今以后你就要学会爱别人,关心别人。你在爱别人的同时不仅能得到别人的爱,同时也可以享受你自己付出的爱。"在妈妈柔和的语调中,我似乎忘了那双在我的想象中可以使我成为公主的"水晶鞋",在我迷迷糊糊的意识中,小妹和我似乎成了一体,一双"水晶鞋"也变成了两双,好像我和小妹正手拉手,穿着一样的"水晶鞋",一起在田野跑。想着想着,妈妈的身影和声音渐渐地变得模糊起来,我带着笑意睡着了。

一个人随着年龄的增长,幼儿时代的许多人和事都会随着时间的推移,渐渐淡忘,但真正能触动人心灵的经历却总是难以磨灭。在唯一一次挨打后妈妈讲给我的道理,是一次爱的启蒙,对我的成长产生了深刻的影响。父母善良为人、勤勉做事的价值追求以及所营造的温馨和睦的家庭氛围,潜移默化、日积月累,在我幼小的心灵涂上了浓浓的一层爱的底色。

在后来的人生路上,尽管我也承受过磨难,遭遇过打击,品尝过缺失,经历过坎坷,但都没能让我变得冷漠和增长仇恨,反而对爱有了日见深刻的感悟。人类的种种情感中,爱是最伟大的。它可以使人坚强勇敢,赋予人智慧力量,也可以让人倾其所有,甚至付出宝贵的生命。只是这种伟大不是立即可以表现出来的,它是随着时间的流逝一点一滴展示出来的。

一路走来,在父母那里,我是懂事孝顺的女儿;在爱人那里,我是贤惠温柔的妻子;在儿子那里,我是大气善良的母亲;在婆婆那里,我是善解人意的儿媳;在同仁那里,我是大爱纯粹的李烈……

做老师,看到学生大冬天赤脚穿鞋,我拆了毛背心连夜为他织出一双毛袜;单亲女孩学习差路途远,我接她住在家里一月有余,又当老师又当妈妈;为钻研业务,我拜师学艺,教着三个班的数学还坚持每天听师傅的课……代表北京参加首届全国课堂教学大赛,带回来的是书写着

"一等奖第一名"的荣誉证书；做校长，我 1997 年荣获香港柏宁顿孺子牛金球奖之杰出奖，所得 10 万元奖金全部用来做了"校长奖励基金"，奖励学校杰出教师，后来荣获西城区杰出人才后所得的 30 万元奖金同样捐给了学校用于奖励教师。每逢各种捐助我从来都是当仁不让，遇上需要帮助的老师、学生、临时工，我总是尽我所能甚至倾囊相助……我清楚地知道，一校之长是全校师生的代表，荣誉是大家的，自然不可以独享；一校之长有时也是全校师生的"家长"，家里人有困难自然你要带头担当……

如果说这一切都是生命情愫中爱的自然流淌，这份自然流淌的爱源于儿时那浓浓的底色，那么我要说，正是这份爱的底色，成就了我做教师时爱的教学实践；而爱的教学实践使我得出了一个刻骨铭心的感受：教育的真谛在于诠释生命，诠释生命教育的真谛是爱。因此，有了我做校长之初已形成的教育思想——"以爱育爱"。

如今，"以爱育爱"已经成为实验二小的品牌理念，被广为传播备受赞扬；"以爱育爱"近二十年的实践也成绩斐然硕果累累。但真正令我欣慰与自豪的是多年来"以爱育爱"的实践带给我、带给我的学生、带给我的同事们的那种不同寻常的美好感受——在爱的互动过程中不断生发出来的不竭的爱。正是这份源自心灵深处绽放的爱，在互动中产生了巨大的共鸣，使每一个人爱的情感、行为、能力、智慧都得到生长和升华，并在爱的相互作用和互相激励中，成为一个源源不断、生生不息的互动圈，一个充满对生命的尊重与感动的教育圈。每一个进入这个圈内的人，都深刻感受着生命的意义与价值……

所有这一切，注定了我的一生都将生活在对爱和生命真理的追求中，并在付出爱的同时，充分享受爱带给我的幸福和快乐。

研讨篇

历史与现代的家规家风

中国青少年研究会副会长　孙云晓

　　最近连续发生一些暴力事件和自杀事件，触动了社会敏感的神经。这些事情背后有很多原因，但是，和家庭的崩溃有很大关系。国之本在家，这是孟子的话。家是不是能够强大，是不是稳固，关系到国家的基础是不是稳固。现在很多家庭的关系很脆弱，甚至也有不少家庭处在崩溃之势，必然带来孩子成长的困扰。教育机构和学校抓家风建设，而不只是抓知识、抓分数、抓升学率，这个导向非常对。

　　家风是一个家庭乃至一个家族的道德风貌，一种稳定的并且是本质性的体现。家风也叫做门风，它是一种道德习惯。对于少年儿童行为习惯的十年跟踪研究认为，习惯是一种稳定的自动化的行为，不是忽上忽下、忽左忽右的，家风一定是比较稳定的、自动化的行为习惯。

　　家风最本质的是做人。中国几千年的传统文化，有很多很多优良的家训、家规，最核心的问题就是做人问题。

　　谈家风自然与家训文化密切相关，如何传承家训文化，培养出富有创新精神和实践能力的新一代？或者说今天我们需要什么样的家风？什么样的家风真正有利于青少年健康成长？都是值得深思的大问题。

　　中国向来有着重视家庭教育的优秀传统，从周朝，周文王的母亲太任就留下过"目不视恶色，耳不听淫声，口不出傲言"的养育经验。在此后数千年来各朝代所积累沉淀的家教、家规、家训是中华民族宝贵的家庭教育资料，凝聚着我国历代家庭教育的经验。

中国的家训萌芽于先秦，发展于秦汉至六朝，成熟于隋唐，在数千年家训的传承中，每个时代的家训的发展和演变都有其鲜明的特点。

中国的家训在先秦时期就开始萌芽，这个时期的家训生动形象，但主体只是针对具体的人或事进行指导教诫，且篇幅短小，只重视口头教诫，而不注重对后世子孙的传承，更不成体系。

秦汉至六朝，有大量的家训作品产生，但体裁局限于家书、遗训，且多数为单篇著述，虽然形成了独立的家训文献，但在家庭教育内容上依然缺乏系统性。

隋唐时期家训开始进入成熟时期。这时的家训针对的对象开始扩大到对整个家庭及后世子孙，颜之推所著的《颜氏家训》标志着家训从以前的零散思想，开始走向理论化、系统化。此后一些内容全面、体系完备、适用广泛的家训经典专著，开始不断出现。

家训在宋元至明清时期达到鼎盛。最显著特点就是脱离了单纯道德说教的高调，转向家庭治理的实际安排，由抽象走向了具体，并且涉及经济的内容增多了。宋代以后的家训则更侧重于"治家"，到了明代家训制度和规范更加严厉、更具约束性，且出现了训诫子弟从商的内容，清朝前期中国家训发展鼎盛，但到了后期，随着西方列强的入侵，西方国家的思想被植入和传播，传统的家训开始整体衰落，但一些新的教育思想开始出现和发展。

在中华民族漫长的发展岁月中，家训承载着中国家庭教育的重要功能，家训中的一些教育思想，即使从当代最新的教育思想和心理学研究成果来看也是值得借鉴和传承的。比如在《颜氏家训》中所提到的严慈兼施的教育思想："父子之严，不可以狎；骨肉之爱，不可以简"，意思是父母需要在孩子心中树立权威，不能让孩子恣意妄为；父母与孩子之间的骨肉之爱，也不可过于淡薄疏远。这与心理学家研究发现的权威民主型家庭的孩子成长具有更多的社会责任感和成就倾向的结果不谋而合。

而《颜氏家训》中的"爱不偏宠"的教育思想，在中国逐渐开放二胎，多子女家庭开始增多的家庭关系中，也非常适用，"贤俊者自可赏爱，顽鲁者亦当矜怜"的家训就是说明除了贤良聪明的孩子应该奖赏之外，愚昧迟钝的孩子也应该得到怜惜。

2014 年 7 月 3 日，《广州日报》报道了东莞市一名 14 岁的女孩因为怨恨父母偏心而杀死 9 岁妹妹的惨案。这位姐姐出生之后就被父母送回了重庆老家，9 岁时才被接到父母身边，而妹妹从出生起就一直跟着父母。姐姐早早辍学，沉默寡言，妹妹乖巧伶俐，学习成绩又好，所以父母对姐姐的态度总是批评多于鼓励，经常让姐姐让着妹妹。2014 年 6 月 30 日晚，姐姐从背后勒住妹妹的脖子，并用水果刀杀害了妹妹。这一事件的导火索是父母的忽视和偏心，父母对姐姐封闭内心的忽视和对妹妹的偏爱，导致她作出了不理智的行为，酿成了这个悲剧。所以《颜氏家训》中的"爱不偏宠"就值得多子女的家庭学习。

唐太宗李世民在《帝范》中也强调家庭和睦，司马光在《家范》中强调环境对早期教育的影响，方孝孺在《幼仪杂箴》中强调儿童礼仪，清朝曾国藩在《曾文正公家书》中强调孩子勤奋等品性的培养，近代钱学森家族的《钱氏家训》也颇有内容，这些都值得当今家庭教育借鉴与学习，值得广为推介和借鉴。

虽然漫长的中国家训发展历史，给我们留下了许多家庭教育的瑰宝，但中国古代家训作为封建社会的产物，一大功能就是在于维护封建社会的统治，宣传封建社会的合理性，巩固封建社会的制度，所以传统的家训也存在着一些不适合现代家庭教育的内容。比如愚忠愚孝的奴化教育和明哲保身的保守理念。

反观西方文化，古希腊的亚里士多德就提出了"吾爱吾师，吾更爱真理"勇于挑战权威的思想。或许正因为如此，西方国家就不断涌现如伽利略挑战亚里士多德，提出自由落体定律；哥白尼、开普勒挑战传统地心学说；爱因斯坦挑战牛顿力学，提出相对论；普朗克挑战经典力学，提出量子力学等一系列科学成就。

柳斌先生讲过一个故事：在北京光明小学四年级的一节语文课上，老师在讲《麻雀》这篇课文，课文的内容讲了一只老麻雀为了保护幼崽而不惜与猎狗殊死周旋的故事。教学参考书上说："这只老麻雀的行为表现了伟大的母爱。"这时一个男生举手，说："怎么知道这是只母麻雀呢？它为什么不是公的呢？为什么一定不是父爱呢？这篇课文没有一处说它是母麻雀啊。"老师认真思考后表扬了这个孩子，还把课本上的答案按照这一疑问进行了修改。

假设这个孩子的父母从小要求孩子墨守成规，那么这个孩子还敢于向老师提出挑战吗？

虽然今天传统的家训文本范式已经很难看到，但家训的家庭教育功能依然值得我们重视，现代的家训与家风应该具有以下特点：

一、以尊重孩子的特点与权利为前提

父母制定家规家训都是为了孩子的健康成长，而不同年龄段的孩子的成长特点有着本质的不同，所以父母在制定家规家训中，需要以尊重孩子这些生理和心理的特点为前提，并随着孩子的成长不断给予变化和完善。

对于幼儿来讲，意外伤害是导致儿童死亡的主要原因，所以，父母在设定家规家训时，需要有对意外伤害的防范条款，如：不许孩子自己去接触插座、燃气、电线等有可能对他产生伤害的东西；到了小学，孩子的近视和肥胖会成为最常见的问题之一，而制定养成健康生活方式的家规就很重要；到了中学，孩子开始出现越来越多的叛逆行为，这时的家规家训一方面不能太多太细，避免给孩子太多的束缚感；另一方面也要设定一些底线，比如不能伤害别人，不能撒谎，不能夜不归宿等。

以上只是每个年龄阶段的孩子部分特点，父母制定家规时，还需要全面了解每个时期孩子的特点，鼓励和支持孩子参与制定家规。

孩子除了每个阶段的成长特点不同，每个孩子本身也有着其独有的特点，这也是父母们需要注意的。比如有些孩子主动性强、控制力差，对于这样的孩子，家规可能就需要严格一点，细致一点；有些孩子主动性弱，控制力强，对他的家规就需要宽松一些，多一些鼓励。

二、应注意保护孩子的创新意识和质疑精神

创新意识和质疑精神是中国传统家训中最为缺乏，却是中国当今社会孩子最为需要的优良品质。封建社会的家规家训是社会意识形态的家庭化，为了减缓矛盾和冲突，很多家规家训强调消融自我意识，去个性化，这在很大程度上束缚了孩子的个性化发展，更剥夺了孩子的创新意识和质疑精神。而到了今天，建立创新型社会，培养创新型人才已经成为国家发展战略，所以保护孩子的创新意识是现代家训中不可缺少的重要内容。

心理学家通过对诺贝尔奖获得者和其他高成就者的自传、传记的分析发现，取得高水平成就需要的心理条件主要有六条：第一，对自己感兴趣事物的巨大的内在兴趣和高度热情；第二，不可阻止的、自发的学习行为；第三，强烈的成长动机(超越、巅峰动机)；第四，反潮流精神；第五，独立性、创造性、求新求异性；第六，孜孜不倦的工作态度和克服困难的坚韧精神。

而中国的传统家训对上述六条中的前五条都不支持、不提倡，只有第六条符合我国文化，中国的许多家训更强调服从权威、遵守规矩等，这对于孩子的独立性、创新性是有束缚的。如曾国藩家规思想中的三看之说：看一个家族的兴败，看三个地方：第一，子孙睡到几点，假如睡到太阳都已经升得很高的时候才起来，那代表这个家族会慢慢懈怠下来；第二，看子孙有没有做家务，因为勤劳、劳动的习惯影响一个人一辈子；第三，看后代子孙有没有在读圣贤的经典，"人不学，不知义，不知道"。

现代父母在和孩子制定家庭规则或家训时，就需要注意保护孩子的

好奇心，避免对孩子过多的压制和约束。因为家庭教育对孩子创造性的学习中有着启蒙和引导的作用，孩子的好奇心是天生的，对外界事物的探索也是创新意识的萌芽，这时父母如果能够保护孩子的好奇心，鼓励孩子的探索精神，包容孩子的探究行为，则会给孩子创造性学习的能力打下基础。

三、倡导勇于承担社会责任的精神

看一个家庭的家训和家风对于他的孩子有没有一种深远的影响，还有一个标志，就是看这个家训和家风的格局，即你是不是倡导勇于承担社会责任，这是现代家风和传统家风的重大区别。

为什么江南钱家人才辈出？钱学森、钱正英、钱伟长、钱玄同、钱三强、钱其琛、钱基博、钱钟书、钱复、钱穆、钱逊……包括2008年诺贝尔化学奖得主华裔科学家钱永健，都是钱家后裔。三十多世，仅遍布海内外的科学院院士就有一百多人。有评论称钱氏家族千年兴盛，近代俊彦接踵的原因出自家族重视传统教育的家庭教育模式。

作为吴越王钱镠的后代，他们有千年的家训，1925年，钱家人对家训做了一个大的修订，就是继承原来的吴越王老祖宗的精神，又吸纳了中国传统的文化的一些精华，把各种家训的精华吸收在一起，作出新的《钱氏家训》。

新的家训有四个部分，第一，个人；第二，家庭；第三，社会；第四，国家。有了一种现代的意识。第一句就是心术不可得罪于天地，言行皆当无愧于圣贤。还有"利在一身勿谋也，利在天下者必谋之"的句子。《钱氏家训》这种转型具有非常深远的意义，对于社会责任的提倡是钱家人才辈出的重要原因，人生追求与格局很大气。

四、要以生动形象、通俗易懂的方式来呈现

理解和尊重孩子的方式之一，就是要运用孩子喜闻乐见的方式表达

约定和规则。例如，有一对母子就规定，母亲不可在就餐的时候谈论孩子的学习问题，孩子要自觉主动地完成当天的作业，如果有人违背这个规则，就以爬 12 层楼梯的方式惩罚自己，因为母子俩都比较肥胖，需要加强体育锻炼。

美国总统奥巴马给女儿制定了如下的家规：第一，不准出现以下行为：抱怨、哭闹、争辩、纠缠和恶意嘲笑。第二，自己的事情自己做，比如给自己冲麦片或倒牛奶，自己叠被子，自己上闹钟等等。第三，如果干家务，每星期能从爸爸那里领得 1 美元零用钱。第四，要求两个孩子安排充实课余生活：马莉娅跳舞、排戏、弹钢琴、打网球、玩橄榄球；萨莎练体操、弹钢琴、打网球、跳踢踏舞。

奥巴马在对自己的女儿制定的家规中把做家务列为非常重要的一项，是有着充分的科学依据的。根据美国哈佛大学对 456 个孩子跟踪调查 20 年后发现，爱做家务的孩子和不爱做家务的孩子差别很大，失业率是 1：15，犯罪率是 1：10，收入相差 20％，而且，爱做家务的孩子离婚率低，心理健康。中国青少年研究中心家庭教育研究所副研究员洪明博士也认为：包括做家务在内的劳动教育，对人的成长有重要作用，劳动有助于人们养成勤奋、负责的品质以及健全的人格。

总的来说，当今社会，父母需要在继承优良传统文化的同时，根据时代发展的需要，注重塑造新时代的家风，比如强调家庭成员间的民主、平等，尊重孩子的个性和特点，鼓励孩子的质疑和探索精神等弥补传统文化的缺陷，使孩子做到平衡地发展。

岁月荏苒　家风伴我

北京市实美职业学校书记　廖　爽

想到家风，成长的画卷便在头脑中闪现，家的感觉在心中温馨柔软，耳边姥姥的念叨，妈妈的叮咛，仿佛依稀昨天——我的家风嘛，心中也许没有什么定义，但是"善""爱""勤""孝""顺"等都是从小在家的氛围中感受最多的。我想，如今我们重提家风，旨在让更多的人找到那些或已丢失的精神支柱。因为朴素而真切的家风，带给我们的是性格和人生轨迹的改变。家风是一种潜在无形的力量，是一种无言的教育、无字的典籍、无声的力量。

什么是家风？也许就是看不见、摸不着，如影随形影响一生的家庭风气。

一、家风是一种潜在无形的力量

"不论时代发生多大变化，不论生活格局发生多大变化，我们都要重视家庭建设，注重家庭、注重家教、注重家风……"习近平总书记在2015 年春节团拜会上发表重要讲话，强调家庭是社会的基本细胞，是人生的第一所学校，在促进社会和谐中发挥重要作用。

家风是一种潜在的无形的力量，在日常的生活中潜移默化地影响着孩子的心灵，塑造孩子的人格，是一种无言的教育、无字的典籍、无声的力量，是最基本、最直接、最经常的教育，它对孩子的影响是全方位的，每个方面都会打上家风的烙印。可以说，有什么样的家风，就有什

261

么样的孩子。

　　家庭是国家中最小的单元，是社会的细胞。"每个父母都好好教育自己的子女，不管是贫穷富贵都没关系，只要教育自己的孩子公平公正，善良正直，这个社会的风气就比较好。"一个家庭有了好的家风，这个家庭就很和睦、很团结；千万个家庭有了好的家风，我们这个社会就很和谐、很有向心力，我们这个民族和国家就有了凝聚力和战斗力。

　　记得小时候，姥姥、母亲最常说的就是要我们善良友爱、孝悌忠信、礼义廉耻，基础就是"孝顺"。善就是善待这个世界；爱就是事事有爱心，懂得宽容；孝就是爱父母、对父母始终抱有感恩的心；顺就是保持宽容、平和的心态，对所有的事物都报以微笑。

　　随着年龄的增长，这些话语慢慢成了自己的行为，始终记得父母的言传身教，姥姥服侍瘫痪在床的姥爷 26 年，那时还要照顾我们姐妹，但是一直记得每一天，姥姥都是笑着做一切，总是告诉我们姐妹，一个人爱家人才能爱世界，家有再多的事，日子也是开心过，也要笑着面对。母亲因为姥爷有病的缘故，放弃保送大学的机会，留校任教，陪伴学生的时间永远多过陪伴我们，感受着母亲对学生的爱，正是父母的言行，父母以身作则，那份"善""爱""孝"让我们学习效仿，在不知不觉地熏陶中就形成了家风。"如果把孩子比作一朵花，父母的言行就像是浇花的水，用良好的家庭作风不断地灌溉，就能开出最美的花朵。"正是从小接受的这种家庭文化，对于现在的我们乐观向上，宽容于世有着直接影响。一个人如果内心充满了孝悌忠信、礼义廉耻，那他做的事也都会符合道义。家风就是家庭文化的积淀、就是家庭文化底蕴，家风是一种潜在无形的力量。

二、以家风正民风，以民风树世风，以世风振国风

　　记得 2014 年我在孔府参观，走进一个院落，发现是百家姓和家训的展厅，当时讲解员介绍，说从百家姓来讲，大的家族才有家训哦，大

家自己找找，看看你的姓氏是不是有家训，有家训的姓氏才是大家族，才有自己的家传家训，现在想起来，当时真的没有认真去查阅，看来应该再去一次。回来后借着这次思考家风家训的学习中，了解到从公元550年的北齐开始，到1949年的民国为止，这一千四百年间，我国关于家训的专著有一百二十多部，其中包含的家训不仅弘扬了中华民族的传统美德，也为家庭成员制定了道德准绳和行为规范。家训是对子孙立身处世、持家治业的教诲，是中国传统文化的重要组成部分，也是家谱中的重要组成部分，它在中国历史上对个人的修身齐家发挥着重要的作用。家训属于家庭美德的范畴，一个家庭的家训相当于一个国家的道德标准，如曾国藩家训、朱子家训、颜氏家训等。家训是家人做人的道德标准，违背家训，就会遭受道德的谴责。家风是一个家庭的风气、风格与风尚。换一句话说，当一个家庭的家规、家训形成家庭的公众行为习惯即构成了家风，家风也就是一个家庭或一个家族的家文化。

今天，随着社会价值多元化，社会竞争激烈，家庭作为社会的基本细胞，作为抚慰心灵的温暖港湾，更显其重要的作用。家风相连成世风，世风相融振国风。家风源自家庭立足于家庭，对社会的进步、人性的升华、民族的凝聚、文明的拓展，都产生巨大而深刻的影响。一个人在家孝顺父母，品行端正，言有信，行必果，必然家风正、行为端，走上工作岗位也往往会尽职尽责。国如车，家是轮。传承好的家风，必然能影响、促进形成好的政风、世风、国风。有良好家风的社会，必定是一个健康向上、文明进步的社会。今天的中国，经济总量已位于世界第二位，经济实力、科技实力不断提升，人民生活水平、居民收入水平、社会保障能力不断提高，综合国力、国际竞争力、国际影响力显著增长，这些都离不开每一个家庭的贡献和付出。

三、由家风建设到弘扬社会主义核心价值观

家风是一个家庭的风气、风格和风尚，是家庭的"核心价值观"，

如忠厚传家、诗书传家、耕读传家、精忠报国等。我们看到西城区教育系统劳模畅谈"家风"——灵魂的土壤，每一位参与座谈的老师、校长们都深有感触地认为，家风代代传承于家庭之内，对家庭成员影响深远，自己之所以能取得今日的点滴成就，与良好家风有着不可分割的关系。媒体围绕家风建设进行报道后，得到了广大群众的积极回应和大力支持，形成了良性互动。家风建设能引起这么大的关注，我认为，这与家风的重要作用密不可分。

首先，家风滋养个人德行心智。家庭是世界观、人生观和价值观传输的首要载体，家风家教是培育道德、培养人格的重要途径。其次，家风影响社会文明进步。家庭是社会的细胞，健康的社会"肌体"源自健康的家庭"细胞"。家风与社会风气相通互融，相互影响、相互制约。家风折射党风政风，"县委书记的榜样"焦裕禄对子女要求严格，他教育女儿去艰苦的地方锻炼，于是女儿进入副食厂卖咸菜，"不能搞特殊"的焦氏家风堪称典范。再次，家风是连接个人、家庭、国家的纽带。家是最小国，国是千万家。"修身齐家治国平天下"的道德理想强调了个人、家庭、国家的有机统一，缺失任何一个环节，社会都不会安定和谐，而家风就是连接个人、家庭、国家的纽带，这对于推进国家治理体系和治理能力现代化仍具借鉴意义。

应该看到，我们弘扬和践行良好家风，为培育社会主义核心价值观奠定了道德人格基础；我们倡导和培育的社会主义核心价值观，虽然分为国家、社会和个人三个层面的价值取向，但它们不是割裂的，总是相互渗透、相互影响。个人价值取向中，如果缺少爱国、敬业、诚信友善这样一些道德基础，就难以在全社会形成自由、平等、公正、法治的风尚，由此，把人心凝聚起来，实现国家层面的富强、民主、文明、和谐的价值追求，就会遇到困难。家庭是社会的细胞，家风是社会风气的细胞。家风自然会向民风辐射，民风自然会向国风延伸。千千万万个家庭的家风好，子女教育得好，社会风气好才有基础。我们倡导的价值观，只有植根人民，孕育于社会，才能成为时代风尚，转化为人民普遍遵循和敬畏的家国情怀。正是在这个意义上，我们说，家风虽然不能涵盖社会主义核心价值观的全部，但它是人们的价值观形成和精神成长的重要起点，是我们国家和社会能够形成核心价值观依托的文化土壤，对引导人们培育和践行社会主义核心价值观来说，是最基础的东西。

我们弘扬和践行良好家风，有利于促进社会主义核心价值观内化为人们的精神追求，外化为人们的自觉行动。作为价值观养成的途径，培育和践行良好家风，事实上是一种潜移默化文化熏陶。潜移默化的过程，就是内心认同的过程，自觉践行才有了基础，如春风化雨、润物无声。家风不仅是言传，更是身教；家风不仅是一种道德概括，更是一种道德实践。有了家训家规，还要有家教，而且这个家教必须是长辈带头践行，才可能形成家风。没有好的家风，或者说，有好的家风而不自觉地去遵守实行，就不会有好的社会风气。所以，家风的特点，在实行。实行家风，就可能营造出践行核心价值观的氛围。

因此，重提家风、重建家风具有重要的现实意义，以家风建设弘扬社会主义核心价值观，做好家风家教的宣传，是以小切口将宏大凝练的社会主义核心价值观阐释得更加具象、丰满、生动的有效途径，让每个人都能看到并参与讨论，弘扬主旋律、传递正能量。

重拾家风

北京市第一实验小学前门分校教师　张爱竺

"愚公移山"的故事众人皆知。北山愚公，年近九十。屋前有太行、王屋两山阻碍出入，于是他决心把它们铲平。智叟认为这是做不到的事，笑他愚蠢。愚公说："我死了有儿子，儿子死后有孙子，子子孙孙永无穷尽，而山不会加高，为什么会做不到呢？"因此每天挖山不止。愚公的做法感动了天帝，便派夸娥氏二子把阻碍愚公出入的山背走了。

有人会说，愚公移山只是他一个人的事而已，和他的子孙后代有什么关系？其实不然，愚公为什么说子子孙孙无穷匮也？那是因为愚公的家风，一个人的力量是无法搬走两座大山的，但是愚公却把做事不怕困难，迎难而上，有恒心，有毅力，坚持不懈的大智慧留给了后人，后人将这样的家风代代相传，必将立大志，成大器。

在人的成长过程中，家是人生的第一个空间，第一个平台，第一个课堂，直接受到长辈、父母、家庭环境的潜移默化的影响。良好的家风，智慧的家教，对一个人的性格、习惯、品行、人格及世界观，人生观，价值观的形成都起着至关重要的作用。

一、辞让之心，礼之端也

《孟子》曰："辞让之心，礼之端也。"孔融让梨的故事，早已妇孺皆知。年幼的孔融将大梨辞让给兄长，自己却拿那只最小的，辞让的美德成为千古美谈。这是小让。再说春秋时期的鲍叔牙，齐桓公欲任用他为相，但他坚决辞让，说自己的才能不及管仲，并举荐管仲为相。他的辞让，不仅让管仲免去了牢狱之灾，更让齐桓公得到良才辅佐，得以逐鹿中原，成就霸业。这是大让，鲍叔牙把万人争夺的职位拱手相让，胸怀是何等宽广！

在"9·11"恐怖袭击事件发生后，世贸中心大楼里的人们尽管在慌张逃命，却仍然保持着谦让风度，谦让使场面变得有秩序，这为他们的撤离赢得了时间。让人最感动的是有一位盲人，牵着一只导盲犬，居然在人们的谦让和关照下一路畅通，纷纷让这位盲人先走，因此这位盲人顺利逃生。这是生死攸关的辞让，人们把生的希望让给弱者，把死的危险留给了自己。

辞让，是人类伟大、高尚、美好的品德，犹如一颗闪亮的钻石，镶嵌在人类精神这条璀璨的项链上；辞让，是生活中对他人的关爱。石墩桥上，我将与一位行人迎面相遇。此时，我应站在另一头等候对方先过，这才是辞让；辞让，是生活中对他人的尊重，看到一位腿脚不便的人到购物窗口去购物，你应该放慢脚步，让对方先行，并且认为他理所当然应先购物，这才是辞让；辞让，是生活中对自我的洗礼，在饭堂打饭别人不小心弄脏你的衣服时，在公汽上人多拥挤脚被人踩踏时，在寝室同学冒冒失失打碎你的开水瓶时，学会辞让，得理而让人，就如同你为自己在春风里种下一朵鲜花，会让你的心灵芬芳；学会礼让，得理而饶人，就如同黑暗里为自己点亮了一盏明灯，将照亮你灵魂前行的路，成为一个高尚的人。

二、恻隐之心，仁之端也

"恻隐之心"最先是由孟子言明，他是通过一个人看见匍匐将入井的无知孩子所不由自主产生的感情，从而把这一仁端亲切指点给后人的。恻隐是一种道德感情，而且可以说是一种最原始的道德感情。在人类还没有形成任何明确的道德规范，没有形成对道德义务的观念和情感之前，就已经有同类或同族之间的恻隐之情在原始人的心中萌动和活跃了。

中国在物质贫瘠时，大家还讲究互帮互助，可在物质丰富的今天，家长却从小就在向孩子灌输竞争理念。不少父母带着孩子外出，遇到流浪猫或折翼的小鸟，当孩子要表达关爱之情时，父母的本能反应常常是："那东西多脏！""野猫身上有病菌，别碰！""快走，我们没时间了。"……我们总是感叹小孩子比大人幸福，是因为他们比成人有更多的相信，因此，他们会觉得世界美好；成年人过得不快乐，是因为我们怀疑，人在社会化过程中怀疑越多幸福感越低，而孩子是因为有满满的相信，所以他们快乐！

重建家教和门风，让我们回到中国家教原初的起点。慈善应该成为一种公民习惯，不要认为慈善是重大灾难发生时才临时起意的，或是富人明星才做的，而是每一位公民平时能做多少就做多少，这就叫慈善。孩子不一定有钱，但如果他愿意帮助别人就可以了，可以把培养孩子的恻隐之心变成一种课程，帮助孩子保留本性里的恻隐之心，因为一个仁慈的人在世界上的道路一定会是宽广而明亮的。

三、是非之心，智之端也

陶渊明的曾祖父陶侃从小生活特别贫寒，他妈妈靠给别人纳鞋底等粗活供他念书，陶侃一步步往上走，他后来就做了鱼梁小吏，有一点小权力，他把那些腌制好的罚没的鱼给妈妈送去，他妈妈给他写了一封信："尔为吏，以官物遗我，非惟不能益吾，乃以增吾忧矣。"

大意就是："你是一个小吏，你把官家的东西给我送来了，不仅不能增益，反而给我增添了烦忧。"这样的妈妈真是深明大义，正是有了这样的妈妈，陶侃后来才能官至大司马。

什么是真正的家教门风？首要的就是要明辨是非，要知好歹。

一定要让孩子成为有是非观念的人。一个人的是非观决定着他有什么样的境界，有什么样的作为，趋利避害是人的天性，古往今来，概莫能外。趋利避害，首先趋的是物质之利，避的是物质之害。有句话说："穷则独善其身，达则兼济天下"，讲的就是这样一种境界，一种情怀，一种信仰。只有明辨是非，区分善恶，辨析真假，才能决定自己应该做什么，不应该做什么，才能抵制诱惑，扬善抑恶，做一个正直善良、遵纪守法的人。

家风似春耕，根基定一生，断织激大儒，刺字育精英，传统人人继，文明代代承，日日复一日，和谐花常红。弘扬良好家风，是为培育和弘扬社会主义核心价值观奠定道德基础的迫切需要。家风虽不能涵盖社会主义核心价值观的全部，但它对引导培育和践行社会主义核心价值观，发挥着最基础的作用，是人们的价值观形成和精神成长的重要起点。千千万万家庭的家风，虽然不尽相同，但都是崇德明理、向善向上、讲求礼义的。不论时代发生多大变化，不论生活格局发生多大变化，我们都要发扬中华民族传统家庭美德，使千千万万个家庭成为国家发展、民族进步、社会和谐的重要基点。

家风的纵向传承与横向传播

北京市北海幼儿园园长、特级教师　柳　茹

　　俗话说"没有规矩不成方圆""国有国法家有家规"，家风实际上就是一个家庭的风气，是一家人待人接物的行为准则，是整个家族一直传承的精气神儿，是这个家族区别于别的家族最突出的优良风气。

　　有好家，才能走得远，中国也有句著名的谚语"积善之家，必有余庆"，好的家风是无声的教诲，惠泽于家庭成员。有了好的家风，孩子方能成才，积德行善，学业才会绵延长久，事业才会兴旺发达。

　　在我的成长经历中，对我影响最深的就是我的父母，他们的一言一行、为人处世中，处处渗透着一个中国传统家庭坚守的风气和品德。我很小的时候，父亲就特别爱帮助别人，印象里，父亲工作之余还是个能工巧匠，当邻居们有事情请父亲帮忙时，父亲总是立刻放下手头的事情，乐呵呵地去帮忙。在那个生活并不富足的年代，每当家里做了特别的鱼、肉等饭菜时，只要一出锅，母亲总会先盛给大杂院的小伙伴们，小小的我忍着饭菜的诱惑总是最后一个吃，我不明白为什么，母亲也从来不刻意解释，也不图回报。在母亲的熏陶下，我们一直坚持这样做。也因此父亲和母亲一直都是胡同里最受欢迎的人，直到现在上了年纪，他们也在尽自己的微薄之力去帮助别人，这已形成一种生活习惯。"助人为乐"的种子，从小就被父母种在了我的心中，并且随着年龄的增长以及一天天的耳濡目染，这颗种子不断生根发芽，一直到我成家、工作之后，我也在一点一滴中，在自己的言行举止当中，传承着助人为乐的家风。

有好的家风，还应该坚持下去，让每个家庭成员养成好的习惯，从"要我做"变成"我要做"，由"强迫"变成自觉，并将其传播和传承下来。家风的传承靠的是坚持，是这个家庭之中每个人的坚持，代代传承。父母对我的影响，让我在家庭教育中不自觉地以此为准则教育我的孩子，让他从小就主动去帮助身边的人，传递关心与爱。

家风的传承，除了家族性的纵向传承，还应该有横向的影响和传播。人人从自己做起，每个人从身边的小事做起。尤其对于我们这样的教育工作者，要站在教育者的高度，在完善自己的前提下，影响我们的教育对象。工作中，我经常会到一些共同体幼儿园、姐妹园、手拉手园等去指导工作，虽然辛苦，但是让优质的教育资源、让先进的教育理念传递到更多的幼儿园，是我最大的心愿。而且，这些幼儿园也将传递着同样的理念和做法，带动它们身边的幼儿园共同进步，这样一来，学前教育事业会有更好的发展，更多的孩子们会快乐、自主地成长。

我们幼儿园做了大量的校园工程，工程队的负责人告诉我们，说自从和北海幼儿园合作了校园文化建设，北海幼儿园管理中的那些优良的风气也教育和影响了他们自己的团队，好的风气不仅可以纵向传承，还能够横向传播，二者齐头并进，整个社会就会更美好、更和谐，每个人也会更幸福，也会更早地实现我们的中国梦。

家风建设　势在必行

北京市西城区实验幼儿园教师　唐雨红

中国是世界上历史最悠久的国家，中国也有着世界上传承最悠久的家族，比如孔子家族，至今已传承两千五百多年了，可以说是世界上第一家族。

这样的国，这样的家，必是文化深厚、德行敦厚，并因此而传承绵久。这样的家，一定是有"家风"的。家风是一个家族代代相传沿袭下来的体现家族成员精神风貌、道德品质、审美格调和整体气质的家族文化风格。家风的形成往往是，一个家族之链上某一个人物出类拔萃、深孚众望而为家族其他成员所崇仰追慕，其懿行嘉言便成为家风之源，再经过家族子孙代代接力式的恪守祖训、流风余韵、代代不绝，就形成了一个家族鲜明的道德风貌和审美风范。

家风对家族的传承至关重要。没有淳厚家风，无法使一个家族瓜瓞不绝，更无法使一个家族不分崩离析。有认同感的家族才有凝聚力，这种认同感显然不可能是家族财产，因为财产常常被瓜分而最终罄尽，只有一种东西可以被家族中所有成员分沾，不但不会减少反而会因此增值——那就是让所有家族成员引以为豪的"家风"，家风是一个有影响力、有美誉度的家族必备的要素，也是一个家族最核心的价值。

家风往往体现在有德望的祖先定下的家训家规中，这些家训家规在中国有着诸多的名称："家规""家矩""家训"等，若一言以蔽之，就是"家教"。无形的家风必须依赖有形的家教而得以流传并发扬光大。

　　"家教"是所有民族都拥有的一种对子孙的教育方式，但以中国最有特色，因为，在中国，"家教"尤为重要和必要。中华民族历几千年而血脉不断、文明不坠，我们自有我们全社会共同尊崇的价值基础。这个价值基础是以儒家道德信仰为核心的传统文化。我们民族的信仰系统不是仰仗宗教，而是仰仗对自身传统道德的尊崇和修习，修习的最普遍方式，非仪式而是"教化"。

　　"教化"的方式包括多种：宗法制度的熏陶和约束、官方倡导鼓励以至于全民崇尚的读书（以读儒家经典为基本内容）、良风美俗中的礼仪习得等。而家教，是"教化"中最重要也最普遍的形式，直言之，没读过儒家经典的人在古代中国比比皆是，但是，完全没有接受过家教的人几乎没有。很多没有受过学校教育、又无宗教信仰的人，其基本价值观并无悖谬，甚至道德信念极深，为人极其诚悫敦厚，这一切，都要归功于中国式的"家教"。

　　中华民族创造过世界民族中罕见的奇迹：那就是，国民整体的教养气质，都是彬彬有礼温柔敦厚的，国民的行为举止，也是有理有据规矩方圆的。这是"教化"之功，而"家教"，在"教化"之中，居功至伟。中国人安身立命之处不是天国，而是家国。家风乃吾国之民风。

　　中华的传统美德深深扎根于百姓日用伦常之中。大儒董仲舒提倡"三纲"：君为臣纲、父为子纲、夫为妻纲。对此应该看到附着在其上的封建性，但也要发掘其中重视人伦的优良传统。有大家曾言"中华文脉已断"，在以阶级斗争为纲的年代，政治化的伦理独尊，百姓日常人伦被边缘化、被冲击，几近断裂。但也应看到，这种判断未免悲观。进入新时期以来，国家不断对道德方面的纲领性文件进行着调整，重振日常生活中的伦理与道德建设。例如：1992 年中共十四大提出要加强"社会公德"和"职业道德"两大领域建设，十四届五中全会加上了"家庭伦理道德"领域，后定为"家庭美德"建设。2007 年十七大又加上"个人品德"建设——符合传统儒家先"修身、齐家"，尔后"治国、平天下"

的观念。与此相应的是引导社会自觉履行"法定义务、社会责任"之外的"家庭责任"。

思想道德建设，既要有顶层设计，又要从贴近群众、贴近生活的细微之处着手。现代心理学已证实，婴幼儿的早期记忆影响一生一世。这正符合我国的俗话"三岁看大，七岁看老"。孩童的生活环境主要是家庭，好家庭是良好的成长沃土，好家风是优良的生态环境，好家教是高尚的精神滋养。优良的家风与家教，还可对"恶"防微杜渐。2011年公布的未成年人犯罪情况年度报告说明，未成年人犯罪最重要的因素是家庭环境、家庭教育。伦理感与道德感的养成，当从百姓日常人伦入手，从家风入手，从每个人自小如何待人入手。

家风家教的唤醒和建设，是适时的善举，是道德建设从社会细微处抓起的具体措施、实际行动，是人伦教化的好载体，是延续优良文化传统的好方式。我们要像抢救文化遗产一样，梳理传统文化资源，抢救家风家教，激活优良传统的基因，唤醒传统美德的基因。摒弃旧"三纲"中的糟粕成分，呼吁建设亲子爱、夫妻情、师生义。唯有从社会最基本的细胞——"家庭"入手，才能夯实社会道德大厦的根基。

家风是一家的道德标准，如同粮食一般，是一个家必不可少的成分。而在我们家，也有家风，它就是如何做人。做人，肯定要做到善良。有一句话叫"害人之心不可有，防人之心不可无"。而父母也从小这样教育我，记得小时候，有一次，我故意向一条小道扔小石头。虽然小道又窄又偏僻，爸爸看见了，急忙上前制止了我，并教育我道："怎么能这样子呢？"我感到爸爸在生气，又委屈地说，"怎么了……"。"你这样可能会让骑车的人摔倒，这等于是在陷害别人！"爸爸激动地说着，我在一旁默默地听着，慢慢地意识到自己的错误。看到我好像意识到了错误，爸爸的口气缓和下来了，继续说："孩子，你应该还记得去年摔倒的痛吧？骑车摔倒比那样还痛！"我下意识地捂了捂左手，那道伤，令我难忘。这时，爸爸变得和往日那般慈祥，道："快把那些小石子捡起来吧。"一个教训让我知道，我应该小心地做每一个细节，一个不经意的动作就可能伤害到他人。

做人还要守时，虽然妈妈没有给我讲这个道理，但却总是用行动告诉我这个道理。每次，和别人约定出行时间时，妈妈总是要提早几分钟到达。她说，这样，才不会让别人等我们。有一次，我还戏谑道："宁教我等天下人，休教天下人等我"。但是，久而久之，我也耳濡目染，学着妈妈，养成了守时的好习惯！父母的一些举动，总能影响孩子。优秀的品质，就是从中培养起来的。这就是我家的家风，它让我从中养成了许多好品质，这样的家风，值得传扬！

中国自古以来就是一个以礼仪之邦而著称的国家，作为一个中国人——我们这些孩子，也一定要发扬这种精神，只有这样，我们才不愧于我们的祖先，不愧于是一个继承人！

浅谈家风重建与学校教育

北京市外事学校教师　杨秀丽

按照《现代汉语规范词典》的解释，所谓家风是指家庭或家族世代相传的风尚。中国历代素有重视家风的传统，家风一定是指良好的家庭风尚，那些对于社会、家庭和下一代没有用甚至有害的东西绝不能称之为"家风"。家风虽然无形，但却可以通过家庭里每个成员的言行举止表现出来。

一、家风的缺失与重建

提及家风问题，笔者一时兴起，在校园里随机采访了十余位在校生，被问及"你家的家风是什么?"时，十位同学均表示出茫茫然不知所云的表情，换一种方式提问——"父母对你影响最大的一句话是什么?"，被访同学给出了不同的答案，"别惹事""听老师的话""好好学习""将来找个好工作"……还有两个学生回答"没有"，意即想不出父母什么话对自己有重大影响。此情此景，不禁让人唏嘘不已。

过去人们常说"家和万事兴""家丑不可外扬"，如今经常能看到为了钱兄弟反目、为了房产争夺对簿公堂的一家人在电视上让公众去评理……人们越来越不在意家风的意义，越来越不在乎别人怎么看自己的家风，在金钱和物质面前，家风似乎被不少人抛在了脑后。

随着时代的变迁，城镇化进程不断加快，传统的熟人社会逐渐被打破，聚族而居的传统大家庭模式渐渐消失，随之而来的是耳濡目染的家风传承被割裂。家庭教育中，功利主义、实用主义价值观呈泛滥趋势，子女从小就浸润在父母设定的"好成绩——好大学——好工作——好家庭——拥有成功"模式中，智力和特长培养得到空前重视，而德育惨遭忽视甚至漠视，社会上一部分人目无法纪、自私冷漠、"我爸是李刚"变成违法乱纪的通行证、"有钱就是任性"成为众多青少年追逐的目标，"官二代""富二代""追星族""啃老族"等富有时代背景的新名词，都在某种程度上让"家风"蒙了尘、沾了灰。透视这些现象的背后，我们都可以找到家风重建的必要性和紧迫性。

二、家风重建过程中的学校教育

家庭教育、学校教育和社会教育共同构筑成个人教育的完整系统，重建良好家风，需要全社会共同行动起来，形成集体合力。社会教育由于其自身所具有的特殊性，对社会成员的影响往往具有不可控性。由此，学校教育则更显责任之重大：一方面，要发挥教育主阵地的作用；另一方面，更需做好与家庭方面的联系，促进家庭教育的发展。

1. 对学生家长进行家风家教知识培训

清代著名学者钱大昕曾有"三代而下，教详于家"之语，换言之，一个家庭的家风如何，最直接的体现就是在对孩子的影响上，下一代对于家风的认知主要来自于对长辈言传身教、身体力行的耳濡目染，家长的一言一行、待人接物，无不对孩子有着潜移默化的影响，这些影响和教育最终会内化为孩子的自身行为，将在他们走上社会后体现出来。家风如何，说到底是家庭教育问题，而家长是培育家风的第一任老师，这个老师是否合格，将直接影响下一代的成长，国外有学者将"家长"定义为一门专业，不无道理。毋庸讳言，当今社会，很多家长不会"做家长"，或者说有很多不称职的家长，他们对于如何"做家长"是有需求的，渴望得到相关机构的专业指导。学校尽可以发挥自身的人才和智力优势，对家长进行培训，通过提高家长自身的素质，为家庭教育提供

保障。

2. 将培养合格公民纳入学校育人目标

家风不是天然形成的，需要人们通过主观能力去创造，在这个创造的过程中，作为创造主体的"人"的素质高低决定了家风的质量高下。今日的孩童，便是明日的家长，正如俗语说"有什么样的家长，便有什么样的孩子"，他们的言行也必将如今日父母影响他们一样影响到他们的下一代，如果说他们父母的素养影响的是今日社会的话，那么，他们的素养影响的将是未来。《礼记·大学》有曰：欲治其国者，先齐其家；欲齐其家者，先修其身……由此可见古人对修身立德的重视。而今日之学校教育，更不应该仅仅是学术型教育，学校教育的成品是"人"，如何做"人"？最基本的要求是先做一个合格的公民，公民教育应该纳入学校的育人目标。

任何一种家风一定是和当时的社会主流价值观相吻合的，否则不可能做到代代相传。站在现代文明发展的角度来谈家风，要与时俱进，剔除传统文化中保守、世故的成分，社会需要的是有责任感的公民，而不是独善其身的"私民"。怎样才算是合格的公民呢？我国公民的基本道德规范是爱国守法、明礼诚信、团结友善、勤俭自强、敬业奉献。社会主义核心价值观所倡导的爱国、敬业、诚信、友善是培养现代合格公民最基本的素养目标。

3. 将中国优秀传统文化纳入课程体系

家风本该是一个人人熟悉、简而又简的问题，时至今日却成了一个很尴尬的话题，体现出的是传统和现代未能有效对接的缺憾。历朝历代、各个家庭的家风虽不相同，但总体上都具有崇德明理、讲求信义等内容，中华民族几千年的传统文化本质上就是无数优秀家风在国家和民族层面的集中体现。在去其糟粕、取其精华的基础上，学校教育应充分借助优秀传统文化的育人功能，让学生从中汲取营养。

学校教育的各项育人目标均需要通过课程实施来达成，我们可以通过开设选修课的方式将优秀传统文化纳入课程体系，根据学生的身心发展特点，从爱国、处世、修身三个层面进行教育引导，同时，创造条件开展以传统文化为主题的校园活动，让学生从课业学习中了解家风，在生活中实践优秀家风。通过不断净化和完善个体德育环境，引导学生将优秀的传统文化内化为自身的行为准则，从而能够抵御不良家风产生的负面影响。

家庭是社会的细胞，家风是社会文明程度的缩影，每个家庭的家风汇聚起来就形成了社会的民风和社风。家风清则社风清，家风浊则社风浊，反之亦然。家风虽只是社会主义核心价值观的一部分，但却是最基本的东西，是良好价值观形成的起点。人民有信仰，民族才有希望，国家才可能有力量，深以为然！

弘扬好家风　共筑中国梦

北京市西城区棉花胡同幼儿园教师　陈　悦

著名法国作家罗兰曾说过："生命不是一个可以孤立成长的个体。它一面成长，一面收集沿途的繁花茂叶。它又似一架灵敏的摄像机，沿途摄入所闻所见。每一分每一寸的日常小事，都是织造人格的纤维。环境中每一个人的言行品格，都是融入成长过程的建材，使这个人的思想感情与行为受到感染，左右着这个人的生活态度。环境给一个人的影响，除有形的模仿以外，更重要的是无形的塑造。"

一、传　承

家风的"风"字是"上以风化下，下以风讽上"的意思，即人们以高尚的德行影响教化别人，他人也严格自律。

在美国，有两个家族都已繁衍了八代子孙。一个家族的始祖是 200 年前康涅狄格州德高望重的著名哲学家嘉纳塞·爱德华。由于他重视子女的教育，良好的家风代代相传，在他的八代子孙中共出了 1 位副总统、1 位外交官、13 位大学院长、20 多个议员、103 位大学教授……在长达两个世纪中，没有一人被关、被捕、被判刑。另一个家族的始祖是 200 年纽约州的马克斯·菜克，他是个臭名昭著的赌棍加酒鬼，开设赌馆，对子女教育不闻不问。在他的八代子孙中有 7 个杀人犯、65 个盗窃犯、324 个乞丐，因狂饮夭亡或成为残废者的多达 400 多人。这两个家族的八代家史告诉我们，家庭是子女的第一个"学校"，父母是孩子的第一个"老师"，潜移默化的家风的影响，将会直接关系到子女的道德品质、法纪观念、人生观等的形成。

在中国，人们喜欢以家训的方式传承家风，从西周尚书中周公的"知稼穑之艰难"到春秋齐国晏婴的"成由勤俭败由奢"；从诸葛亮的《诫子书》到颜之推的《颜氏家训》，再到曾国藩的《曾国藩家书》，一句句肺腑之言，一篇篇谆谆教诲无一不是承载着一个民族的思想延续，承载着一个民族的文明教育。

我国民国元勋黄兴延续黄氏家风，在追求民族独立、国家富强、人民安康的道路上并无停歇。他提出的家训"笃实""无我"成为黄氏后辈践行、坚守一辈子的人生信条；抗日将领吉鸿昌恪守父亲说的"当官要清白谦正，多为天下穷人着想，做官就不许发财。"一生清白谦正，处处为民众着想，成为一代抗日英雄。着眼当今，许多人也是因为恪守家风，成为人人传颂的楷模。全国道德模范丁水彬说，她的母亲是位普通妇女，但却用言行影响着自己。母亲对待老人非常孝顺，于是她也在生活中学着母亲的样子照顾公婆，成为了孝老爱亲的模范。

二、感　染

一个词，一句话，一个家里的故事，一段家庭的记忆，都是家风的载体。在我家，没有人提起过家风，也没有成文的家训，但是长辈的言传身教，却真切地伴随着每一个人的成长，那只言片语，那点点滴滴，早已深入我们的骨髓，融入我们的血液。我从小在姥姥姥爷家长大，我的姥姥是一名中学教师，待人谦逊有礼，不喜议论他人。我的姥爷是厂里的领导，稳重大方，待人和蔼，总是笑眯眯的，有时又有些威严。二人从不与人吵架交恶，人们都愿意与我家来往。姥姥常说"万事忍三分，仇人变亲人。""有理不在言高"，"一粥一饭，当思来之不易，半丝半缕，恒念物力维艰。"姥爷也曾说过"做人要堂堂正正，做事要本本分分。""无功不受禄，有功不受谢"。有一次姥爷为工厂里一名工人的孩子联系工作，跑了好几个月，找了几十个单位，最后终于落实了，那名工人为了感谢姥爷，送了一袋子自己家地里种的红薯，姥爷却坚决不收，想请姥爷吃顿饭，他也婉言谢却。姥爷这一生做过建筑科长、工会主席、县人大代表，市人大代表，为别人解决过不计其数的困难，却没有收过别人一分钱礼。姥爷去世时自发赶来参加葬礼的有好几百人，我为能有这样的长辈感到骄傲。我从他们身上学到的谦逊、节俭、清廉等美好的品质也将伴我一生，鞭策我一路前行。

三、传　播

家风是一种潜在无形的力量，是一种无言的教育、是一本无字的典籍，是春风化雨，润物无声，在日常的生活中潜移默化地影响着孩子的心灵，塑造孩子的人格。可以说，有什么样的家风，就有什么样的孩子。幼儿园是孩子成长阶段的第二个家。在这个家中，培养孩子良好的行为习惯、语言习惯、社会交往能力尤为重要，因此，传播"家风"，让孩子们在幼儿园"家风"的影响下进步、成长十分必要。棉幼的一大"家风"是"爱"——以爱促发展。让孩子们感受爱、学会爱、表达爱是我们做"家长"的责任。作为引领者，我们要身体力行，用自己的言行来感染孩子、带动孩子，主动爱孩子、爱家长、爱同事、爱棉幼的每一个人，每一处角落，用爱教会孩子怎样去爱。小水滴能折射出大光辉，会爱的棉幼孩子，从棉幼离开后，依然会带着爱，传播爱，让很多人感受到爱。棉幼的另一大"家风"是社会性教育。有人说社会性是最凸显不出来的，艺术、科学、数学、体育都能看到显而易见的成果。但正是这最不易让人发觉的社会性教育，才是伴随一个人一生的品质，它"润物细无声"地触及孩子的心灵，是"家风"最好的体现。引导孩子学会正确与人交往的方式，培养孩子正确看待问题、处理问题的能力等，是我们这些"家长"应该做到的。我相信，棉幼的孩子们将会带着棉幼良好的"家风"一路前行，走向成功、幸福的人生。

四、弘 扬

习近平总书记说:"家是最小的国,国是千千万万家,家国两相依。一玉口成国,一瓦顶乃家。"他指出,家庭是社会的基本细胞,是人生的第一所学校。不论时代发生多大变化,人们都需要重视家庭建设,注重家庭、家教、家风,紧密结合培育和弘扬社会主义核心价值观,发扬中华民族传统家庭美德,促进家庭和睦,促进亲人相亲相爱,使千千万万个家庭成为国家发展、民族进步、社会和谐的重要基点。

家风是润物的春雨,家风是暖人的阳光,家风是成长的摇篮,家风是美德的蓓蕾。正是这一缕缕家风秀骨的汇聚,凝成了实现我们中国梦的春风。作为一名中国公民,作为一名普通的幼儿园教师,我有责任和义务传承中华民族传统美德,发扬国之"家风",为家庭建设、教育事业的建设、国家建设贡献出自己的绵薄之力!

小议家风

家风，简单地讲，就是一个家庭或家族的传统风尚、门风。进入现代社会，家风可以引申为：家风是中华民族传统美德的现代传承，我们中华民族五千多年的灿烂文化孕育了许多优良的传统；家风是我们立身做人的行为准则；家风是社会和谐的基础细胞。

社会是由一个个家庭组成，家庭是社会的细胞。一方面，任何一个人都在一个具体的家庭里成长和成熟，一个人的人格形成与他所处的家庭环境密切相关；另一方面，凡事要有"风"和"规"。一个家庭，如果没有正确良好的风气和规矩，如长幼无序，吊儿郎当，任意随便，既不守国法，又不重道德，甚至人际关系很紧张，怄气打架，家庭暴力。那么，也就谈不上家庭关系的和谐与正常维持。

家风体现在：一是风要正；二要坚持几十年如一日，几代人共同遵守。成为一种习惯动作，而不需要任何外来的强制。

"栽什么树苗结什么果，撒什么种子开什么花。"它包含了人的成长与家庭环境、家风、家规的关系。一般成功人士的经验之道：比如自立、拼搏、刻苦，比如仁义、助人、涵养，常常可以从他们的家庭环境中寻求到基本来源、基本点。

中国丰富的传统文化中有许多关于治家的内容，比如"积善之家必有余庆"，是提倡家庭要"积善"。明代曾经有《朱子治家格言》是以家庭道德为主的启蒙教材。当然带有时代的局限性，但许多东西对我们今天的"家风"讨论仍然有积极的启示意义。比如："一粥一饭，当思来处不易；半丝半缕，恒念物力维艰。""勿贪意外之财，勿饮过量之酒。""重资财，薄父母，不成人子。""见富贵而生谄容者，最可耻"等等。

《朱子治家格言》还涉及了家与国的关系："读书志在圣贤，非徒科第；为官心存君国，岂计身家。"

今天的时代当然远非明代所能够比拟，包括家庭关系在内的许多"老规矩"也必然地被历史所淘汰了，比如"父母在不远游"，比如"父为子纲，夫为妻纲"之类，都应当被抛弃了，但是，这决不意味着不应该从传统文化中去认真借鉴"好东西"。

说到"家风"问题，有一点值得强调：道德与法律这样两条底线到什么时代、什么情况下都必须坚持遵守。

家庭关系中通常涉及的是道德问题，比如尊老爱幼，团结互助，谦虚礼让，设身处地，善解人意，甘愿吃亏，等等，注重道德自律的家庭成员，才能够在家庭中享有威信，才有资格成为家庭的中流砥柱。

中国随着改革开放、经济建设的大发展，许多新东西出来了，比如"官二代""富二代"近年又出来"拆二代"。从家庭关系这个视角看问题，所谓"官二代""富二代""拆二代"，相当程度上都不是年轻人自己人生努力的结果，而是对祖宗、父母的"天然继承"。正因为"财富和幸福来得太过容易"，这些年轻人最容易堕入骄奢淫逸，无所作为，他们中的一部分，也最容易失去道德荣誉感和奋斗精神，如果加上有的家庭的"家风""家规"本来就存在这样那样的问题，这样的年轻人就很可能成为类似旧时代的"纨绔子弟"和"恶少"类人物。

家庭连着地方、社会和国家，所谓"家门不幸出孽子"，必然祸害社会，成为家庭、地方、社会的破坏因素。这是我们今天讨论"家风""家规"的现实和长久意义之一。

一个人在家庭中尊老爱幼，谦虚谨慎，克勤克俭，严格自律，讲原则，重正气，他在单位里、社会上也必然能够表现良好；反之，一个人在家庭中我行我素，没规没矩，无法无天，无情无义，耍奸使坏，损人利己，既不把道德要求放在眼里，也不把法律规矩放在眼里，比如在家庭财产问题上，根本不懂得什么叫尊重人，甚至在与父母的关系中信奉"我的就是我的，你的还是我的！"视"吃父母""啃老"为天经地义，理所当然；而当涉及赡养父母、帮助有困难的家庭成员，则就是另外一副恶劣的态度——"拔一毛而不为"。这样的人，久而久之，就不免成为家庭的孽子、社会的败类。

好的"家风"不是一天两天就能够养成的，它是长期的"润物细无声"。对于青少年来讲，要经过长期的耳濡目染，自我修炼。

从这个意义上讲，上一代、老一辈，就应当起到一个正面影响的、潜移默化的引领作用。

身教重于言教，为人父母、长辈，对于养成好的"家风"其作用举足重轻。

可是我们痛心地看到：近些年来一个又一个被揭露出来的贪污腐败分子、"裸官"之类，以及那些尚未被揭露出来的有这样那样经济犯罪问题的干部等——他们往往都是各自家庭的主要成员，那么他们的这些危险表现，只能说明这样家庭的"家风"教育一定成问题！这些人一定会因为自己违反党纪国法而身败名裂，而且必然祸及他们的家庭成员，试问：当他们罪责加身，锒铛入狱，何以面对自己的父母长辈、妻儿老小？如何侈谈对自己的下一辈去进行"家风"教育？

从这个意义上讲，"家风、家规"，不仅是一家一户的事情，而且事关党风和社会风气，是时代的事情、国家的事情。

家风正则国运可期

北京市宣武外国语实验学校教师　余东文

物聚人分，代有家国，国有逶迤，家兆其先，立功立身，茕茕难安，人望不蒸，家运常蹇。故古人云：修身齐家治国平天下者，盖苍头赤子衣紫缙绅必由之途也。而孝悌齐家，上柱其国，下立其身，实人生锁钥，国运咽喉也。然古往豪门，骄奢淫靡，富多不及三代；而近者窃国之贼，啖财蠹禄，亦常溃亲朋枕风之穴，故欲先黼国，必先黻家，家门既旺，人不煜乎？或曰：人众心散，忠孝两难，何以致之？吾以为必以事家之心事国，以法国之诚法家也，家之兴也，国之幸也。

古之修身，常怀彪炳，兼济家国，首推曾正。世人皆闻曾氏屡败屡战，投江以殉，筚路蓝缕，始建中兴。然常略曾氏兄弟五人，齐如雁阵，皆受皇封，绵延八代，凡百有九十载，出类之才二百余，如此长盛之家，古今罕有。究其因，唯时时处处谦谨乡里，再三再四约戒子孙，常遵祖父治家八诀，"书蔬鱼猪，早扫考宝"，自上堂号"八本"，曰读书以训诂为本，诗文以声调为本，事亲以得欢心为本，养生以少恼怒为本，立身以不妄语为本，居家以不晏起为本，居官以不要钱为本，行军以不扰民为本。如此悟本，方能父慈子孝，家和事兴。事家如此，事国犹然，每临国难，敢不身先士卒，沐甚雨，栉疾风，形劳天下之艰，封建万国之远，家道熏业，可见一斑。

贪者或为狡之曰：吾所墨黄白阿睹之物，唯望家人和乐富足，罪有赦焉。然国法皇皇，岂以一家之幸而贼天下万民之乐也？曾氏虽封侯拜

相，位极人臣，几可黄袍加身，裂土分茅，亲属幕僚，多为劝进，而曾氏坚守国法臣伦，绝不僭越。天京复克之际，众皆狂欢，唯曾氏觳觫晕厥，深恐骄兵悍将祸乱朝纲，于是休书警戒其弟："余蒙先人余荫而居高位，与诸弟及子侄谆谆慎守者但有二语，曰：有福不可享尽，有势不可使尽。……由俭入奢易于下水，由奢返俭难于上天。盛时常作衰时想，上场当念下场时。"由此曾门少一逆子，大清多一精钢。国法家法，俱为一体，陟罚臧否，不宜异同，以法国之诚法家，国法先于家法，则国泰家宁，蠹腐不生。

由此可知，家风正则国运可期，家风劣则世态炎凉。然窃以为立好家风不易，传好家风更难。清帝玄烨，少年天子，学霸中西，手不释卷，其涉猎遍及天文历算、几何音韵、动物解剖、地理博物、仅其天文典籍不下百种，尝实验制药种痘，培育杂交水稻……远者莱布尼茨千里德意为其粉丝，近者花旗耆宿史氏愿穿越以为挚交，然酷爱西学，然何不使大清王朝插上科技之羽翼？习近平总书记深以为憾："如此精研，却收藏内府，束之高阁，以为猎奇雅兴，个人爱好，从不教之以子嗣，更不倡导于天下，不仅使后代失开放之视野，更令华夏与文明复兴擦身。"由此可知有好家风而不知传承，下窒塞民智，上误国误时，切不可小而视之。

清史有云：康熙教子最严，冲龄开蒙，整载空业三日半，一文复背百又廿，雍乾嘉道以降，周而复始者长达数十年，其求学勤苦，唯方今之莘莘学子闻之汗颜，如此重教，何责康熙之家风不传乎？予以为：玄烨苦心孤诣，然生前身后，九王夺嫡，险成小白，死不瞑目。盖传其家风只记其表，难诣其旨，故须自省，家风传承，存其表更应重其里。再者，康熙传业，只求强诵硬记，而乏融会贯通，实践视野，一日可也，坚守数十年实难矣，家风传承亦应春风化雨，润物无声。昔者孔子独立，见子鱼趋而过庭，曰："不学诗，无以言，不学礼，无以立。"鲤退而学诗学礼。虽未罚抄三百遍，而诗礼修身传家之义尽显。故扬家风不仅重其旨，也以重其形。

呜呼，家风之不传也久矣，世风之改变也难矣，然吾辈戮力同心，以治国之愿齐家，不信凛凛家风之唤不回也。

文末以曾氏之联与诸君共勉"不为圣贤，便为禽兽；莫问收获，但问耕耘。"

家规、家训促家风

北京市西城区黄城根小学校长　麦　峰

　　家规、家训是我国传统教育的一种形式，非常著名的就有《朱子家训》《颜氏家训》《陆游家训》《包拯家训》等，更有曾国藩这样的家教大家为我们树立了中华家风传统教育的典范。

　　今天我们所提到的家规、家训既有一些浓厚的家庭特色，也伴随着时代的特点，比如之前已有的家庭民主与和谐，重视从孩子那里得到的反馈。这些"家规""家训"的形式辅以现代的家庭民主管理模式能够使抽象的"家风"在家庭教育中得到有效地落实。

　　家庭教育包括生活礼仪、伦理（人际关系）、道德、子女教育、生活教育和父母教育，其中最为迫切和亟待解决的是父母教育，因为父母教育的主要目的在于提高父母素质。积极主动地发动家长，并通过广泛学习提高父母的教育素质就成为形成"家风"的关键。这一切就犹如打仗前必须要做的一件事"兵马未到，粮草先行"，家长的积极性被充分发动起来了，就能促使孩子沿着正确的方向不断进步。

　　教育孩子是一个系统工程，来自社会、学校、家庭三方面的教育结合在一起才是完整的教育。作为"家规""家训"所面向的客体对象的孩子们，也必须积极主动地参与到"家规"的制定中来，才能更好地贯彻教育最初的意愿。

　　主体、客体之外，就是家庭教育环境的创设了，创设软硬两种家庭教育环境是必要的。比如，参观曲阜的孔庙就可以将"见贤思齐"等孔子的教育思想传播给孩子。这是主动积极的方面。在孩子自主意识形成期间，家长应该多鼓励多引导，尝试着让他们自己做主，自己安排自己的时间，处理自己的事情，多给他们一些信任和宽容，这是从反馈的角度考虑问题。

身体力行是父母作为教育者的核心环节，耳濡目染则是父母言行给孩子的一种传播方式，教育家马卡连柯在《父母必读》一书中非常强调父母的榜样作用："父母威信的主要基础只能建立在父母的生活和工作上，建立在父母的公民面貌和父母的行为上。"父母良好的道德品质和行为习惯，积极乐观、奋发进取的人生态度以及一定的文化素质是教育好子女的前提。家庭精神文化氛围的熏陶与父母无言之教的感化，对子女志趣、情感、认知、信念等非智力因素影响极大。因而，任何家长为了教育好下一代，必须先要教育和塑造好自我，要为孩子创造一个良好的环境，为孩子树立一个良好的榜样。

此外，给孩子适度的奖惩是促进孩子身心健康发展的重要条件。惩罚现象往往伴随着违反道德规范的行为而出现，孩子重复地犯同样的错误时才给予惩罚；孩子已经认识到所犯错误的错误所在，并有悔改的意愿，就不应该再惩罚孩子，因为惩罚的目的是要使孩子知错、改错。惩罚的对面，奖励，如果使用得合适，起到的作用和效果是非常惊人的，孩子完成了对他而言是具有挑战性的任务时，应该给予表扬奖励，这样有利于培养孩子的进取心和自信心；孩子以独特而有效的方式完成任务时，也应该给予表扬奖励，因为这样有利于培养孩子的创造性；孩子表现出了我们所渴望的行为、态度和良好的习惯时，应该给予表扬奖励，这样，有利于培养孩子的相应的行为习惯。心理学研究表明：表扬奖励与批评惩罚的比例最好控制在3∶1。

当然，最好是将主体、客体、方式进行有机地结合和统一，将教育的家庭角色、学校角色和社会角色进行三合一的设计与实施。

家规对于一个孩子和家庭来说是具有阶段性的，如何在这种阶段性

的基础上，同时又具有连续性，逐步形成自己家庭的家训，最终形成家庭的家风传承呢？我们需要选择一些典型的传统家训，共同挖掘这些家训被祖祖辈辈传承下来的原因和方法，总结一些可以传承的，具有个人家庭特点的家训，再结合现在的家规从而更好地形成各具特色的家训。

论家庭与教育

北京市第四中学校长、特级教师、全国政协常委　刘长铭

我要谈一些重要的经验和事实，这些都是我们在多年的工作实践中认识到的，其中最重要的概括为以下几点：

第一，教育始于家庭，孩子从家庭这所学校"毕业"后才进入小学和中学。在家庭这所学校中，最重要的教师就是父母，最重要的课程就是培养习惯和态度，最重要的教材就是父母的言行。这里所说的态度，是指孩子最初形成的对待他人的态度和对待学习的态度——乐于和朋友相处、对事物感兴趣、有好奇心、乐于接受知识、渴望学习，等等。至于在学前认识了多少汉字和外文单词，背了多少唐诗宋词，做了多少算术题，学过多少门艺术，这些虽说都很重要，但绝不是最重要的，只要他或她对学习有主观愿望，那么这些在后续的学校学习中甚至在以后的工作和生活中都习得。习惯和态度是孩子初期人格的外在表现。习惯和态度如何，也就是家庭学校的毕业成绩，对孩子日后的学习生活状况影响巨大。家庭教育决定孩子在学校是否优秀，孩子在学校所表现出的差异，则反映出了前期家庭教育的成果。

第二，孩子的任何优点和缺点都可从家长身上找到痕迹。父母对后代的影响是巨大而深远的，这是家族文化基因复制和传递的结果。我们通常说孩子是家长的一面镜子，意思是说，孩子不可避免地要带有家长或家庭甚至可以说是家族的文化基因。在北京四中，我们通过调查了解到，80%的学生认为他们的道德品质决定于家长的影响，70%的学生认

为他们对社会现实的观点来自于家长的影响，60%左右的学生认为家长的文化修养、性格及工作、生活态度对他们影响甚大，只有20%左右的学生认为家长的社会地位家庭的经济收入对他们有影响。这些事实告诉我们，家庭的教育及影响是学校和社会不可替代的。我们通常所说的社会对孩子的影响，很大程度上是指社会通过家庭或家长对孩子的影响。因此家庭是抵御社会不良影响的重要防线。

第三，家庭将决定孩子未来是否幸福。婚姻是家庭的重要基础，美满的婚姻、恩爱的夫妻是家庭幸福的源泉。哈佛大学的一项长期研究结果表明，成功的婚姻能给孩子带来持久的幸福感。那些夫妻关系和睦、家庭成员相亲相爱的家庭，是孩子幸福成长的最重要的条件。生活在婚姻稳定家庭的孩子学习成绩会更加优秀，产生的情绪和行为问题也更少。夫妻恩爱、相互理解、相互关心、相互支持、相互包容，不仅有助于营造一个幸福的家庭，使孩子享受到被爱的幸福，同时也能培养孩子具有体贴、善良、包容的优秀品格。同样是哈佛大学的一项持续了半个世纪之久的研究表明，与父母关系温馨融洽的孩子在几十年后患各种严重疾病的概率几乎要少50%。

第四，家庭教育将对家族后代产生深远影响。不论是我国还是外国，都有一些具有优秀传统、人才辈出的家族，当然也有臭名昭著的家族。美国学者理查德·戴尔曾做过两个家族对比的研究，一个是马克思·杜克斯家族，另一个是约翰逊·爱德华家族。两百多年来，前者的1200个后裔中鲜有对社会有用之才，而后者的近1000个后裔中，大学教授、律师、医生、法官、作家、政治家等人才辈出。中国有句老话，叫做"富不过三代""五世而斩"，说的是那些缺少优秀传统的家族败落的事实。但是，中国也有许多具有优秀传统的家族，如曾氏家族、梁氏家族、钱氏家族等，我们读梁启超的家书、曾国潘家训，都能从中体会这些家族的优良传统。这些家族之所以能够兴旺发达、人才辈出，最重要的原因是这些家族具有延绵不绝的优秀的家族文化传统。

我们常说，家长优秀决定了孩子的优秀。这里所说的家长的优秀，并不是说家长具有多么高的学历，或毕业于多么著名的学府，或具有多么显赫的社会地位，而是说优秀的家长身上要具有的优秀品格——诚实、善良、宽容、朴实、勤奋、节俭、勇敢、坚毅、顽强、热情、敬业、热爱学习、积极进取、乐观向上、精益求精、热心助人等。教育本质上是人性、品格和精神在下一代身上复制和遗传的过程。因此，没有优秀的家长，我们很难期望这个家庭能产生多么优秀的后代。孩子的成长受家长的影响。家长受上一代人的影响，上一代人又受上一代的影响，归根到底，一个家族的所有成员，都是在家庭文化氛围的熏陶中成长的。

改革开放三十多年来，我国在经济建设方面取得了令世界瞩目的成就；我们的生活质量提高到了前所未有的新高度，我们一天天远离贫困，一天天变得富有，不再为生存发愁，享受着越来越多的由于经济发展和财富丰富所带来的生活上的舒适与便捷。但是今天，我们本应当生活得更加美好，更加幸福，但我们在生活中却看到了越来越多不希望看到的事情：很多人都比过去富有了，但因为财产而产生的情感纠纷也随之增多了；许多人兜里的钱多了，但是黄、赌、毒的现象日益蔓延；我们相比于几十年前没有了缺钱的烦忧，但许多人却把钱看得过重，现实生活中增加了更多的斤斤计较；我们的生活物质富足了，本应当享有更加幸福的生活，但是，家庭破裂的现象日益严重，几十年相濡以沫的生活伴侣，却可以为获得多买一套住房的资格而提出离婚，甚至为了多报销几千元的取暖费而夫妻分道扬镳。我们无法想象，在人类文明发展到了今天，婚姻这一人生的庄严誓言和责任承诺在这些人看来如同儿戏，这不能不令我们感到痛心。我们为这些低俗的生活价值观的流行和泛滥感到担忧。

在我刚刚做教师的时候，学校附近有一户人家，院子的大门上刻着一副对联，"守身如执玉，积德胜遗金"。现在，这座院子早已随着旧城

改造拆掉了，但那副对联却深深刻在我的心中。社会的发展，总是以新的东西来替代旧的东西。在今天的城市中，老房子越来越少，高楼大厦越来越多，但是，我总觉得有一些东西是不能丢的，是什么呢？我想，应当是我们的祖先留在我们血脉中的文化基因。一百多年来，我们的祖国历经磨难，经历了一系列特殊的历史时期。由于种种原因，我们的传统文化出现了断失，我们的家族文化也曾被当作糟粕而铲除。今天，我们已经意识到，社会的进步，最重要的是文化的发展，中华民族的伟大复兴，归根到底是民族文化的振兴。家族的文化是民族文化的一部分。因此，振兴民族文化的同时，重新构建家族文化的任务也摆在我们面前。

我们要给后代留下一份丰厚的精神遗产。由于自然规律，我们每个人都注定要离开这个世界，没有人会长生不老，生命永恒的唯一途径，就是把你美好的品德、精神和家风永远地留传给子孙后代，使之成为一个家族延绵不断的文化血脉。因此，今天，借此召开家风座谈会之机，我们呼吁每一位家长和每一个家庭，为了对家庭负责，对子孙后代负责，对祖国的未来负责，对人类的美好和进步负责，从现在起，重立家训，重建家族文化，营造优良家风，引导人追求高尚的生活。家训是家族文化的核心，是家庭所有成员人生观、价值观的集中体现。家风不是疾风骤雨，而是和风细雨；家风不是电闪雷鸣，而是润物无声。家风就体现在平日里柴米油盐、买菜做饭、聊天打趣、邻里交往的生活琐事之中，它是历代家族成员美德的长期积淀。我们要大力弘扬优秀的家风，大力光耀优秀的家族文化传统，使优秀的文化基因在家族的延续中代代相传。

附录一

家风，一把开启德行的钥匙

家风的积淀与传承，关系培育和弘扬社会主义核心价值观。5月8日下午，北京市西城区教育工会以"齷国齷家，栉风沐雨"为主题，举办了"劳模话家风"沙龙。来自该区教育系统的10名各级劳动模范齐聚一堂，畅谈如何传承、传播良好家风。本期大家谈，我们选编几位劳模的精彩观点，以飨读者。

——编者

耳濡目染自有传承——王俊成

"修身齐家治国平天下"，中华民族自古即以家国情怀为重。家风的传承，更多的靠耳濡目染。

父母养育了我们六个孩子，含辛茹苦、忍辱负重，却从不轻易抱怨。父亲曾在农村打深井，至今仍清楚地记得，每次他洗脚，脚都肿胀着。母亲是一个心里总关心着别人的人。有一次，我忙碌一天回来，跟她说着话竟睡着了。醒来后她说，"你这么累，可不能让学校的老师们也这样啊。"他们用一言一行影响家庭，教会我做人应该吃苦耐劳，为他人着想。

现代人都明白，健康与事业是"1"和"0"的关系。工作压力太大时，也难免感性化、情绪化。但每当觉得难以支撑下去，一想想父母，

297

心里就会平静下来。跟他们相比，自己已经幸福太多，没有理由不扛起责任、坚持下去。无形的家风，也许正是推动自我不断修为的手臂。

（作者为北京市第八中学校长）

家风是第一粒扣子——李明新

家风是一种家庭文化，既能从小影响一个人，也能影响一代又一代人。这其中，家长的角色至关重要。

现实生活中，一些人自私、不守法，甚至滥用家庭暴力，素质亟待提升。有的孩子上小学后，在一年级便暴露出不少问题。这些问题，正是由于家庭教育不到位、家风不正引起的。作为教育工作者，应力所能及地为家长群体注入正能量。例如，可以切实加强从幼儿园到小学、中学的家长学校建设，促使家长真切认识到，自己是孩子的第一任老师、影响孩子成长的第一关键人。

如果说社会主义核心价值观是"国风"，家风则是践行价值观的第一粒扣子。讨论家风，不仅仅是怀念过往，更当憧憬未来。相信随着家长素质的提升，家风建设必能结出更多硕果，核心价值观也一定能真正落细落小、落地生根。

（作者为北京小学校长）

让经典与家风同行——王永红

作为一线教师，每天都跟孩子们打交道。他们身上折射出的不同家庭教育，令人思考。

我曾在自己所带的班级开展过一次家风小调查，主题是：你们家有家风吗？它是什么？结果，28 个孩子回答有家风，12 个孩子表示没有或不知何为家风。当眼前逐一浮现这 12 个孩子的面孔，我回想，他们在行为习惯、与人交往上，或多或少都存在问题。

家庭是社会的细胞，家风对孩子的影响至关重要。于是，我尝试建立班级家长和老师的微信群，开展"晒晒我的读书单"活动，促使家长们参与进来，给孩子拟定书单，与孩子一起完成"自主阅读表"。不学诗，无以言；不学礼，无以立。通过共同阅读经典，让家长去告诉孩子，什么是真正美好的品质。以经典阅读促进家风建设，比单纯的说教更能润物无声。

（作者为北京市西城区黄城根小学教师）

千万别当"问题父母"——尉小珑

我分享一个真实故事。一位妈妈演绎"孔融让梨"，递去一个苹果，孩子却毫不犹豫咬下一口，令她心里一凉。当孩子拿起另一个苹果又咬一口，她生气挥了一巴掌。没想到，孩子一句话让她的心融化了："我想帮你尝一尝哪个更甜。"

罗曼·罗兰曾说，"生命不是一个可以孤立成长的个体。它一面成长，一面收集沿途的繁花茂叶。它又似一架灵敏的摄像机，沿途摄入所闻所见。"家风，体现着一个家庭的风气、风格、风尚。"问题孩子"背后，往往都有"问题父母"。

"家"这个字内涵丰富，有大有小。你和爱人、孩子是一个家，和父母、兄弟姐妹是一个家；一个学校是一个家，一个微信群也可以是一个家。家风、校风、社风，互相融通、互相影响。让每一个小家都成为温馨港湾、厚德之所，"国泰民安"这四个字才会更有分量。

（作者为北京市西城外国语学校校长）

（以上摘自《人民日报》2015 年 5 月 11 日第 5 版）

附录二

家风是孩子"隐形的翅膀"

家风、家训是代代相传的精神滋养。对人的成长而言，家风、学风、社会风气的影响，有一个不断进阶的过程。家风主要是对人生的启蒙，学风是对人生的充电，社会风气则是对人生的淬炼。

从当前来看，家风与学风的衔接，是亟待研究的问题。只有二者互为补充，个人才有强大的精神积淀去阅读社会。日前，北京市西城区教育工会在北京四中举办了以"黼国黻家，栉风沐雨"为主题的家风大家谈活动，教育专家与学校师生一道，畅谈家庭教育心得，共论家风建设路径。现摘编几篇，与读者分享。

别失去欣赏孩子的能力——李雄

《朱子治家格言》中有这样一句话：家门和顺，虽饔飧不继，亦有余欢。家庭教育的前提，是有一个良好的亲子关系。否则，再好的教育理念都无法实施。然而，许多父母随着孩子的成长，慢慢地失去了欣赏孩子的能力，这让良好的亲子关系也失去了依存。

父母不欣赏孩子的原因，一是现实与期望的差距，二是面子。有人总觉得自己的孩子不如人家，久而久之，觉得孩子一无是处。经常有家长说这样的话："你看你，都考成这样了，还天天美！"

如果把人生比作一场马拉松比赛的话，小学或初中阶段相当于前5公里。42公里的比赛，前5公里跑第一名或最后一名，重要吗？

作为过来人，教育者和家长其实都清楚，一个人未来的发展，与小学或中学时代的考试分数不能画等号。可是做家长的，怎么就在孩子的分数面前失去理智，让愤怒扭曲了人性，让自己失去了欣赏孩子进步与成长的能力呢？

（作者为北京四中学生处副主任、语文高级教师）

讲传承也要有现代意识——孙云晓

是不是倡导社会责任，这是现代家风和传统家风的重大区别。举一个例子，为什么江南钱家人才辈出？钱学森、钱三强、钱伟长、钱钟书……因为他们这个家族，作为吴越王的后代，有千年的家训。但钱家人在 1925 年做了一个大的修订，把家训改为几个部分：第一，个人；第二，家庭；第三，社会；第四，国家。这次修订，既集纳了中国传统文化的精华，又融入了鲜明的现代意识。

他们的家训非常有味道。第一句就是，心术不可得罪于天地，言行皆当无愧于圣贤。在国家这一部分提出：利在一身勿谋也，利在天下者必谋之。当某件事只对你一个家庭有好处、对你自己有好处，就不要动了；若是对天下有好处、对国家有好处，就要全力以赴。钱氏家训的这种转型，有着非常深远的意义。在家训中倡导社会责任，正是钱家人才辈出的重要原因。

家风是一个家庭乃至一个家族的道德风貌，是一种稳定的呈现。但它本身是中性概念，必然有些不合时宜的东西，需要与时俱进。

（作者为中国青少年研究会副会长）

以胸中格局行不言之教——刘葳

在优秀的家长身上，能发现共同的特点：比如夫妻恩爱和谐，带给

301

孩子阳光心态和安全感，孩子也会对他人更信赖与亲近；比如家长有长远的眼光和格局，更重视孩子心灵的成长，不是光看眼前的成绩，也不只是关心孩子的物质需求。家长自己或工作中有追求，或生活中有情趣，能行不言之教；再有，就是尊重孩子，给孩子充分的信任，支持孩子的尝试，与孩子沟通顺畅。

家庭和学校应该是携手的关系，方向是一致的：让孩子有一个幸福的人生。在家庭教育层面，学校可以做一些积极的引导，帮助孩子了解家庭，促进家庭成员间的沟通。一直以来，我觉得最朴实也最动人的一句宣传语是：高高兴兴上班去，平平安安回家来。我们每天都会走出去，然后又归来，起点和终点都是家。让家成为一个最好的归宿，是我们共同的愿望。

家对每一个成员的期许，首先就是平安，是快乐。我想和家长共勉的是：不要太早放弃自己，从丰富自己开始创造生活，为孩子树立榜样。

（作者为北京四中语文教研组组长、语文特级教师）

（以上摘自《人民日报》2015 年 7 月 10 日第 5 版）

致　谢

《家风》一书在社会各界很多人士的参与和帮助下完成了。这本书不仅凝聚着书中各位作者的辛勤劳动和对家风的浓郁情怀，还寄托着社会上许多对良好家风世风充满期待的人士的关心和关爱，书从整体策划开始，到每篇文章的征集、筛选、编写、修改、完善，再到整本书的编辑、出版和宣传，都得到了广泛支持和热心帮助。

很多政府领导和媒体人士为本书贡献了宝贵的时间和精力，本书从策划到出版时间短、速度快，我们对期间给予帮助的所有人致以最真诚的谢意。

感谢人民日报社副总编辑卢新宁、评论部部务委员范正伟及编辑李浩然，人民出版社副社长李春生、经济与管理编辑部副主任郑海燕和编辑张燕，人民网总裁助理潘健及社会版主编张雨，工人日报社副总编辑及中工网总裁秦少相、编辑马杨灵，中央电视台新闻中心新闻频道编辑部副主任徐榕、新媒体部副主任李骏，著名朗诵艺术家徐涛，央视著名主持人章伟秋及记者柴丹枫，新浪网教育频道主编彭昆。

我们还要感谢全国总工会教科文卫体前主席万明东、组织部综合处处长郭治正，原北京市教育工会主席史利国，西城区委副书记王力军，区委常委、宣传部长王都伟，区政府副区长陈宁，区总工会主席马小鹏，区妇联主席李高霞，区文明办主任谢静，区教工委副书记程红梅，区教育工会前主席金纯红和张彦君、副主席桑丽萱及李彦等全体同仁，徐悲

鸿中学校长周小林。这些领导和同事或参与了家风的相关活动，或支持
了《家风》一书的编撰与出版。

最后，再次感谢人民出版社对本书出版工作的大力支持！

编　者

2015 年 10 月

选题策划：李春生

责任编辑：郑海燕　张　燕　孟　雪

封面设计：李美娟　曹艳红

版式设计：安宏川

责任校对：胡　佳

图书在版编目（CIP）数据

家风／任飏 主编．—北京：人民出版社，2015.12（2019.11 重印）

ISBN 978－7－01－015447－3

I. ①家…　II. ①任…　III. ①家庭道德－中国－文集　IV. ① D649–53

中国版本图书馆 CIP 数据核字（2015）第 259526 号

家　风

JIAFENG

韩星桥　总策划　任　飏　主编

人民出版社 出版发行

（100706　北京市东城区隆福寺街 99 号）

北京盛通印刷股份有限公司印刷　新华书店经销

2015 年 12 月第 1 版　2019 年 11 月北京第 10 次印刷

开本：710 毫米 ×1000 毫米 1/16　印张：20.5

字数：275 千字

ISBN 978－7－01－015447－3　定价：42.00 元

邮购地址 100706　北京市东城区隆福寺街 99 号

人民东方图书销售中心　电话（010）65250042　65289539